AF610861

JEHANNE D'ARC

CHRONIQUE RIMÉE

PAR LE BARON

FRANÇOIS DE BARGHON DE FORT-RION

PRÉFACE DU VICOMTE OSCAR DE POLI

PARIS

CONSEIL HÉRALDIQUE DE FRANCE

21, AVENUE CARNOT, 21

1890

JEHANNE D'ARC

CHRONIQUE RIMÉE

St-Amand (Cher). — Imprimerie DESTENAY, Bussière Frères.

JEHANNE D'ARC

CHRONIQUE RIMÉE

PAR LE BARON

FRANÇOIS DE BARGHON DE FORT-RION

PRÉFACE DU VICOMTE OSCAR DE POLI

PARIS

CONSEIL HÉRALDIQUE DE FRANCE

21, AVENUE CARNOT, 21

1890

A *MADAME*

MADAME LA COMTESSE DE PARIS

PRÉSIDENTE

DE LA LIGUE DE LA ROSE DE FRANCE

Très humble et très respectueux hommage,

BARON F. DE BARGHON DE FORT-RION

INTRODUCTION

I

Alors que « le beau pays des lis »,[1] conquis presque en entier par les Anglais, ruiné, découragé, semblait à l'agonie et que les envahisseurs se disposaient à mettre le siège devant Orléans, son suprême rempart, un souffle mystérieux vint tout à coup rendre la confiance au peuple très chrétien, aux champions du Droit, aux défenseurs atterrés de la Royauté nationale.

Se pouvait-il que le Christ n'aimât plus ses Francs, que la noble terre de Robert le Pieux et de saint Louis, irrévocablement découronnée, ne fût plus dorénavant que la serve de l'Angleterre ? Non, pour la res-

[1] F. de Barghon-Fort-Rion, *Jehanne d'Arc*, chant I, page 1.

*

taurer dans sa gloire et son indépendance, Dieu ferait plutôt un miracle ! Et ce miracle, la patrie l'attendait.

D'antiques prédictions,[1] opportunément exhumées de la poussière des âges, ardemment propagées dans les manoirs et les chaumières, confortaient les courages et ravivaient l'indomptable espérance. L'une annonçait que « la France, perdue par une femme, serait sauvée par une vierge des marches de Lorraine » ; l'autre, que « viendrait une vierge de la race du *sagittaire* (c'est-à-dire du lignage d'Arc) qui seconderait victorieusement les fleurs-de-lis ».[2] Des oracles tenus pour infaillibles, la Sibylle, l'enchanteur Merlin, le vénérable Bède avaient pronostiqué l'avènement de la « Vierge-chevalier »[3] qui serait le Messie de la patrie française.

Car Merlin, Sebille et Bède,
Plus de cinq cents ans a, la virent
En esperit et, pour remède
A France, en leurs escripts la mirent
Et leurs prophéties en firent.[4]

On se souvenait que, peu de temps avant, Charles VII avait reçu d'une voyante d'Avignon, Marie

[1] *Jehanne d'Arc*, chant I, page 5.

[2] Descendet Virgo *dorsum* Sagittarii et flores virgineos obscultabit. — Au lieu de *dorsum*, des textes portent *deorsum* ou *deortu*.

[3] *Jehanne d'Arc*, ch. v, p. 60.

[4] Christine de Pisan.

Gasc, l'assurance que le royaume serait « sauvé par une autre vierge, qui viendrait après elle ».[1] — Comment les fidèles du Roi national n'eussent-ils pas espéré, lorsque tant de prophétiques témoins leur promettaient le salut ?

Du cœur de la France en péril l'angoisse patriotique se répercutait jusques à ses frontières, et surtout dans ces « marches » de Lorraine, exposées aux incursions des Bourguignons, alliés des Anglais, et placées à l'avant-garde de la patrie.

« Pareille au hêtre légendaire de son village natal, l'enfance de la Vierge de Domremy poussa dans un sol plein de sève et fut, en somme, hantée par des fées bienfaisantes. Née sur un fertile et riant coin de terre, issue d'une honnête famille dont la médiocrité laborieuse était assez haute pour toucher à la noblesse en s'ennoblissant elle-même par l'aumône, et assez humble pour rester en contact avec toutes les misères, douée par la nature d'un corps robuste, d'une intelligence droite et d'une âme énergique, la petite Jehannette d'Arc devint sous cette douce influence toute bonté et tout amour. »[2]

> Et quoiqu'elle n'eût point reçu de la clergie
> La leçon d'éloquence et de gentil savoir,
> Son dire harmonieux avait l'art d'émouvoir.[3]

L'humble fille des champs n'a rien appris que de

[1] *Procès de révision*, déposition de Jehan Barbin.
[2] Siméon Luce, *Jeanne d'Arc à Domremy*, p. 57.
[3] *Jehanne d'Arc*, ch. II, p. 13.

saintes oraisons ; elle n'a jamais lu dans un livre.

A quoi bon, puisqu'aux champs je croyais toujours vivre ? [1]

Et soudainement, à l'appel de ses « voix », elle devient « cette vierge au cœur grand comme un cœur de Reine »,[2] ce « vivant et lumineux prodige »[3] si heureusement dépeint par Chapelain :

Le Ciel, pour la former, fit un rare mélange
Des vertus d'une fille et d'un homme et d'un ange.

« Messagère de gloire et de miséricorde »,[4] elle vole au secours de « ce roy enclos de tous costez par ses ennemys ».[5]

Les Français sont perdus, si pour les fleurs-de-lis
Un miracle n'est fait par le Dieu de Clovis ![6]

Le miracle, le voici ! C'est elle, c'est Jehanne d'Arc ! Interrogée par les commissaires de Charles VII sur les moyens de sa généreuse « emprise », elle répond : « Les gens d'armes combattront, et Dieu donnera la victoire. » La victoire !... Un mot que ne connaissaient plus les Français ! Elle revêt le harnois de guerre, et, dit un contemporain stupéfait, « elle le

[1] *Jehanne d'Arc*, chant II, page 15.
[2] Chant I, page 6.
[3] Chant III, page 35.
[4] Chant VI, p. 84.
[5] Sala, *Exemples de hardyesse de plusieurs roys et empereurs.* Bibl. nat., fonds franç., nº 180.
[6] *Jehanne d'Arc*, ch. VI, p. 77.

portoit aussi gentiment[1] que s'y elle n'eust faict aultre chose de sa vie » ; elle

> Semblait un chérubin revêtu de l'armure.[2]

Et la voilà, « l'épée au poing, l'éclair aux yeux, la France au cœur »,[3] Dieu dans l'âme, inaugurant par d'inespérables triomphes sa miraculeuse Iliade ! La « vierge tendre », la « pucelle bien heurée », comme l'appelle Christine de Pisan, s'improvise grand capitaine, stratège admirable, embrase de sa foi patriotique les cœurs les plus attiédis, et dote les fastes de l'humanité d'une épopée prodigieuse, grandiose entre toutes, éternellement incomparable.

Jehanne d'Arc est l'âme de la patrie, l'épée de Dieu, le Messie de la France, et, comme le Messie divin, elle aura ses luttes, ses miracles, son sacrifice. Elle est la sublime poésie de notre histoire, le nouvel « agneau sans tache » qui va terrasser le léopard et « destruire l'Anglescherie[4] ». La paysanne transfigurée a le génie de sa mission et des mots de génie ; à ceux qui se lamentent quand elle arrache de sa blessure la flèche anglaise : « Rassurez-vous, dit-elle, ce n'est pas du sang qui sort de cette plaie, c'est de la gloire ! » Elle

[1] Gentil, gentiment, en vieux français, signifient noble, noblement ; de là, le mot « gentilhomme ».

[2] *Jehanne d'Arc*, ch. IV, p. 45.

[3] R. de Borrelli, *Alain Chartier*, comédie en un acte, 1889.

[4] Christine de Pisan.

féconde l'héroïsme autour d'elle, et les femmes d'Orléans, à son exemple, se transforment en guerriers intrépides :

« Elles ne cessoient de porter très diligemment casses, huiles et gresse bouillants, chaux, cendres et chausses-trappes. Elles bailloient aux combattants vin, viandes, fruicts, vinaigres et touailles blanches, et aussy leur portoient des pierres et tout ce qui pouvoit servir à la deffence, dont aulcunes feurent veues qui, durant l'assault, repoussoient à coups de lance les Anglois des entrées du boulevart et les abattoient ès fossez ».[1]

> Ah ! quel honneur au féminin
> Sexe ! Que Dieu l'ayme il appert ![2]

« La grandeur des actions humaines, a dit un très illustre savant,[3] se mesure à l'inspiration qui les a fait naître. » C'est au nom du Roi du Ciel que Jehanne d'Arc arrive au sommet des gloires humaines, et sa mission, irrécusablement divine, ne se révèle dans aucun de ses gestes plus lucidement que dans l'émouvant épisode de la cession du royaume de France à Notre Seigneur Jésus-Christ.

De vieilles chroniques, comme celle du trésorier de l'empereur Sigismond (1411-1437), relataient bien qu'à Chinon Jehanne avait exigé de Charles VII qu'il re-

[1] Bibliothèque d'Orléans, Manuscrits de l'Abbé Dubois.

[2] Christine de Pisan.

[3] Pasteur.

mît le royaume à Jésus-Christ, maïs on ignorait la forme pittoresque et naïve dont elle avait usé. Un prince de l'érudition, M. Léopold Delisle,[1] l'a fait connaître d'après un manuscrit du Vatican.

Un clerc, vivant à Rome, avait lancé dans le public, sous le titre de *Rationale temporum*, une chronique qui commençait à la création et finissait à l'année 1428. Jehanne d'Arc parut l'année suivante. Les exemplaires manuscrits, imprimés dans la suite, ne pouvaient pas mentionner l'héroïne ; mais sur celui qu'il s'était réservé, l'auteur relate, à sa date, le « fait dont les annales du monde ne lui avaient pas révélé le pareil ».

« Un jour, raconte-t-il, Jehanne dit au prince : « Si je vous demandais un don, me l'accorderiez-vous ? — Oui, répondit Charles. — Eh bien ! je vous demande votre royaume. » Le Roi, surpris, hésita un moment, et répondit : « Je vous le donne. — Écrivez, repartit Jehanne, se tournant vers les secrétaires royaux : Le gentil Dauphin donne son royaume à Jehanne la Pucelle ». Et, après un instant, regardant le Roi : « Voilà le plus pauvre chevalier du royaume de France » ! — Puis, continuant : « Écrivez : Jehanne donne le royaume à Jésus-Christ ; Jésus-Christ donne le royaume à Charles ».

Et ce n'est point là qu'une exquise anecdote imaginée après coup ; le récit est de l'année 1429 ; son

[1] *Nouveau témoignage relatif à la mission de Jeanne d'Arc.*

authenticité n'est pas même discutable : il exprime avec une clarté saisissante l'idée capitale et dominante de Jehanne et de son histoire ; c'est le lumineux prélude du sacre de Reims ; Charles VII est déjà sacré, par ainsi, lieutenant du Roi du Ciel, c'est-à-dire invincible ; c'est le gage divin de la délivrance.

Libre, le sol sacré ne boira plus nos pleurs ![1]

Pour la Vierge de Domremy comme autrefois pour la Vierge de Nanterre, se vérifie le mot de saint Paul : « Dieu s'est servi de la faiblesse pour confondre la force ! »[2] Ceux qui, de nos jours, contestent le caractère surnaturel de la mission de Jehanne d'Arc sont les mêmes qui prétendent dater d'une misérable révolution l'éclosion du patriotisme français ; sectaires ignares, étrangers à toutes nos traditions, ne sachant rien de Bouvines,[3] rien même de ce quinzième siècle où le patriotisme enfanta des miracles que leurs forfanteries, hélas ! ne renouvelèrent pas en 1870 !... Mais

Détachons nos regards de cet horizon sombre
Que le vautour de Prusse a souillé de son ombre ![4]

« Une fille d'une âme admirable et française par le

[1] *Jehanne d'Arc*, ch. VII, p. 89.

[2] Infirma mundi elegit Deus ut confundat fortia.

[3] Dans un banquet, à Versailles, M. Léon Gambetta put mettre la mémorable victoire de Bouvines au nombre des grandes défaites de la France, sans protestation d'aucun des mille républicains présents contre cette énorme hérésie historique. Le tribun connaissait mieux sans doute l'histoire de Gênes.

[4] *Jehanne d'Arc*, ch. VII, p. 87.

sang, par le cœur, par l'esprit, elle en avait et du plus vif et du plus fin, mais ne sachant rien de la politique ni de la guerre, entreprend de délivrer sa patrie du joug de l'étranger et de couronner son Roi. Elle n'avait jamais monté un cheval ni manié une épée ; elle tremblait devant les obligations de sa mission divine, comme autrefois la Pythie devant l'oracle d'Apollon ; mais elle le veut, il le faut, et elle monte à cheval, elle tire l'épée, marche droit au Roi, qu'elle persuade d'un mot, elle s'impose aux chefs de l'armée, elle se fait de ces routiers farouches des amis dévoués et des lieutenants soumis, elle délivre Orléans, elle bat les Anglais, et Suffolk et Talbot et Falstaff, à Jargeau, à Beaugency, à Meaux, à Patay ; enfin, elle conduit son Roi triomphant jusqu'à la cathédrale de Reims, ne demandant pour son salaire que l'honneur de tenir l'oriflamme victorieuse à côté de l'autel ! »[1]

Plaignons ceux qui ferment les yeux pour ne pas voir dans cette miraculeuse épopée la main divine qui exalte les humbles et renverse les puissants, pour ne pas voir que tout y est prodige, humainement inexplicable. Tout s'y enchaîne, dès les prodromes, avec une logique stupéfiante, et plus on l'étudie, plus on est confondu, plus on croit découvrir d'indications prophétiques.

Une des saintes de Jehanne est Catherine, la royale martyre d'Alexandrie, et c'est à Sainte-Catherine de

[1] A. Vitu, *L'Enfance de Jeanne d'Arc*, dans le *Figaro* du 21 juillet 1886.

Fierbois qu'elle trouve son épée miraculeuse. — Entre le village de Dom-Remy [1] et la basilique du sacre, c'est-à-dire entre le point de départ et le couronnement de la mission de Jehanne, je ne peux me défendre de sentir un lien mystérieux, de longtemps voulu par la Providence. Il n'est pas douteux, en effet, que le village natal de la Libératrice dût son vocable au saint patron de Reims, car, dès le milieu du treizième siècle, l'Archevêque de Reims avait des droits *à Greux*, [2] paroisse dont faisait partie le village de Domremy. [3]

Mais qu'est-il besoin de s'ingénier pour justifier le caractère divin de la mission de Jehanne, lorsque les faits le proclament, avec l'illustre Gerson [4] et tant d'autres esprits suréminents, comme Estienne Pasquier dont nous nous approprions volontiers la déclaration : « Je répute l'histoire de la Pucelle un vray miracle de Dieu ». — Laissons ergoter les aveugles, rendons grâces au Roi du Ciel, et disons avec le poète : [5]

> ... Nulle Vierge aux cœurs n'a su, depuis Marie,
> Inspirer un amour ancré dans plus de foi,
> Plus tendre et plus pieux que le nôtre pour toi,
> O Jeanne, car t'aimer, c'est aimer la patrie !

1 « Dom-Remy » est synonyme de « Saint-Remy ».

2 Archives du Conseil héraldique de France, 1685 [63].

3 J'établirai ce fait dans une étude spéciale.

4 Voy. *Jeanne d'Arc à Reims*, par Henri Jadart, 1887, page 4, note 1. — Voy. aussi *Etude sur Jeanne d'Arc et les principaux systèmes qui contestent son inspiration surnaturelle et son orthodoxie*, par le Comte de Bourbon-Lignières, 1875, in-8.

5 Sully-Prudhomme, dans le suppl. du *Figaro*, 13 août 1887.

II

Si tous les Français dignes de ce nom sont unanimes à glorifier

> Jehanne, la bonne Lorraine
> Qu'Angloys bruslèrent à Rouen, [1]

par contre les historiens, les érudits sont en désaccord non seulement sur le caractère de sa mission, mais encore sur sa nationalité, sa province natale, l'origine et la position sociale de sa famille, l'orthographe de son nom et son nom même. Sur tous ces points on a dépensé des trésors d'érudition, [2] et l'on composerait une vaste bibliothèque rien qu'avec les publications relatives à la Pucelle.

Vraiment, on sourit, pour ne pas s'indigner, lorsqu'on entend poser sérieusement cette question : *Jehanne d'Arc était-elle française ?* [3] Mais laissons de côté

[1] François Villon.

[2] *Jeanne d'Arc était-elle Lorraine ou Champenoise ?* par l'Abbé Georges, 1882, in-8. — *Jeanne d'Arc Champenoise et non Lorraine*, par A. Pernot, 1852, in-8. — *Jeanne d'Arc à Troyes. Est-elle réellement Champenoise ?* par Assier, 1875, in-12.

[3] C'est le titre d'une étude de M. A. Renard, 1852, in-8.

le sentiment et ne nous occupons que des faits. — La Lorraine, en 1412, n'était pas terre française ; si l'on établissait que la Pucelle eût vu le jour en terre lorraine, il faudrait encore, pour lui contester la nationalité française, établir qu'elle y était née d'un père lorrain. Or Jacques d'Arc, son père, était incontestablement français, et l'origine provinciale de Jehanne est non moins incontestablement champenoise, [1] puis qu'elle était née dans le ressort de la baillie royale de Chaumont. Notons enfin que l'on s'accorde à désigner Ceffonds comme lieu natal de Jacques d'Arc ; or cette localité, aujourd'hui commune du canton de Montiérender, arrondissement de Vassy, département de la Haute-Marne, faisait partie du comté de Champagne. — Ce qui paraît avoir acclimaté l'opinion que l'héroïne fût lorraine, c'est qu'elle était des « marches de Lorraine » ; mais cela signifie exactement qu'elle était de la région française sise sur la frontière de Lorraine. Le duché lorrain avait, lui, ses « marches de France», et leurs habitants n'étaient pas Français, mais Lorrains.

Quant à la question de l'orthographe du nom, nul ne l'a plus savamment embrouillée que feu M. Vallet de Viriville ; [2] il conclut qu'il faut écrire « Darc » et non « d'Arc », parce que dans les plus anciens documents le nom est régulièrement écrit sans apostro-

[1] Acad. des Inscr. et B. L., séance du 26 oct. 1888, mémoire lu par M. Siméon Luce.

[2] *Nouv. Recherches sur la famille et le nom de Jeanne d'Arc*, 1854, in-8.

phe, et parce qu'au XVIe ou XVIIe siècle on l'a traduit en latin sous cette forme : *Darcius*. Argumentation absolument puérile, et d'aussi bonne foi de la part d'un *savant* de prétendre que, si Jehanne eût été de race noble, on l'eût appelée dans les actes latins « *Johanna de Arcu* » et non « Johanna Darc ». J'ai sous les yeux de nombreux titres de la très noble maison des sires d'Arc-sur-Tille et de ses différents rameaux ; dans les documents rédigés en français, et aussi dans quelques actes latins, le nom est invariablement écrit sans apostrophe DARC, DART, DARE, DARS, par la simple raison que l'apostrophe n'était pas encore inventée.[1] Une preuve irrécusable que le nom de famille de la Pucelle comporte présentement l'apostrophe, c'est son blason primitif, blason parlant, portant un *arc* et trois flèches.

Mais ce nom était-il réellement « DARC » ? Les lettres-patentes par lesquelles, au mois de décembre 1429, à Mehun-sur-Yèvre, Charles VII anoblit la Pucelle, son père, sa mère et ses frères, seraient bien faites pour autoriser le doute :

« Charles, par la grâce de Dieu roi de France, pour « perpétuelle mémoire de la chose, voulant magnifier « les très abondantes et très éclatantes grâces que la « divine majesté nous a accordées par le célèbre minis- « tère de la Pucelle Jehanne DAY, de Domremy,

[1] Voy. *De la véritable orthogr. du nom de J. d'Arc*, par le baron Guerrier de Dumast ; Nancy, 1856.

« notre chère et bien amée, *de la baillie de Chau-*
« *mont* ....[1] Nous avons anobli la dite Pucelle, Jac-
« ques DAY, du dit lieu de Domremy, son père, Isa-
« belle, sa mère, Jacquemin, Jehan DAY, et Pierre
« [dit] Perrel, ses frères... »[2]

Sur ce point encore, les érudits ont entassé Pélion sur Ossa, fait assaut d'ingéniosité pour échafauder une explication plausible ; j'ai lu quelque part que *day* était *daly* syncopé, et que *daly* était synonyme de *du Lys*. O les savants !... Qu'ils me permettent de leur rappeler qu'au bon vieux temps les finales *ac*, *arc*, *ard*, *art*, *ars*, s'écrivaient fréquemment *ay* ou *et* et vice versâ, probablement en conformité de leur prononciation patoise, ainsi que l'indique Lenglet-Dufresnoy.[*] Au XIe siècle, Geoffroy d'Arrablay est appelé *Gaufridus Arrablart*.[3] A Paris, l'ancienne rue Pierre Oïlard ou Olard était aussi appelée rue Pierre Olet ou au Lait.[4] Dans le procès de réhabilitation, l'oncle de Jehanne d'Arc est appelée tantôt « Durant Lassart », tantôt « Durant *Lassois* », qui se prononçait *Lassais*. Dans des lettres de rémission de 1479, Jehan de Sala-

[1] Preuve éclatante de l'origine champenoise de Jehanne d'Arc.

[2] G.-A. de la Roque, *Traité de la Noblesse*, 1735, in-4°, ch. XLIII, p. 145.

[3] Passier, *Trésor genéal. de Dom Villevieille*, II, 214.

[4] J. de la Tynna, *Dict. des rues de Paris*, 1812, p. 372. C'est aujourd'hui la rue Pierre au Lard.

[*] *Hist. de J. d'Arc*, III, 280 : « *Day* pour Darc, c'est la manière de prononcer du pays ».

zar » est appelé « Jehan de Salezay ».[1] Dans la montre de la compagnie d'ordonnance de Jacques de Coligny, seigneur de Châtillon, en 1504, Artus de Salazar est appelé « Arthus de Sarrezay ».[2] En 1366, Guichard d'Ars, seigneur de Tanay, est appelé « Guichard DAIS ».[3] — Le scribe royal de 1429, en donnant au nom « d'Arc » une forme archaïque ou populaire, ne se doutait pas que sa fantaisie dût infliger des tortures aux Saumaise futurs. — En passant, notons que de ce qui précède découle, pour ceux qui voudront étudier la question des ascendants de Jacques d'Arc, l'obligation de porter leurs recherches non seulement sur le nom « d'Arc », mais aussi sur le nom DAY ou DAYS. Je leur signalerai notamment un « Jacques Days » écuyer du comte de Ventadour en 1355,[4] et un « Jehan Day » mentionné par M. Siméon Luce[5] et par M. Auguste Longnon.[6] Il avait à Paris un « hostel » qui lui fut confisqué par le roi d'Angleterre ;[7] c'était donc un bon Français, un patriote militant digne d'être du même estoc que la grande héroïne.

[1] Archives nationales, *Trésor des chates*, JJ. 206.

[2] Bibl. Nat., Cab[t] des titres, *Montres*, t. XX, fonds franç. 25783, n° 69.

[3] Clairambault, *Titres scellés*, I, 395.

[4] *Ibid.*, CXI, 8671.

[5] *J. d'Arc à Domremy*, LXXXVII, p. 134.

[6] *Paris sous la domination anglaise*, CXXII, p. 265.

[7] *Ibid.*

III

Quel était le rang social de la famille d'Arc, et qu'était Jehanne avant sa mission?

Sortait-elle « des derniers rangs du peuple », comme a dit M. Quicherat, et après lui M. Jules Simon? [1]

C'était, selon M. Walckenaër, [2] « une simple paysanne de Domremy », et ses parents « de bons cultivateurs dans une situation voisine de la pauvreté».

« Une simple fille de très basse condition », dit Lenglet-Dufresnoy. [3] « Une jeune fille qui faisait paître les troupeaux », dit Henri de Gorckheim. [4] « Fille d'un pauvre cultivateur, » dit Æneas Sylvius [5]. « Sortie de parents obscurs, ayant passé les premières années de sa vie à faire paître les troupeaux », dit Philippe de Bergame. [6] « Une pauvre paysanne de Lorraine », dit Pontus Heuterus.

« C'estoit une fille de saincte et religieuse vie, dit

[1] *Figaro*, 13 août 1887.
[2] *Biographie universelle*, notice sur J. d'Arc.
[3] *Hist. de J. d'Arc*, I, 84.
[4] *De puella militari in Francia*, 1429.
[5] *Comment. historiq.*, l. II.
[6] *De claris mulieribus*, cap. CLVII.

la *Chronique de la Pucelle*, [1] qui fut fille d'un pauvre laboureur de la contrée de l'eslection de Langres, près de Barrois, et d'une pauvre femme du mesme pays, qui vivoient de leur labeur ; elle... avoit esté pastourelle au temps de son enfance. »

« Une jeune fille du pays de Lorraine, — dit une autre *Chronique de la Pucelle*, — nommée Jehanne, fille d'un laboureur nommé Jacques d'Arc, et qui jamais n'avoit faict aultre chose que garder les bestes au champ... Une simple villageoise, qui avoit accoustumé aulcunes foys de garder les bestes ; et quand elle ne les gardoit, elle apprenoit à couldre ou bien filoit ». [2]

Vécy femme, simple bergière,

dit Christine de Pisan.

« Une pauvre bergerette appellée Jehanne, de Lorraine, du lieu de Vaucouleurs », lisons-nous dans le *Registre Delphinal* de Mathieu Thomassin. [3] Et Martial d'Auvergne, que j'allais oublier :

Tost après ceste douleur,
Vint au Roy une bergerelle
Du vilage dict Vaucouleur,
Qu'on nommoit Jehanne la Peucelle.

[1] Edition Buchon, p. 428, 431.
[2] Buchon, p. 428, et p. 454, d'après un ms. de la Bibl. d'Orléans.
[3] Buchon, p. 536-537.

C'estoit une povre bergère
Qui gardoit les berbis ès champs,
D'une doulce et humble manière,
De l'aage de dix huict ans [1].

Au tour d'Enguerrand de Monstrelet, le chroniqueur anglophile :

« En l'an dessus dict (1429), vint devers le roy Charles de France, à Chinon, où il se tenoit, une pucelle, jeune fille aagée de vingt ans ou environ, nommée Jehanne... et étoit née des partyes entre Bourgongne et Lorraine, d'une ville nommée *Droimy*, assés prez de Vaucoulour ; laquelle pucelle Jehanne fut grant espace de tems chambrière en une hostellerye, et estoit hardye de chevaulcher chevaulx et les mener boire. » [2]

« Une fille de 17 ans, élevée dans une auberge ou chez son père, jardinier », dit l'historien Anquetil.

Pour égayer mon sujet, je ne résiste pas au plaisir de citer cet extrait du *Journal d'un bourgeois de Paris*, une des lumières sans doute de la fameuse rue du Sentier en 1429. Les Français viennent mettre le siège devant la capitale, et l'honneste parisien burine ce chef-d'œuvre sur ses tablettes :

« ... Une créature, *qui estoit en forme de femme*,

[1] *Les Vigiles de Charles VII.*

[2] *Chronique* de Monstrelet, l. II, ch. LVII. — A rapprocher de la réponse de Jehanne à ses voix : « Je suis une pauvre fille ne sachant chevaucher ni guerroyer. » (J. Fabre, *Procès de J. d'Arc*, p. 58.)

avec eux, que on nommoit la Pucelle. Qui c'estoit, Dieu le scet » !

Le fait est qu'on ne le savait pas et que, depuis quatre cent soixante ans, nous avons tablé sur une légende, dans le genre de celle que le même bourgeois de Paris, mieux inspiré cette fois, a consignée dans son journal :

« Quand elle estoit bien petite, elle gardoit les brebis, et les oyseaulx des boys et des champs, quant elle les appeloit, ils venoient manger son pain dans son giron, comme privés ». [1]

C'est exquis de grâce naïve, et j'aurais voulu retrouver ce ravissant épisode dans la *Chronique rimée*, puisque l'auteur, en ce qui touche l'adolescence de Jehanne, s'est fait le tenant de la légende.

> Uue enfant de la glèbe, une humble et pauvre fille.
> . . . .
> Je gardais les troupeaux, par la belle saison [2].

fait-il dire à son héroïne. En plus de la légende, M. de Barghon de Fort-Rion a pu s'inspirer de la fameuse déclaration faite,suivant Dunois, par Jehanne à l'archevêque de Reims, après la cérémonie du sacre :

« Ma mission est terminée. Plût à Dieu que j'eusse la liberté de renoncer aux armes, de me retirer auprès

[1] Buchon, p. 479, 481.
[2] *Jehanne d'Arc*, ch. IX, p. 121, et ch. II, p. 15.

de mes parents pour les servir et *garder leurs troupeaux, avec ma sœur* et mes frères ! »[1]

Si ces paroles étaient authentiques, elles ne prouveraient rien, sinon que les parents de Jehanne possédaient des troupeaux, mais elles sont indéniablement apocryphes et cette fleur de rhétorique a poussé d'elle-même dans le champ de la légende. — Le sacre de Charles VII s'accomplit le 17 juillet 1429 ; or, la sœur unique de Jehanne, Catherine d'Arc, avait cessé de vivre[2] avant que la Pucelle partît de Domremy pour aller sauver la France ; elle n'a donc pas pu parler d'aller garder les troupeaux *avec sa sœur.* Elle n'a même point parlé de les garder seule ou avec ses frères, et sur ce point nous invoquons ses propres déclarations au cours de son abominable procès. Le 22 février 1431, quand l'interrogateur lui demande :

— Que faisiez-vous dans la maison paternelle ?

— Quand j'étais chez mon père, répond-elle, je vaquais aux soins du ménage. Je n'allais guère aux champs avec les moutons et autres bêtes.

Et dans l'interrogatoire du 24 du même mois :

— Ne conduisiez-vous pas les animaux aux champs ?

— J'ai ailleurs répondu à cela. Quand je fus un peu grande et que j'eus l'âge de raison, je ne gardais pas les animaux communément, mais j'aidais bien à les mener aux prés et à un château nommé l'Isle, par

1 *Mém. de la querelle de Philippe de Valois et d'Edouard III*, tome III, p. 299. — *Procès*, dépos. du Comte de Dunois.

2 S. Luce, *J. d'Arc à Domremy*, p. 65, note 3.

crainte des gens de guerre. Je ne me rappelle pas si je les gardais ou non dans mon tout jeune âge.[1]

Je n'ignore pas que je vais heurter un vieux parti pris, de tenaces préjugés fécondés surtout par la méconnaissance des vicissitudes sociales dans l'ancienne France ; mais, en histoire comme en politique, je ne déteste pas de heurter de front le préjugé.

La légende de la « pastourelle » et du ménage de « pauvres laboureurs » est certainement partie de l'entourage de Charles VII, composé de princes et de grands seigneurs pour qui Jehanne, après tout, ne pouvait être qu'une humble villageoise, quelle que fût même l'aisance de sa famille. Notons d'abord que le terme de « laboureur » n'avait pas, en ce temps-là, le même sens qu'aujourd'hui, mais bien celui d'agriculteur. Cent ans après la Pucelle, je trouve en Normandie un « laboureur » seigneur de fief, et c'est la démonstration que le sens du mot s'est modifié.

« Une opinion, dit un docte Lorrain,[2] qui n'est appuyée sur aucune preuve historique, paraît aussi avoir prévalu chez bien des historiens, même parmi les plus érudits, au sujet de la famille de Jeanne d'Arc : ils la considèrent comme une famille de paysans vivant péniblement de son travail, dans une situation plus éloignée de la richesse que de l'indigence. Le père et la mère de Jeanne d'Arc, dit M. Wallon,

[1] J. Fabre, *Procès de condamnation de J. d'Arc*, p. 55, 73.

[2] *Journal de la Soc. d'Archéol. Lorraine*, avril 1882, article de M. Chapellier, p. 79-80.

étaient de *simples* laboureurs, n'ayant qu'une *chaumière* et un *bien petit* patrimoine... mais soutenant avec honneur *leur pauvreté*. Peu s'en faut que ces historiens ne prennent dans son acception propre l'épithète de bergère, donnée à Jehanne, qui cependant, comme ses compagnes du village de Domremy, et suivant la coutume d'alors, ne garda jamais qu'à son tour le troupeau commun ou le bétail de ses parents. » [1]

C'est parfaitement dit. Maintenant lisez ceci :

« L'Abbé Mandre, curé de Damvillers (Meuse), docteur *in utroque jure*, né en 1742, mort vers 1820, conservait précieusement des pièces et des traditions de famille qu'il a communiquées à son neveu M. Villiaumé, et que celui-ci a transmises à son fils, le savant historien de Jeanne d'Arc. Voici ce qui était relatif à la fortune de la famille d'Arc :

« Les biens que possédaient Jacques d'Arc et Isabelle-Romée représentaient environ vingt hectares, dont douze en terre, quatre en prés et quatre en bois, dont *le bois Chenu*. Ils avaient de plus leur maison, leur mobilier et une réserve de deux à trois cents francs, qu'ils entretenaient avec soin en prévision d'une fuite en cas d'invasion, telle que celle qu'ils furent obligés de faire à Neufchâteau. (Le franc valait environ 13 francs de notre monnaie.) Tout cela constituait une valeur totale de 50,000 francs environ. (L'abbé Mandre

[1] Enquête de 1456.

parlait en 1812 ; cela en ferait bien le double aujourd'hui.) En faisant valoir eux-mêmes ce bien, leur revenu, tant en nature qu'en argent, pouvait atteindre le chiffre de 4 à 5,000 francs, valeur de nos jours. Voilà ce qui explique la possibilité qu'ils avaient de faire la charité et de donner l'hospitalité aux moines mendiants et aux voyageurs qui passaient souvent dans ce pays. »[1]

Aujourd'hui, 477 ans après la naissance de Jehanne d'Arc, alors que la révolution se targue d'avoir donné la terre aux paysans,[2] en connaissez-vous beaucoup qui soient à la tête d'un avoir de cent mille francs ?

Le père de Jehanne, écrivait en 1612 Charles du Lis, était d'une « bonne, riche et ancienne famille ».[3] Il n'était pas de Domremy, où l'avait fixé son mariage, mais de Ceffonds (en Champagne), où il avait un bien patrimonial qui, après lui, passa à son fils Jehan d'Arc,[4] prévôt de Vaucouleurs, capitaine de Chartres et bailli royal de Vermandois.

Jacques d'Arc, père de la Pucelle, et Isabeau-Romée, sa femme, avaient de leur vivant fait une donation à l'église de Domremy « pour leurs obitz et anniversai-

[1] E. de Bouteiller et G. de Braux, *La famille de Jeanne d'Arc*, p. 185.

[2] Voy. *l'Annuaire du Conseil Héraldique de France*, 1889, p. 88.

[3] *Discours sommaire... de la Pucelle d'Orléans*, p. 7. — *Traité sommaire*, 1628, p. 6-7.

[4] E. de Bouteiller et G. de Braux, *Nouv. recherches sur la famille de J. d'Arc*, p. 10.

res, pour dire et celébrer, chascun an, deux messes. »[1] Par acte du 2 avril 1420, Jacques d'Arc prit à bail la forteresse de Domremy, [2] et M. Siméon Luce en conclut très judicieusement qu'il devait être dans une position relativement élevée. En effet, en 1423, Jacques d'Arc est qualifié doyen de Domremy; [3] il figurait donc au premier rang des notables du lieu, après le maire et l'échevin. [4] Il avait, par ainsi, la charge de la justice locale et de la collection des tailles, le titre de procureur fondé de la Communauté des habitants et, comme le seigneur, était exempt d'impôts. — La même année, « Jacquot d'Ars » fut délégué par les habitants de Domremy pour soutenir leurs droits dans un litige pendant par devant Robert de Baudricourt, capitaine de Vaucouleurs. [5]

« On voit, dit avec grande raison M. Chapellier, que cet habitant de Domremy, pour avoir été choisi en cette circonstance comme le représentant de ses compatriotes, ne devait pas être le premier venu, mais

[1] Mêmes auteurs, *Recherches*, p. 182.

[2] Acad. des inscr. et b.-l., séance du 5 avril 1889, mémoire de Mr S. Luce : *Jacques d'Arc, père de la Pucelle, locataire de l'île de Domremy.*

[3] Archives de Meurthe-et-Moselle, layette Ruppes, II, nº 54. — Chapellier, *Doit-on écrire J. d'Arc ou J. Darc ? Quelques mots sur le père de l'héroïne* ; dans le *Journal de la Soc. d'arch. lorraine*, avril 1882, p. 80-81.

[4] S. Luce, *J. d'Arc à Domremy*, p. 51. — Bibl. nat., *Collection de Lorraine*, t. CXIX, nº 138.

[5] Chapellier, *loc. cit.* — S. Luce, *Preuves*, p. 369.

bien l'un des principaux du village, sinon le plus notable des habitants par la considération que lui avait attirée son intelligence, et même par ce qu'il possédait, par l'aisance dont il jouissait. »

Nous voilà donc loin, bien loin, n'est-ce pas, du paysan indigent de la légende ? La maison même de Jacques d'Arc, à Domremy, si modeste qu'elle nous paraisse, proteste contre la légende de la chaumière. Nous ne voyons l'ancienne Noblesse qu'à travers un prisme de convention, dans de superbes castels ou d'opulents manoirs ; tandis que la majeure partie des Nobles, héréditairement appauvris par les charges de leur état, par le service militaire, à peu près ruinés par les croisades et par l'interminable guerre contre les Anglais, habitaient des manoirs délabrés auprès desquels la maisonnette de Domremy n'eût pas fait mauvaise figure. Combien de gentilshommes, alors, se fussent estimés heureux d'avoir le clair revenu de Jacques d'Arc !

Et quand il serait avéré que la Pucelle eût gardé les moutons, comme le fils d'Isaïe, comme le fils de Jessé, comme plus tard Vincent de Paul, s'ensuivrait-il qu'elle ne pût pas appartenir à quelque rameau déchu de quelque lignage chevaleresque ? Il est certain que, dans tous les temps, avec cinq enfants à nourrir, à élever, un revenu modique ne put suffire que par des prodiges d'économie. Jacques d'Arc n'était cependant pas, on l'a vu, dans cette pauvreté dure et oppressive, *res angusta domi*, qui étreint le cœur et ravale l'intelligence en resserrant l'horizon de la vie. Il était « laboureur » comme la petite Jehannette était « pastourelle » ; chacun travaillait dans cette ruche de Domremy, paisible et bénie, sans autre ambition que celle du devoir accompli envers Dieu, le Roi, la famille.

Dans toutes nos provinces, dans tous les pays et dans tous les temps, combien de rejetons appauvris de nobles races crurent ne pas dégénérer en s'adonnant à la vie des rois pasteurs, en faisant, non sans dignité, du fer de leur épée le soc de leur charrue, en disant comme les d'Arc : « Vive labeur! » [1] Combien d'amères et fières déchéances de cette nature résultèrent non seulement des croisades et des guerres nationales, mais encore des guerres de religion! Combien de nobles allèrent cacher leur décadence dans l'ombre de la vie pastorale, oubliant peu à peu, dans le labeur de chaque jour, leur antique origine, leur noblesse militaire, mais gardant avec leur nom chevaleresque leurs saintes croyances, leurs généreuses traditions, la noblesse de l'âme, sans laquelle l'autre n'est rien! [2] Est-ce que, pour ne citer qu'un exemple, Françoise d'Aubigné, la marquise de Maintenon, ne garda pas les troupeaux dans son enfance ? Cela l'em-

[1] Vieille devise qu'on lit au frontispice de la maison de la Pucelle, à Domremy, et qui était celle des Thiesselin, alliés aux d'Arc et portant : *d'azur à la molette d'or, accompagnée de 3 socs de charrue d'argent.*

[2] Voy. *Recherches sur la famille de St Vincent de Paul*, par O. de Poli, p. 1, 9, 10, 41-43.

pêchait-il d'être d'un sang chevaleresque ? En 1885, un Poniatowski, réfugié dans le comté de Baltimore, en Amérique, gardait les troupeaux du docteur Patterson. Cela l'empêchait-il d'être de sang royal ? [1]

Les d'Arc de Domremy ne se considéraient pas comme des paysans, mais comme des bourgeois, et il n'y a guère de famille de chevalerie qui, du onzième au seizième siècle, n'ait eu de ses membres agrégés à la bourgeoisie et faisant souche bourgeoise. [2] Quand les bourreaux de Jehanne d'Arc veulent la contraindre à reprendre des vêtements de femme, sous peine d'être privée de la messe, quelle est sa réponse :

— Faites-moi faire une robe longue jusques à terre, sans queue, et me la donnez pour aller à la messe. Après mon retour, je reprendrai l'habit que j'ai.

— Prenez l'habit de femme sans conditions.

— Donnez-moi habit *comme à une fille de bourgeois*, à savoir une houppelande longue, et moi je le prendrai, et même le chaperon de femme, pour aller ouïr la messe.

Et, sur de nouvelles obsessions de ses juges, Jehanne réplique :

— Donnez-moi une robe de femme *pour aller chez ma mère*, et je la prendrai. [3]

[1] Thaddeus-Louis Poniatowski, se disant petit-fils de Stanislas, roi de Pologne. (Journaux de la fin de février 1885.)

[2] Voy. mon *Essai d'introduction à l'histoire généalogique*, p. 78 et suivantes.

[3] J. Fabre, *Procès*, p. 169, 195.

Ainsi c'était en vêtement de bourgeoise que Jehanne voulait retourner à Domremy ; elle se disait « fille de bourgeois », et la sainte enfant savait

Que le mentir n'est point fait pour un cœur chrétien.[1]

IV

Le lecteur a déjà pressenti que je ne suis pas éloigné de rattacher la famille de Jehanne d'Arc à quelque bon vieux tronc d'ancienne chevalerie, et, tout en adoptant la poétique légende de la « pastourelle », M. de Barghon de Fort-Rion a certainement eu l'intuition de la vérité, car voici ce qu'il fait dire par Dunois à l'héroïne :

« J'implorais la pitié, j'avais raison, Jehanne :
D'une race de preux descend la paysanne ;
Ton sang est aussi noble et plus pur que le mien ;
A tout venant tu dis : « Mon père est plébéïen ! »
Mais je sais le contraire, ayant entendu dire,
Un soir où nous étions réunis chez la Hire,
Par monsieur le Doyen de Saint-Sauveur de Blois,
Que tes pères étaient grands vassaux autrefois.

[1] F. de Barghon de Fort-Rion, *Jehanne d'Arc*, ch. II, p. 16.

Ce prêtre nous prouva que, bien loin d'être un rustre,
Ton père, Jacques d'Arc, sort d'un lignage illustre. »
Jehanne eut un sourire étrange et répondit :
« Si mes ayeux étaient puissants comme on l'a dit,
Mon père n'en a pas de l'orgueil, je t'assure ;
Il conduit son hoyau d'une main ferme et sûre,
Sans penser aux honneurs par le temps abrogés,
Vénérant ses ayeux noblement dérogés ;
Appauvris par la gloire, ils ont rompu la terre... [1] »

Toute ma thèse tient dans ces beaux vers, et je me flatte que ma thèse deviendra tôt ou tard article de foi historique, car tout ce que l'on découvre sur les d'Arc y achemine, lentement mais sûrement, les érudits. On ne manquera pas d'y opposer tout d'abord l'anoblissement de 1429 : si Charles VII anoblissait la famille d'Arc, c'est donc qu'elle n'était pas noble. — Déduction erronée : la famille pouvait être de la plus noble origine, mais ne faisant plus le service de guerre, ayant par suite dérogé, elle n'était plus en possession légale de la noblesse. C'est là ce qui explique tant de lettres d'anoblissement portant que l'anobli est d'extraction noble.

— Mais, sera-t-il encore objecté, non seulement Charles VII ne mentionne pas que Jacques d'Arc et ses enfants fussent de noble origine, mais il mentionne expressément qu'ils n'en étaient pas, et même qu'ils n'étaient peut-être pas de franche condition. J'ai rencontré maintes fois cette objection, consi-

[1] Chant IX, p. 122.

dérée comme irréfutable; elle se réfute cependant d'elle-même. Voici le texte latin des lettres de 1429 : « ... *Nobilitavimus et per præsentes de gratia speciali et ex nostra certa scientia et plenitudine potestatis nobilitamus et nobiles facimus... non obstante quod ipsi... ex nobili genere ortum non sumpserint et forsan alterius quam liberæ conditionis existant* ». [1] M. Wallon a victorieusement démontré que ce n'étaient là que des formules *usuelles* de chancellerie, destinées à épargner à l'anobli toute tracasserie quelconque, notamment de la part des collecteurs des tailles, et enlever à ces derniers le moindre prétexte à recherche et vexation : le Roi déclare anoblir les d'Arc, *même* s'ils ne sont pas de race noble, *même* s'ils ne sont pas de franche condition. C'est une formule de bienveillante précaution, rien de plus ; comment voudrait-on que Charles VII ne sût pas que Jacques d'Arc, doyen et procureur fondé de la communauté de Domremy, quasi-gentilhomme déjà, puisqu'en la qualité susdite il était exempt d'impositions, était de franche et libre condition ? D'ailleurs, à cette époque, le droit distinguait trois classes de personnes, les nobles, les francs ou libres, les non libres ou anciens serfs, et l'anoblissement ne s'accordait qu'à des personnes de franche condition.

M. Siméon Luce incline à admettre que la famille de Jehanne ait pris son nom de son lieu d'ori-

[1] Archives nationales, K. 63, nº 9.

gine; Arc-en-Barrois, et il note que cette ville a adopté pour son blason, « nous ne savons à qu'elle date, les armoiries mêmes de Jehanne d'Arc, nous voulons dire celles qui furent concédées à la Pucelle par Charles VII. »[1] C'est très certainement à une date récente, et probablement parce que M. de la Chenaye Desbois, dans l'armorial qui termine le 1er volume de la 2e édition de son *Dictionnaire de la Noblesse* (1770,) a inséré cette mention : « Arc, en Barrois : d'azur à une couronne royale d'or, etc. » Mais c'est la famille et non la ville d'Arc que vise le généalogiste, ce qui conste des autres mentions qui précèdent ou qui suivent : » Arbaut, en Provence... Arbon, en Franche-Comté... Archambault, en Bourbonnois, etc. » La prétention de la ville d'Arc-en-Barrois ne repose sur aucune donnée historique ; M. Vallet de Viriville[2] a lucidement établi que les d'Arc n'étaient d'aucune localité de ce nom, car leur lieu d'origine n'eût pas manqué de réclamer du Roi les exemptions accordées au village de Domremy ; or, pas plus Arc-en-Barrois que Arc-sur-Tille, Arc-sur-Meurthe,[3] Arc (Haute-Saône), Arc, Arc-sous-Cicon, Arc-sous-Montenot (Doubs), etc., aucune localité n'introduisit cette réclamation. Les *d'Arc* étaient donc d'une famille de ce nom, laquelle l'avait très certainement pris d'un de

[1] *J. d'Arc à Domremy*, p. 37, et note 1.

[2] *Nouv. recherches*, p. 36-38.

[3] Aujourd'hui Art-sur-Meurthe, de même qu'à Paris l'Église St André des *Arcs* est devenue St André des *Arts*.

ces fiefs homonymes, mais lequel ? La mémoire en était perdue, non seulement dans ce fief, mais peut-être même dans la famille de la Pucelle.

Ne serait-il plus possible d'arriver à préciser le dit fief et le tronc d'où provigna ce très illustre rameau ? Je sais bien que la « sainte de la patrie » n'a pas besoin d'ancêtres. Je l'ai dit ailleurs [1], des sommets constellés de son gigantesque piédestal elle domine superbement tous les âges de la chevalerie de France, dont elle personnifia jusqu'au sublime les vertus, l'ardente loyauté, le pieux patriotisme, l'esprit de sacrifice, les viriles croyances : *Mares hæc fœmina vincit* ! Mais, pour une si monumentale figure, il n'y a pas, sur le terrain de l'histoire de « quantité négligeable », et tout ce qui la concerne a son prix.

« La pauvreté fut l'état coutumier de la Noblesse française » ; [2] c'est ce que l'on a bien vite constaté lorsque l'on étudie les fastes d'un lignage chevaleresque. Combien d'amères vicissitudes dans son histoire ! « Combien de déboires, de brisements, d'écroulements, souvent irremédiables, sont le lamentable dénouement de la plupart de ces pages épiques ! La décadence par l'appauvrissement, puis la déchéance, telle fut pour maintes races illustres, traditionnellement prodigues de leur bien et de leur sang, la récompense ordinaire de l'héroïsme chevaleresque, du loya-

[1] *Revue de la Terre-Sainte*, 15 janv. 1885, *Nobiliaire des Croisades*, notice sur la Maison d'Arc.

[2] Voy. mon *Essai d'introd. à l'hist. généalogique*, p. 107.

lisme royaliste, de la piété patriotique. Le bon sens populaire, — une autre ruine du passé, — avait traduit ces fatales alternatives de grandeur et de fléchissement dans un adage expressif et poignant : « Cent ans bannière, cent ans civière ! » Encore étaient-ce les plus heureux parmi les bannerets et les damoiseaux, ceux qui, après un temps d'épreuves plus ou moins prolongé, parvenaient à reconquérir la fortune et la noblesse ; mais combien ne se relevaient pas ! Parfois les anciens titres s'adiraient, le souvenir même de l'extraction noble se perdait, [1] et c'était par les charges d'échevinage ou par l'exercice des professions libérales que se recouvrait d'abord la noblesse personnelle, puis la noblesse héréditaire.

Au XVe siècle, dans les revues de l'arrière-ban, la moitié des Nobles se déclarent sans ressources, incapables de s'équiper et, par suite, de faire service au Roi. [2] Cet appauvrissement procédait, non seulement des charges militaires que comportait le *privilège* nobiliaire, mais du grand nombre d'enfants qu'il fallait élever, équiper, apaner ou doter à chaque génération; le patrimoine féodal se morcelait, s'en allait en miettes. Le précepte évangélique, *Crescite et multiplicamini*, n'étant pas encore lettre morte, telle famille comptait dix, quinze, vingt enfants. En 1392, Charles VI octroie des lettres de rémission à un des glorieux volontaires

[1] *Ibid.* p. 191-193.
[2] *Ibid.* p. 113.

de la croisade teutonique, « Guehedin Chabot, chevalier, chargié de femme, de six filz et de troiz filles, povre et misérable personne ».[1] Claude de Saint-Georges eut vingt enfants de Marie de Cremeaux. Les treize fils aînés de Gervais Auvé et de Guillemette de Vendôme furent tués à Azincourt.

« Une famille élevée vient-elle à décroître, dit M. le marquis de Belleval, elle roule sans s'arrêter jusqu'au bas de la pente. » Et il cite : les d'Amerval, issus des comtes de Boulogne, et qui finirent dans la roture ; les Gueschard, d'ancienne chevalerie, qui vivaient « dans une chaumière du village dont leurs ancêtres avaient été les maîtres ». On n'ouvre pas un nobiliaire consciencieux sans y rencontrer de ces déchéances. Les Chambéry, antiques dynastes qui dès le commencement du XIe siècle étaient seigneurs du château et du bourg de leur nom (plus tard capitale du duché de Savoie), étaient représentés en 1411 par N. de Chambéry, *hôtelier* et syndic de la ville dont ses aïeux avaient été les maîtres.[2] Les cadets des princes de Mortagne et vicomtes de Tonnay, étant pauvres, se firent bourgeois et commerçants.[3] Les seigneurs de Bardonnenche, du XIe au XIVe siècle ne relevant que de Dieu et de leur épée, étaient à peu près souverains dans leurs domaines ; leurs rejetons

1 Arch. Nat., JJ. 142, n° 90.

2 Comte A. de Foras, *Armorial de Savoie*, I, 347.

3 Borel d'Hauterive, *Annuaire de la Noblesse*, XXX 194.

pullulaient, plus pauvres à chaque génération. Un d'eux, Pierre de Bardonnenche, émigra vers 1499 à Saint-Étienne (Forez) et se fit bravement ouvrier.[1] Ses petits-fils gagnèrent une grande fortune dans le commerce des épiceries,[2] et redorèrent brillamment leur vieux blason. Le savant nobiliaire dauphinois de M. le marquis de Rivoire la Bâtie fourmille de déchéances, trop souvent irréparables.

J'espère avoir démontré par ces exemples, — que je pourrais multiplier à l'infini, — qu'aucun argument valable ne peut être opposé à mes prémisses, que je résume ainsi : non seulement la condition sociale de la famille d'Arc n'exclut pas l'idée d'une origine noble, mais elle pourrait plutôt autoriser à la présumer.

En 1379, — soit vers le temps où naquit Jacques d'Arc, père de la Pucelle, — Eudes ou Odot d'Arc, de Dijon, était receveur du domaine de Chalon.[3] Pense-t-on qu'il y eût un écart social entre ce receveur et le doyen, le procureur fondé des habitants de Domremy ? Non. Eh bien ! Odot d'Arc était d'un rameau d'une des plus antiques et des plus illustres maisons de la chevalerie de Bourgogne.

[1] *Essai d'introd. à l'hist. généal.*, p. 177. Terrier de St-Étienne en 1515 : « Petrus Bardonnenchi, faber ».

[2] M. de la Tour-Varan, *Armorial des familles de St-Etienne*, p. 24-29.

[3] Bibl. nat., *Coll. de Bourgogne*, C, 575.

V

Sans doute, je le répète, Jehanne d'Arc n'a pas besoin d'ancêtres, mais, comme tout le monde, elle en a eu, et de nombreux érudits ont tenté de les retrouver. De savantes publications, comme celles de M. Siméon Luce, de MM. de Bouteiller et de Braux, de M. Boucher de Molandon, ont éclairé plus d'un point important, mais la pleine lumière est bien loin d'être faite, et pour la produire il faudra très probablement beaucoup de temps et de patience. En attendant qu'elle se fasse, que chacun apporte à l'édifice sa pierre, même minime, et le monument de vérité finira par surgir.

Au rapport de Charles du Lis, [1] le père de Jehanne avait deux frères, Nicolas et Jehan d'Arc. C'est tout ce que l'on a de certain sur les degrés antérieurs à la Pucelle. Le dit Jehan d'Arc prêta serment en 1439 comme arpenteur du Roi pour les bois et forêts au

[1] *Traité sommaire tant du nom et des armes que de la naissance et parenté de la Pucelle d'Orléans*, 1612, p. 28. — On admettait que Charles du Lis descendît de Pierre d'Arc, le plus jeune des frères de la Pucelle ; M. Boucher de Molandon a solidement réfuté cette erreur. Alors, de qui descendait-il ?...

département de France.[1] Peut-être est-ce le même « Jehan d'Arc » qui, en 1405, servait contre les Anglais dans une compagnie d'arbalétriers et de « piquenaires ».[2]

M. Siméon Luce mentionne « divers individus de ce nom établis le long de la vallée de l'Aube ou de ses affluents : en 1387, Huot d'Arc, à Arc-en-Barrois ; en 1353, Simon d'Arc, chapelain de la chapelle Notre-Dame au château royal de Chaumont ; en 1398, Guillaume d'Arc, dit de Longuay, à Courcelles-sur-Aujon ; en 1392, Jehanin d'Arc, à Radonvilliers ; en 1375 et 1390, le drapier J. d'Arc et le chanoine Pierre d'Arc, à Troyes ; en 1404, le curé Michel d'Arc, à Bar-sur-Seine ».[3]

Hugues, dit Huot, et Guillaume d'Arc, dit de Longuay, devaient être du lignage des seigneurs primitifs d'Arc-en-Barrois, ramage des sires d'Arc-sur-Tille, en Bourgogne ; Simon d'Arc et Jehan, dit Jehanin d'Arc, pouvaient être le grand-oncle et l'oncle du père de la Pucelle, mais, en dehors de la proximité locale et de l'homonymie, rien n'étaie la présomption de consanguinité. Quant à Jehan d'Arc, *drapier* à Troyes en 1375, signalé par M. Vallet de Viriville,[4] à

[1] S. Luce, *J. d'Arc à Domremy*, p. XLIV. — Arch. nat., section adm., *Table des Mémoriaux de la Ch. des comptes*, *Mém.* I, Bourges, p. 3.

[2] Archives du Conseil Héraldique de France.

[3] *J. d'Arc à Domremy*, p. XXXVII-XXXVIII.

[4] *Nouvell. recherches*, p. 45.

Pierre d'Arc, chanoine de Troyes en 1390, [1] et à Michel d'Arc, curé de Bar-sur-Seine en 1404, on peut présumer sans témérité qu'ils étaient d'une ancienne famille de grands bourgeois de Troyes, du nom de Dare, de laquelle étaient : Guyot Dare, mort à l'âge de 90 ans le 17 janvier 1544; Guillaume Dare, son fils, marchand *drapier*, né en 1497, mort le 25 octobre 1575, père de Nicolas Dare, *drapier*, échevin de Troyes, auteur d'intéressants mémoires que viennent de publier [2] MM. Maurice Bailly de Barberey et le vicomte René de Saint-Mauris, ses arrière-petits-fils. Cette famille qui, comme tous les grands bourgeois des temps féodaux, devait être d'un « lignaige », [3] avait des armoiries aux meubles purement chevaleresques : *d'or à trois anilles de gueules, au franc-quartier chargé d'un lion léopardé de gueules, soutenu d'une fasce d'azur*. Elle était certainement de ces « bourgeois nobles » qui tenaient à la Noblesse par l'origine, à la Bourgeoisie par l'adoption. Il se peut donc qu'elle fût un rameau d'un des lignages chevaleresques du nom d'Arc, nom qui affecte quelquefois, dans les anciens actes, la forme DARE, qu'elle aurait conservée pour se distinguer de ses nombreux homonymes; car, entre le XIe et le XIVe siècles, les DARC fourmillent en Champagne et en Bourgogne. On a vainement

[1] Garnier, *Invent. des archives dép. de la Côte-d'or*, IV, 413.

[2] Tome III des *Docum. inédits* publ. par la Soc. académique de l'Aube, 1886.

[3] V. mon *Essai d'introd. à l'hist. généal.*, p. 84.

recherché le blason des seigneurs originels d'Arc-en-Barrois : qui sait si ce n'était pas le leur que portaient les riches drapiers troyens?

Je ne serais pas autrement surpris si quelque heureux chercheur découvrait une ramification entre les Dare de Troyes et la famille de Jehanne d'Arc ; d'autant mieux que dans le premier acte du Procès de réhabilitation (manuscrit d'Urfé)[1] la Pucelle est précisément appelée « *Johanna* DARE » ; mais je m'empresse de dire que mes présomptions s'orientent d'un autre côté. Je voudrais trouver pour ancêtres à la Vierge-chevalier une race de sélection, douée de toutes les vertus de noblesse, une race de preux et pieux croisés, aumôniers et droituriers, héréditairement généreux envers les églises, les monastères, les hôpitaux et les malheureux ; *humainement*, cette exquise ascendance expliquerait mieux, par la puissance de l'atavisme, l'épopée de la Pucelle que certaines thèses dont la savante ingéniosité ne parvient pas à nous l'expliquer en dehors de l'inspiration divine. Il semble que, sur cette donnée de l'atavisme, le chercheur n'aurait que l'embarras du choix entre les sires d'Arc-sur-Meurthe, les sires d'Arc-en Barrois, les seigneurs d'Arc en Franche-Comté, et les sires d'Arc-sur-Tille, au duché de Bourgogne. Mais ces divers fiefs, je crois en avoir les preuves, eurent initialement des seigneurs d'un seul et même estoc.

[1] Bibl. nat., F. lat. 8838, fol. 112 recto.

Aux temps féodaux, le puîné, apané d'une terre plus ou moins éloignée du patrimoine de sa race, lui imposait volontiers le nom de son berceau, de sa Maison ; par mariage ou autrement, s'il devenait seigneur d'un domaine, il n'était pas rare qu'il lui enlevât son vocable pour lui conférer son propre nom : c'est pour cette raison que, dans toutes nos provinces, on trouve, généralement peu distantes les unes des autres, d'anciennes localités ayant la même dénomination. C'est ainsi que nous trouvons, dans un rayon relativement peu étendu, sept fiefs du nom d'Arc, dont le plus ancien et le plus important, *parrain* des autres, était Arc-sur-Tille, un des grands fiefs d'avant-garde de la capitale du duché de Bourgogne.

Son nom se rencontre pour la première fois dans une charte de l'an 849, de laquelle il appert que le comte Hildrade avait donné au chapitre de Nevers des biens situés « dans la ville d'Arc, *in villa Arcus* ».[1] Vers 1072, Alfred d'Arc[2] est témoin d'une donation pie de Hugues Ier, duc de Bourgogne. Ses descendants sont les bienfaiteurs de la milice du Temple, de Saint-Étienne et de Saint-Bénigne de Dijon, de N.-D. de Longuay, et de maint autre monastère. En 1147, Girard d'Arc, qualifié noble et puissant, est témoin de donations faites au prieuré de Saint-Donat par

[1] *Gall. Christ.*, XII, 301.

[2] *Alaifredus de Arcu*, qui, par une faute de typographie, est appelé *Alaifredus de Aren* dans la savante *Hist. des ducs de Bourgogne de la race capétienne*, de Mr E. Petit. tome I, p. 442.

Olric d'Arc et Odouin, prêtre, frère de Thierry de Saint-Hilaire, croisé. Vers 1149, Arbert d'Arc et Imbert de Bar sont en Palestine ; *Sarrasine*, fille de madame Alix d'Arc-en-Barrois, bienfaitrice de l'abbaye de Longuay, rappelait très probablement par son surnom la participation glorieuse d'Arbert d'Arc aux guerres saintes. En 1160, Guy d'Arc est moine à Saint-Bénigne de Dijon. Vers 1171, Humbert, sire d'Arc-sur-Tille, et Hugues, son fils, font une donation à l'abbaye d'Auberive ; ledit Humbert paraît avoir, en la même année, accompagné le duc de Bourgogne à la croisade. Anceline, « de la très noble famille d'Arc-sur-Tille », est religieuse au XIIIe siècle. De 1245 à 1253, Jehan d'Arc est évêque de Verdun. Robert d'Arc est au siège d'Acre, en 1250 . Le testament de Guilaume, dit Guillemin d'Arc, écuyer, neveu d'Hugues d'Arc, illustre abbé de Saint-Bénigne, testament fait en 1274, peut impliquer qu'il avait pris part à la deuxième croisade de saint Louis, car il laisse « à la Saincte terre d'oultre mer » toute son armure ; il fait, en outre, de généreux legs aux pauvres, aux monastères, aux cinq hôpitaux de Dijon. En 1279 et 1287, Jehan et Henry d'Arc sont chanoines de la Sainte Chapelle de cette ville. Le 7 novembre 1306, y meurt « le beau chevalier Jehan d'Arc, *miles formosus*, doux et véritable ami des moines de Saint-Bénigne », ainsi que dit son épitaphe. Robert d'Arc est prieur de Cantuel, de l'Ordre de Saint-Benoit, au diocèse de Saint-Flour. En 1377, Thibaut d'Arc est écuyer du sire de Vergy. Le 16 octobre 1383, meurt à Dijon Jehanne d'Arc, veuve d'Eudes de Saulx, chevalier, seigneur de Ventoux, mère de Hugues de Saulx, qui, après avoir servi dans les armées de Bourgogne en 1358, fut moine de Saint-Bénigne et mourut sous le cilice en 1403.

N'est-ce pas là une pieuse et chevaleureuse race très digne, — toute *bourguignonne* qu'elle fût, — d'avoir produit, dans un de ses nombreux rameaux, celle que le peuple appelait « l'angélicque » et qui fut l'ange de la croisade nationale? Je ne fais qu'indiquer, sans y attacher une importance probative, que, dans ce noble et vieux lignage, les prénoms de Jehan, Pierre, Nicolas se rencontrent assez fréquemment, et c'étaient ceux des oncles et des frères de la Pucelle. Vers 1150, Pierre d'Arc est témoin d'une donation faite à N.-D. de Longuay par Hellebaud de la Ferté. En 1249, Pierre d'Arc, clerc, est dit frère d'Ascheric d'Arc-sur-Tille, chevalier. En 1359, Pierre, dit Perrel ou Perreau DART ou DARE, est écuyer du seigneur de Blaisy ; et je note, en passant, que Pierre, frère de la Pucelle, était aussi appelé Perrel ou Perrelot.

Je n'hésite pas à considérer les d'Arc de Domremy comme un rameau de cette illustre race chevaleresque. Pour expliquer leur migration de Bourgogne en Champagne, il suffirait de rappeler que Dijon faisait partie du diocèse de Langres, et qu'au XIVe siècle les délimitations spirituelles avaient, dans l'espèce, une importance capitale ; on s'y mouvait comme plus tard dans sa province, et le Bourguignon qui se transplantait en Champagne ne croyait pas changer de patrie, lorsqu'il ne changeait pas de diocèse et de pasteur. Or, en se transplantant à Ceffonds, les d'Arc étaient demeurés diocésains de Langres.

On a véhémentement taxé la Royauté d'ingratitude envers les descendants des frères de la Pucelle. La Royauté fut loin d'être ingrate; Jehan d'Arc fut investi de hautes charges ; Pierre, le puîné, fut créé chevalier ; il était peu renté, dira-t-on, mais la pauvreté, à peu d'exceptions près, était le lot commun de la chevalerie de France ; y être agrégé constituait la plus grande somme d'honneur, et, dans ce temps-là, l'honneur était à cent coudées au-dessus de l'argent. Ce fut, au contraire, une tradition de la Royauté que de soutenir les d'Arc, et je la vois, dans un esprit de patriotique revanche, les placer au plus haut rang dans la capitale du duché de Normandie, dans la grande ville qui avait vu le martyre de l'héroïne. Sous Charles VIII, Louis XII et François Ier, qui tient la haute charge de lieutenant-général du bailli de Rouen? D'abord, Pierre DARE ou DARC, conseiller du Roi, et après lui Louis DARE ou DARC, écuyer, très probablement fils du précédent.

Les traditions chevaleresques furent l'apanage des descendants des frères de la Pucelle, comme elles l'avaient été de la maison d'Arc-sur-Tille. On a noté qu'ils fournirent un gentilhomme du duc de Guise, un écuyer du duc de Lorraine (1616), un commissaire général de l'artillerie du Roi, un chevalier de Malte. J'ai trouvé maints témoins de l'hérédité de leur valeur et de leur patriotique dévouement : Louis du Lys est, en 1517, homme d'armes des Ordonnances du Roi dans la compagnie du seigneur de la Fayette, et, en 1523, dans celle de M. du Biez, capitaine du Boulonnois ; en 1525, Joachim du Lys est archer dans la compagnie du seigneur de Rochebaron ; Didier du Lis, archer sous le duc de Guise en 1548, est tué au siège d'Orléans ; [1] en 1554, Pierre du Lys est maréchal-des-logis de la compagnie d'ordonnance de M. de Bourdillon, lieutenant-général de Champagne et Brie ; en 1560, Michel du Lys est homme d'armes dans la même compagnie ; en 1564, François du Lys est archer de la garnison du château de la Bastille ; en 1664, Jehan d'Arc, écuyer, sieur de la Couture, est garde-du-corps du duc d'Orléans.

« Les du Lys, — dit un fatras qui n'en est pas à une erreur près, [2] — se sont éteints au milieu du XVIIe siècle ».

Maintes familles ont tenu justement à très insigne honneur d'ajouter à leur patronymique le très glorieux nom d'Arc, comme représentant par les femmes les frères de la Pucelle. Ils sont encore représentés *directement* par un honorable brigadier des douanes et par son frère, Mr E. Dulys, qui était il y a cinq ans et qui

1 Bibl. de Carpentras, mss. de Pairesc. X, 370.
2 Dictionnaire Larousse.

est probablement encore emballeur, rue Richer, 51, à Paris. Ils ont bien voulu me communiquer leurs titres de famille, — peu de chose, mais probant.

Sic transit gloria mundi ! La France actuelle s'occupe avec une généreuse ferveur de la grande héroïne nationale. Ne serait-ce pas un acte de justice et de piété patriotiques que de payer à ceux de son sang la dette inoubliable de la patrie française ? Si tant est que la Royauté ait été ingrate, la démocratie l'est infiniment plus.

Mais les « Dulys » ont le cœur haut placé, et si d'amères vicissitudes les ont contraints à déroger, j'affirme, après les avoir entendus, que ce n'est pas à la noblesse de l'âme.

VI

Tout est vraiment singulier dans ce qui concerne les d'Arc de Domremy ; leur nom patronymique même, on l'a vu, a pu prêter à la discussion ; leur ascendance, rigoureusement, est incertaine, et la généalogie de leur descendance, M. Boucher de Molandon l'a clairement établi, renferme une erreur capitale, qui remet en question le point de jonction d'une de ses branches. Quant au surnom de « du Lys », est-il bien certain qu'un Jehan d'Arc ne l'ait pas porté dès 1362, c'est-à-dire 67 ans avant l'épopée de la Pucelle?[1] Charles VII n'aurait donc fait que confirmer aux d'Arc ce beau nom, qui devait symboliser désormais et perpétuer le souvenir de l'héroïsme sauveur. Enfin, les surprises ne sont pas moins grandes en ce qui touche les armoiries de la famille d'Arc. Charles du Lys, avocat général à la cour des aides de Paris en 1612, avait gardé la tradition du blason primordial de ses aïeux, *d'azur à un arc d'or, chargé de 3 flèches, celle en pal encochée d'argent et empennée d'or, et les deux autres en sautoir empennées d'argent*,[2] armes parlantes, comme celles des Arc de la Marche Trévisane, *d'argent à 3 arcs de sable*,[3] et aussi de ce Jehan d'Arc, dont je viens de parler et qui vivait en 1362 : *de gueules au pot d'argent accompagné de 2 arcs d'or.*

Charles VII octroya à la Pucelle et aux d'Arc d'admirables armoiries, témoignage impérissable du prodigieux service rendu au royaume des lys et de sa souveraine gratitude ; armes parlantes aussi, et très éloquemment expressives : *d'azur à la couronne royale*

[1] Je rappelle que mes assertions, dont la source n'est pas indiquée ici, seront justifiées dans une étude spéciale.

[2] Ch. du Lys, *Traité sommaire.* — La Chenaye, *Dict. de la Nobl.*, éd. 1770, t. I, dans l'armorial non paginé placé à la fin du volume.

[3] Palliot, *Science des arm.*, 1671, p. 33.

d'or, soutenue d'une épée en pal d'argent, croisée et pommetée d'or, et accostée de deux fleurs-de-lis de même. Certes c'est là un incomparable blason, et vous en concluez que tous les d'Arc s'empressèrent de l'arborer et de le conserver précieusement avec un légitime orgueil. Détrompez-vous : les uns continuèrent à porter leur écu meublé d'un arc et de 3 flèches, les autres le portèrent parti des armoiries de concession royale, ou accru d'un chef de gueules chargé d'un *lion* d'or, en mémoire de leur résidence dans la ville de *Lyon.* Mais voici bien plus fort : deux cents ans juste après la naissance de Jehanne, en 1612, le susdit Charles du Lys et son frère, Luc du Lys, seigneur de Rennemoulin, secrétaire du Roi, ou quelqu'un de leurs ascendants, avaient abandonné l'un et l'autre blasons, celui de la famille et celui de la Pucelle, pour adopter des armes parlantes, corrélatives au nom « du *Lys* » : ils portaient : *d'azur à 3* LICES *courantes l'une sur l'autre d'or, surmontées d'une fleur-de-lys d'argent.* Et cette fleur-de-lys était toute récente : Louis XIII la leur avait concédée par déclaration donnée à Paris le 25 octobre 1612, enregistrée le 18 décembre suivant. Enfin tels autres membres de la famille du Lys, en vertu de je ne sais quelle incompréhensible tradition, [1] substituèrent dans leur écu aux deux fleurs-de-lys concédées par Charles VII une croix de Lorraine et une croix alaisée. Étonnez-vous,

[1] Villiaumé, *Hist. de J. d'Arc*, p. 233.

après cela, de la grand peine que les pauvres héraldistes ont souventes fois à déterminer le blason d'un lignage.

> Souvent blason varie,
> Bien fol est qui s'y fie !

Et dans la plupart des familles, au bon vieux temps, il en était de même; on changeait arbitrairement d'armoiries pour un motif plus ou moins plausible, — sans parler de la coutume des brisures, qui, en trois ou quatre générations, de juveigneur en cadet et de cadet en puîné, finissaient par rendre le primitif écu absolument méconnaissable.

Dans le cercle d'intimes à qui j'ai fait part de mes présomptions sur les origines de la famille de Jehanne d'Arc, deux objections, entre autres, m'ont été faites, précisément à propos de ses armoiries. Jehanne, m'a-t-on d'abord objecté, déclara à ses juges que sa famille n'avait jamais eu écu ni armes. Ainsi présentée, l'assertion est erronée. Voici le texte littéral des demandes et des réponses dans le premier interrogatoire secret : [1]

L'INTERROGATEUR : N'aviez-vous point écu et armes ?

JEHANNE : *Oncques n'en eus* . Mais le Roi donna *à mes frères* des armes, à savoir un écu d'azur où il y avait deux fleurs-de-lis d'or et une épée au milieu.

[1] J. Fabre, *Procès de condamnation*, p. 131.

Dans cette ville j'ai décrit à un peintre ces armes, vu qu'il m'avait demandé quelles armes je portais.

L'INTERROGATEUR : Est-ce vous qui fites donner ces armes à vos frères ?

JEHANNE : Elles furent données par mon Roi *à mes frères sans requête de moi et sans révélation.*

« *Oncques n'en eus.* » Jehanne parle d'elle, d'elle seule, mais non de sa famille. Ses juges s'efforçaient de la convaincre d'un satanique orgueil ; elle sent le piège et les tient en échec par la subtilité de sa réponse. Elle pousse la prudence au point de ne parler pas de la couronne royale placée par Charles VII dans l'écusson en question. D'ailleurs, il est clair qu'elle ne dit point que sa famille n'eût *pas* d'armoiries ; elle dit seulement qu'elle-même n'en porta jamais pendant qu'elle guerroyait.

Deuxième objection.— Vous inclinez, m'a-t-on dit, à chercher dans la maison d'Arc-sur-Tille la souche des d'Arc de Domremy ; mais cette maison portait *bandé d'or et de gueules de 6 pièces*, écu qui n'a aucun rapport avec celui des d'Arc.

Les d'Arc de Domremy avaient dérogé, le fait n'est pas douteux, mais ils étaient dès 1420 en voie de recouvrer leur noblesse, puisque Jacques, père de la Pucelle, était déjà titulaire d'un office qui l'assimilait aux Nobles en le déchargeant de la taille.

« Un autre fait, ai-je dit ailleurs, [1] non moins frap-

[1] *Essai d'introd. à l'hist. généal.*, p. 184-186.

pant que l'abandon de la particule par les Nobles embourgeoisés, c'est *l'abandon des armoiries de leur race*, comme s'ils eussent appréhendé de les commettre en se déclassant, ou voulu peut-être affirmer ainsi aux yeux de leurs nouveaux pairs la sincérité de leur abdication. J'ai recueilli de nombreux exemples de ce fait. Les néo-bourgeois prenaient généralement des armoiries en rapport avec leur transformation sociale, le plus souvent allusives à la profession qu'ils embrassaient, ou partiellement empruntées de celles de la ville dont ils devenaient habitants. Beaucoup de ces blasons improvisés constituaient de véritables calembourgs héraldiques, armes parlantes que n'a pas épargnées l'éclat de rire de Rabelais. »[1]

Un des ascendants de Jehanne, en abandonnant, pour cause d'appauvrissement ou d'infirmité, la carrière militaire, c'est-à-dire l'état de gentilhomme, abandonna du même coup, en se fixant à Ceffonds, ses nobles armoiries et en adopta de bourgeoises, de parlantes, allusives à son nom patronymique : un *arc* et des flèches.

Que si l'on me demande la source de ma présomtion d'affinité entre les modestes bourgeois de Domremy et les puissants seigneurs d'Arc-sur-Tille, je réponds que dès le XIIe siècle ces derniers provignaient dans la direction de la Champagne ; à l'aide de quatre ou cinq cents de leurs titres, je les suis,

[1] *Gargantua*, l. I, chap. 9.

pendant trois siècles, d'Arc-sur-Tille jusqu'auprès de Ceffonds ; de 1360 à 1375, date approximative de la naissance de Jacques, père de la Pucelle, des rameaux de cette très noble maison étaient possessionnés aux environs de Ceffonds, où naquit le dit Jacques.

VII

Celle qui vint de Dieu remontera vers Dieu ! [1]

Comme le Sauveur divin, Jehanne a pu dire au Seigneur en toute vérité : « J'ai accompli l'œuvre que vous m'avez imposée !... Et maintenant je ne suis plus au monde !... » [2]

Condamnée « par juges très suspectueux », comme dit Martial d'Auvergne, la vierge héroïque est conduite au martyre, noble et séraphique victime de l'assassinat juridique le plus monstrueux après celui de ce doux Jésus, dont le nom divin fut sa suprême parole. L'apparition miraculeuse disparaît sur un bûcher entre le ciel et la terre, « éternel objet d'admiration, de pitié et d'amour » [3]. Alors un secrétaire du roi des Anglais, frappé de l'iniquité de l'abominable sen-

[1] F. de Barghon de Fort-Rion, *Jehanne d'Arc*, ch. I, p. 6.

[2] Évang. de S. Jean, XVII, 4, 11.

[3] M. Jules Simon.

tence, de l'atrocité du supplice, de la surhumaine sérénité de la martyre, s'enfuit plein d'épouvante, en criant : « Nous sommes perdus, nous avons brûlé une Sainte !... » Les lâches assassins ont peur encore de ces cendres, comme s'ils pensaient qu'elles dussent faire aussi des miracles ; ils les jettent à la Seine, pour anéantir jusqu'à cette poussière angélique, et dans leur rage aveugle ils font à leur victime « une sépulture qu'envieraient les conquérants les plus illustres : les flots de l'océan vont partout, et Jeanne a un tombeau grand comme le monde ! »[1] Ses juges, ses *injusticiers*, ses bourreaux, condamnés à leur tour par la justice immanente de l'histoire, éternel objet de malédiction, de mépris et de haine, sont marqués d'infamie jusques à la fin des siècles.

La Papauté réhabilita la pure mémoire de la virginale héroïne ; les huguenots brisèrent en 1562 la statue qu'Orléans avait érigée à sa libératrice. Attendez deux cents ans, et vous verrez mieux encore de la part des héritiers naturels de la huguenoterie.

Comme tout doit être extraordinaire dans ce qui concerne Jehanne d'Arc, en 1580, — notez que je parle très sérieusement, — moins de deux siècles après naissance, son histoire semblait si prodigieuse, si miraculeuse, si romanesquement invraisemblable qu'elle passait en certains lieux pour une simple légende, une fable heureuse, comparable à ces chansons de geste

[1] S. G. Monseigneur Perraud, Évêque d'Autun.

qui célèbrent les prouesses surhumaines de héros imaginaires ; et pour convaincre les incrédules, Pontus Heuterus dut leur faire serment qu'il avait vu, de ses yeux vu, ce qui s'appelle vu, dans Orléans, le monument érigé à la Pucelle, et que la reconnaissance des Orléanais avait restauré après le passage des vandales huguenots.[1]

N'est-ce pas un *comble ?*

Eh bien ! il est encore dépassé par le tour de force fantastique d'un historien du commencement du XVIIIe siècle : dans les cent pages qu'il consacre au règne de Charles VII,[2] le comte de Boulainvilliers ne cite même pas le nom de la Pucelle et trouve moyen de ne faire aucune allusion à un seul de ses actes.

Et voilà justement comme on écrit l'histoire !

Par exemple il en va tout autrement de la dame de Beauté, que ce phénoménal historien coiffe délibérément des lauriers de Jehanne d'Arc : Charles VII, dit-il, « s'attacha à la belle Agnès Sorel, aux sentiments de laquelle *l'histoire* rend de si glorieux témoignages de courage et d'élévation qu'elle nous persuade qu'on lui doit en partie le recouvrement de la France. » *L'histoire...* pour rire, n'est-ce pas ? La belle Agnès, née en 1409, avait vingt ans lors de l'arrivée de Jehanne à Chinon, où la dame de Beauté était alors

[1] *Joannae Darc historia*, p. 122.
[2] *Réflexions sur l'hist. de France*, 1707.

inconnue ; elle ne vint à la cour qu'en 1431 et ne fut en faveur qu'en 1435, assez longtemps après les victoires et le martyre de la Pucelle. — Le prodigieux silence de M. de Boulainvilliers sur les gestes de la libératrice du royaume ne peut s'expliquer que de cette manière : il croyait, lui aussi, que Jehanne n'était qu'une superbe légende, et, pénétré du respect de l'histoire, il pensa de son devoir et de sa dignité d'écrivain sérieux de laisser dans l'ombre cette fiction patriotique, en compagnie du roman des *Quatre fils Aymon* et de la *Chronique du petit Jehan de Saintré.*

Shakespeare, — de qui Voltaire traitait l'œuvre de « fumier », — a indignement outragé la mémoire de la grande Française.

> Winchester et Warwick du moins ont pour excuse
> D'être Anglais.[1] . . . .

Mais le misérable Aroüet, quelle est son excuse ? Anglomane, prussomane, pornomane, c'est dans le fumier shakespearien que ce porc épique est allé vautrer son dégoûtant cynisme et ramasser à pleines mains l'ordure pour infliger à la pure victime des Anglais un second supplice, un martyre posthume ! Le sens moral manquait autant que le sens patriotique à l'infâme qui félicitait le roi prussien d'avoir battu l'armée française ; c'est le même homme qui, avant

[1] *Jehanne d'Arc*, ch. XVI p. 210.

d'évacuer sa goujaterie sadique, écrivait qu' « en d'autres temps cette héroïne aurait eu des autels » !

La révolution devait couronner l'œuvre de Voltaire et compléter celle des huguenots : le 27 septembre 1792, le conseil général de la commune à l'unanimité de ses membres, ordonna la destruction du monument de la libératrice « comme insultant à la liberté du peuple français ».

Notez qu'il s'agit du conseil général de la commune d'Orléans, et non pas de la commune de Charenton.

VIII

« Nous sommes perdus, nous avons brûlé *une sainte* ! » s'écria, dans la révolte de sa conscience, un officier du roi d'Angleterre, au pied du bûcher de la Martyre.

Une Sainte !... Oui, car ses exploits miraculeux la nimbent d'une auréole où resplendissent toutes les vertus, — vertus viriles et vertus célestes. Et le peuple, comme dans les vieux siècles préjugeant l'arrêt de la Chaire suprême, était unanime à proclamer la sainteté de cette martyre de la patrie.

> ... Jehanne est sainte : elle a fait un miracle ! [1]

[1] *Jehanne d'Arc*, ch. XIV, p. 191.

Ses juges infâmes attestent eux-mêmes cette unanimité : « La dite Jehanne a séduit le peuple catholique; beaucoup l'ont *adorée* comme sainte, commandant en son honneur messes et collectes dans les églises ; bien plus, ils la déclarent la plus grande parmi les saintes après la Sainte Vierge ; ils disent parfois que c'est l'envoyée de Dieu et qu'elle est plutôt ange que femme ». [1]

Et comme les Hébreux encensaient Uriel,
On la vénère ainsi qu'un envoyé du Ciel. [2]

Pour celle que le peuple appelait « l'angélicque » [3], après la délivrance d'Orléans, la victoire de Patay et le Sacre de Reims, l'enthousiame devint un culte national ; on lui prodigua les marques de reconnaissance et de vénération ; son image fut mise sur les autels, on porta des médailles à son effigie, on rédigea des prières et des hymnes en son honneur.

Fuit mulier a Deo missa
Cui nomen erat Johanna !

Sa glorieuse mémoire demeura dans l'âme du peuple comme un article de foi nationale et chrétienne ; partout où se voyait une statue de femme tenant une épee ou ce qui paraissait être une épée, principale-

[1] Quicherat, *Procès*, I, 191, art. 52 de l'acte d'accusation.
[2] *Jehanne d'Arc*, chant V, p. 65.
[3] Bibl. de Lille, ms. n° 26. — *Bull. de la Soc. de l'hist. de France*, 1857-58, p. 102.

ment dans les églises, [1] — le peuple disait que c'était sainte Jehanne d'Arc. Le clergé sanctionnait la vénération populaire en accueillant dans le saint lieu des portraits de l'héroïne, auréolée de la couronne des Bienheureux ; telle, Jehanne apparaît dans ce tableau du xve siècle conservé dans l'église Saint-Louis en l'Isle, à Paris ; telle encore, dans un autre tableau peint de son temps même pour une chapelle et découvert récemment par M. Auvray : il représente la Sainte Vierge avec l'Enfant Jésus ; à leur droite, saint Michel porte la balance avec laquelle il pèse les âmes ; à leur gauche, Jehanne d'Arc tient d'une main son étendard, de l'autre son écu armorié, et de même que la Vierge, le divin enfant et l'archange, elle est couronnée du nimbe de sainteté. [2] La plus ancienne des xylographies qui représentent la Pucelle, datant de 1538, nous la montre avec la couronne du martyre et les attributs de la sainteté. [3] On la voit avec le nimbe et les palmes sur les anciennes poteries populaires, comme dans ce cùrieux plat vernissé découvert par M. Charles Wignier, et dans lequel, par surcroît, le nimbe est surmonté d'une couronne que soutiennent deux anges. [4] L'ignoble siècle de Voltaire interrompit

[1] Façade de l'église de Saint-Riquier, près Abbeville.

[2] Le *Wallon illustré*, 1876, p. 258. — Lanéry d'Arc, *Le culte de Jeanne d'Arc*, p. 21.

[3] Ch. de Grasseilles, *Regalium Franciae libri duo*, Lyon, 1538.

[4] Ch. Wignier, *Poteries vernissées de l'anc. Ponthieu*, 1887, nº 20. — *Annuaire du Conseil Héraldique*, 2e année, 1889, p. 214.

vulgaire curiosité qu'un lieu de pèlerinage ; les huit admirables tableaux de Pierre Carrier-Belleuse impressionnaient jusqu'aux larmes, et ce n'est pas seulement un acte artistique de la part de M. Motteroz, c'est encore un acte souverainement patriotique que d'avoir reproduit ces grandes pages d'histoire dans une somptueuse publication.[1] Dans le Panthéon déchristianisé pour un temps, de belles fresques de M. Lenepveu, découvertes depuis quelques semaines, représentent les principaux épisodes de la vie de Jehanne.

« Oncques n'a esté nation tant mal apprise qui ne se soyt efforcée par tous moyens de rendre tesmoingnage à ses bienfaicteurs, honorant leurs prouesse et vertu de monumens, trophées et statues, pour encourager à l'advenir les successeurs à faire de mesme. »[2]

La martyre de la patrie a été à la peine de par ce drôle d'Aroüet ; il est juste que de par la France elle soit à jamais à l'honneur. Le jour anniversaire de son supplice, — le trentième jour du mois de la Vierge, — deviendra notre grande fête nationale, et, des Pyrénées aux collines de la Lorraine, des grèves de la Bretagne aux montagnes de la Savoie, nous honorerons d'un même cœur la Vierge-mère de la patrie, la

[1] *La Mission patriotique de J. d'Arc*, Panorama de P. Carrier-Belleuse (8 tableaux). Paris, Motteroz, Libr. des imprimeries réunies, rue Bonaparte, 13.

[2] N. Rousseau, *Hist. et discours au vray du siège d'Orléans*, 1576, in-4°.

victorieuse d'Orléans et de Patay, — « préludes éblouissants » des mémorables victoires de Formigny et de Castillon, qui parachevèrent son « œuvre prodigieux »[1] et la délivrance du « sol sacré ».[2] Jamais pour elle nous n'aurons assez de trophées, assez d'hymnes et de fleurs, *manibus lilia plenis*, et nous dirons comme le Charles VII de Shakespeare :[3] « Ce n'est plus saint Denys qui nous servira de cri de guerre, mais Jehanne la Pucelle sera désormais notre patronne ! »

Ah ! s'il fut un jour saint, suprême, glorieux,
Ce fut le jour qui vit nos immortels aïeux
Relever le défi jeté par l'Angleterre !
Bénissons à jamais l'aurore de cette ère,
Prélude éblouissant d'un immense avenir,
Gravons-en dans nos cœurs l'éclatant souvenir,
Et que ce jour sacré, buriné par l'histoire,
O Jehanne, éternise et ton nom et ta gloire ![4]

IX

Au mois de mai 1860, à l'appel de Pie IX, sur les pas de Lamoricière, cinq cents Français, sous un héros,[5] allèrent défendre un saint. Nous étions de ceux

[1] *Jehanne d'Arc*, ch. XVIII, p. 247.
[2] *Jehanne d'Arc*, ch. VII, p. 89.
[3] Shakespeare, *Henri VI*.
[4] *Jehanne d'Arc*, ch. V, p. 67.
[5] Parole de S. A. R. Madame la Duchesse de Parme, sœur de Monseigneur le Comte de Chambord.

là, François de Barghon de Fort-Rion et moi, et notre amitié de trente ans date de la Ville éternelle. Comment ne nous serions-nous pas liés d'une affection vive et durable, lorsque nous avions les mêmes croyances, les mêmes regrets, les mêmes espérances, les mêmes adorations, les mêmes goûts ? Il aimait les arts, les lettres, et déjà s'était fait connaître par quelques écrits. Je n'étais encore qu'un aspirant littéraire, et je l'écoutais comme le conscrit écoute le troupier qui a fait ses preuves.

Un jour, nous étions au Colisée, foulant d'un pas ému l'arène qui but le sang des martyrs, et, je m'en souviens comme si c'était hier, mon cher et docte compagnon d'armes, descendant le cours des âges, après avoir glorifié l'héroïsme des premiers chrétiens, évoqua le souvenir du martyre de Jehanne d'Arc, comme eux stoïque, héroïque, inspirée, sainte. La sublime réminiscence avait un cadre grandiose, digne du sujet, et maintenant que je viens de lire en primeur la « chronique rimée » de M. de Barghon, c'est elle qui me semble une réminiscence du Colisée. Certainement elle était en germe déjà dans la pensée du poète, et, comme pour m'en convaincre mieux, à présent qu'elle est bellement éclose, c'est moi qu'il charge de la présenter au public. Je lui rends grâces de ce « doux honneur », comme dit Horace, et je lui demande pardon de ma prolixité ; je me proposais d'écrire quelques pages pour paranympher *Jehanne d'Arc*, et je n'ai pas su me borner ; au lieu d'un léger frontispice, j'ai fait un mémoire de savantasse ; *meâ culpâ !*

Chapelain mit vingt années à composer sa *Pucelle* ;[1] il est vrai qu'elle compte vingt-quatre chants de douze cents vers chacun, pas un de plus, pas un de moins. Boileau a médit de ce poème tiré au cordeau, et Madame la Marquise de Sévigné n'a pas été moins sévère ni moins véridique que l'aristarque du Parnasse . « Cela est souverainement beau, dit-elle, mais souverainement ennuyeux ! » La postérité n'a guère retenu que la seconde partie de la sentence, et les contemporains de Chapelain, en dépit des libéralités de grand seigneur du duc de Longueville, ne connurent que les douze premiers chants de cette œuvre pétrifiante.[2]

Cy gist pucelle infortunée
Qui mourut avant d'estre née !

Avec ses 28,800 vers, Chapelain s'était, je crois bien, proposé de dépasser, tout au moins numériquement, l'auteur du *Mistère du Siège d'Orléans* ; il se rattrapait sur la quantité. Ce *mistère* écrit par Jacques Millet sur l'invitation et aux frais du maréchal Gilles de Rais, ne contient en effet que..... 25,000 vers. Le trop fameux mécène le fit représenter avec le plus grand luxe par 140 acteurs, sans compter les figurants,

[1] *La Pucelle ou la France délivrée*, 1656, in-f°.

[2] Plus de deux siècles après l'apparition des douze premiers chants, M. René Kerviler a publié les douze derniers (Orléans, H. Herluison, éditeur, in-16, 510 pages). Honneur au courage malheureux !

et la dépense s'éleva à la somme colossale de près de cent mille écus d'or. Le manuscrit en fut découvert, il y a seulement une quarantaine d'années, à la Bibliothèque Vaticane[1] par MM. Guessard et de Certain, qui le publièrent en 1862 dans les *Documents inédits de l'histoire de France*. J'ai eu la curiosité de parcourir ces 900 pages in-quarto, et je n'en ai rien retenu, pas même deux vers, — comme ceux que j'ai cités de la *Pucelle* de Chapelain.

Un autre poème du xve siècle, la *Chronique de la Pucelle*, publié par M. Vallet de Viriville, atteste en quel honneur était tenue par ses contemporains la mémoire de Jehanne d'Arc. Un de ces contemporains était Martin Franc, qui dans son poème *Le champion des dames* n'a pas manqué de célébrer la gloire de la grande héroïne :

Ce fut elle qui recouvra
L'honneur des François, tellement
Que par rayson elle en aura
Renom perpétuellement !

Ces proses rimées étaient pleines de bonnes intentions, à ce point qu'il n'y avait plus de place pour la poésie. J'en excepte la chronique métrique de Martial d'Auvergne, dont la coupe est si alerte et l'expression, parfois, si heureuse. — Le sujet est à la fois si simple et si grand qu'il déconcerte, qu'il écrase « la muse » la plus aguerrie, et, depuis Jean Chapelain, il ne fut

1 N° 122 du fonds de la reine de Suède.

abordé que par Pierre Duménil, dont l'œuvre[1], n'était pas tout-à-fait dépourvue de mérite, mais n'avait pas assez d'envergure pour atteindre à la postérité. Alexandre Soumet tira du sujet une tragédie[2], puis une trilogie[3]. Casimir Delavigne n'en tira qu'un épisode et qu'une ode. Lamartine lui-même n'y a puisé qu'une sorte de rapsodie en prose sonore, où foisonnent les erreurs historiques. En résumé, l'Homère de cette miraculeuse iliade couronnée par le martyre est encore à naître. C'est à croire que la France n'a pas le tempérament épique !

Cet Homère attendu, M. de Barghon de Fort-Rion a trop la modestie du vrai talent pour prétendre en doter son pays ; il se défend même d'avoir voulu faire un poème épique, et c'est ce qu'il a tenu à spécifier par le sous-titre de son œuvre : *Chronique rimée*. Chez lui, rien du compassé de Chapelain, solennel jusque dans les vétilles ; il va tout simplement en croupe de l'histoire, avec son bagage de rimes scrupuleuses et de généreuses pensées, fort insouciant des hypallages et des hypotyposes. L'amitié ne m'aveugle pas sur certaines inégalités de son œuvre ; il est, d'ailleurs, le premier à les reconnaître ; mais il règne à travers ces six mille alexandrins un souffle pénétrant de patriotisme et de foi. Dans maints passages, elle touche involontairement, par la force du sujet, aux

[1] *Jeanne d'Arc ou la France sauvée*, poème en 12 chants, 1818.

[2] *Jeanne d'Arc*, tragédie, 1825.

[3] *Jeanne d'Arc*, trilogie nationale, 1846 (posthume).

sommets de l'épopée. Les beaux vers, harmonieusement et mâlement frappés, y abondent, comme ceux-ci :

Martyre de la foi, sainte de la patrie,
Dont le Ciel inspira l'œuvre prodigieux,
Son âme plane encor sur la France meurtrie
Qui dit avec amour son nom prestigieux ! [1]

Ça et là, comme des fleurs dans le champ de la chronique, M. de Barghon a semé de poétiques intermèdes, comme cette exquise villanelle [2] que je veux vous faire relire ici :

« Fleurette au doux parfum, violette des prés,
Que les soupirs d'avril caressent sous les branches,
Combien as-tu de fils en chaperons pourprés
Et de filles en coiffes blanches ?

— Mes enfants sont nombreux, j'en ai cent, tu les vois
Autour de moi groupés, ma belle jouvencelle !
J'en ai mille qui sont à rêver dans les bois,
Et cent près de l'eau qui ruisselle !

— Est-ce tout ? — Non, j'en ai deux mille autres encor,
Dormant dans le vallon, dansant sur la colline,
Cent sur les bords du lac aux flots d'azur et d'or,
Cent près du rocher qui s'incline.

Ma belle jouvencelle aux yeux noirs, si tu veux,
Le jour ou tu seras fiancée au beau page,
Je t'en donnerai cent pour orner tes cheveux
Et cent pour parer ton corsage ! »

Une œuvre comme celle-ci représente une somme énorme de lectures et de labeur. Si je ne me trompe,

1 Chant XVIII, p. 247.
2 Chant IX, p. 124.

le poète a conçu la louable ambition d'écrire sous forme de « chronique rimée » un drame patriotique et très chrétien, dans lequel il a condensé tout ce qui lui a paru caractériser une des époques les plus viriles de notre histoire ; à la lumière de son érudition, de son patriotisme et de sa foi, il a vu les personnages et les faits ; les personnages, à commencer par l'héroïne et ses compagnons de gloire, il les a pourtraits d'après nature ; les faits, il les a narrés comme il les voyait ; et c'est pourquoi son poème, sans travestir l'histoire, sans l'enjoliver, sans fausser la chronologie, garde son merveilleux naturel, tout en restant exact comme une chronique véridique.

C'est donc ici « ung livre de bonne foy », mais c'est encore et surtout un livre de foi, franchement imprégné du sentiment religieux, et c'est à ce sentiment qu'il a dû la plupart de ses pages les plus captivantes, de ses vers les plus beaux, comme celui-ci, d'empreinte cornélienne, qui marque le terme des allégresses de Jehanne et l'aube de ses douleurs :

L'héroïne finit, et la sainte commence ! [1]

Comme l'épisode ravissant du miracle de Jehanne ressuscitant un pauvre petit être, [2] comme le récit de la céleste ascension de la Martyre, qui semble une réminiscence dantesque. [3] — Trois anges figurent dans

[1] Chant XIV, p. 189.
[2] Chant XIV, p. 190-193.
[3] Chant XVII, p. 243-249.

le poème : saint Michel, le vénéré protecteur de la France très chrétienne, l'ange de la Mission et des élans belliqueux ; saint Gabriel, l'ange de la miséricorde, qui vient conforter Jehanne dans sa prison ; Ithuriel, qui transporte son âme dans la Jérusalem céleste. C'est la vie de Jehanne d'Arc que résument ces trois angéliques interventions, et elles résument aussi le poème, — œuvre qui mérite l'applaudissement de tous les lettrés, de tous les catholiques et de tous les patriotes.

Le poète a voulu pour elle un patronage insigne ; courtisan de l'infortune, il est allé le demander sur la terre d'exil à la digne compagne du Prince qui, le 25 octobre 1888, écrivait au curé de Domremy comme sait écrire le Roi Très Chrétien. Cet auguste et gracieux patronage est la juste récompense du talent, du patriotisme et de la fidélité. J'en félicite avec joie mon ancien compagnon d'armes, mon zélé collègue du Conseil Héraldique de France, mon ami le meilleur, comme aussi d'avoir terminé sa *Jehanne d'Arc* par l'affirmation de sa vieille foi monarchique :

> Là-haut, le souvenir de sa chère espérance
> Luit éternellement dans son cœur transformé :
> Elle est l'Ange qui veille à jamais sur la France
> Et sur les successeurs de son Roi bien-aimé !

VICOMTE OSCAR DE POLI.

JEHANNE D'ARC

PAR S. A. R. LA PRINCESSE MARIE D'ORLÉANS

I

Comment les Anglais mirent le siège devant la cité d'Orléans, et comment une Prophétie annonça que Jehanne d'Arc délivrerait la France.

Tout est triste au castel, tout est deuil sous le chaume.
C'est grand'pitié de voir ainsi le beau royaume,
Affaibli, divisé, tomber en désarroi.
Partout le cri d'horreur répond au cri d'effroi,
Pas un coin du pays que l'Anglais ne rançonne ;
Le chef se désespère et le soldat frissonne;
Le plus vaillant s'attère et sent son cœur faillir.
Tous les maux à la fois sont venus l'assaillir,
Ce beau pays des lis que des haines fatales,
Que l'esprit des félons et des cités rivales
Ont livré sans vergogne aux mains des ennemis,

Partout, sur les clochers, sur les donjons soumis
S'étale insolemment l'étendard d'Angleterre.
Le seigneur est vassal, le peuple est tributaire
De vainqueurs sans merci souillant le nom chrétien,
Tyrans durs et cruels qui ne respectent rien,
Ni les ans des vieillards, ni la pudeur des femmes.
C'est pour cela qu'on voit tant de hameaux en flammes,
Tant de champs dévastés, tant de pleurs répandus,
Tant d'arbres soutenant des cadavres pendus,
Tant de soldats meurtris, qui s'armaient pour défendre
Le pays que Bedford voudrait réduire en cendre.
Qui donc a jamais vu la France en si grand deuil ?
O valeur des vieux temps, dors-tu dans le cercueil
De Bertrand du Guesclin, ce batailleur austère,
Qui, surprenant, un jour, le lion d'Angleterre,
Le foula sous ses pieds et lui brisa les dents ?
Mais silence aux vaincus, point de vœux imprudents !
Ces vœux seraient punis de mort. Le vainqueur veille !
Laissez dans son tombeau le héros qui sommeille,
Dont le bras aujourd'hui ne vous vengerait plus !
Au lieu de vains désirs et de vœux superflus,
Rappelez dans vos cœurs la vertu qui s'envole.
L'impuissance est perfide et la colère est folle.
Français, souvenez-vous du temps où vos aïeux,
Pleins de foi, pleins d'ardeur, triomphants, glorieux,
Doués d'une valeur à nulle autre seconde,
De mille exploits fameux émerveillaient le monde !
S'oublier est la fin de tout peuple indolent.
Songez à Charlemagne, à son neveu Roland,

Aux douze illustres pairs, aux superbes emprises
De ces fiers paladins, guerriers aux barbes grises,
Portant des cœurs virils qui ne vieillissaient pas ;
A tous les chocs sanglants, comme à tous les combats
Livrés depuis Clovis jusqu'à Philippe Auguste ;
Aux preux que saint Louis, aussi vaillant que juste,
Mena de Taillebourg jusqu'aux champs de Memphis !
De ces fiers chevaliers n'êtes-vous plus les fils,
Et ne sentez-vous plus tressaillir dans vos veines
Le sang transmis par eux ? — Les semonces sont vaines,
Quand la frayeur qui glace atteint un peuple entier.
Dans tout chemin qui s'ouvre et dans chaque sentier,
On ne voit qu'émigrants fuyant la haine anglaise ;
Dans les champs,dans les bourgs,du haut de la falaise,
On n'entend que des cris et des gémissements.
L'Anglais est sans pitié dans ses écrasements.
L'horreur tend son linceul ! Oh ! le blâme est facile !
Parcourez les fertés, les faubourgs et la ville.
Combien plus triste encor, ce que vous apprendront
Les citadins craintifs, errant la honte au front !
On a dit : Laboureurs, pour conjurer la chute,
Assemblez-vous dans l'ombre, organisez la lutte,
Choisissez-vous des chefs, et comptez-vous, la nuit ;
Puis, clandestinement, sans retard et sans bruit
Redressez, aiguisez la faulx et la faucille !
Du soc de la charrue on forge un fer qui brille ;
Tout est bon pour s'armer quand on veut mettre un frein
Aux forfaits des tyrans. Le bois, l'acier, l'airain,
Le battant des fléaux et les clous de la herse,

L'objet qui peut meurtrir ou le hoyau qui perce
Fait autant de dégâts dans la chair que les dards,
Que la massue atroce ou l'épieu des soudards !
On a dit : Les Anglais, surpris homme par homme,
Ne sont pas plus géants que les autres, en somme ;
Mais attendez l'instant opportun : pour pouvoir,
Il faut avoir aussi la force de vouloir.
Or, quand vous entendrez la voix sinistre et sombre
Du tocsin appelant au combat, tous de l'ombre
Élancez-vous armés, courez sus aux Anglais,
Surprenez-les, frappez, tuez, égorgez-les !
Et vous aurez agi, chevaliers de la glèbe,
Mieux que les fanfarons qui font fi de la plèbe,
Car vous aurez sauvé le pays et le Roi!
Voilà ce qu'on nous clame, au moment où l'effroi
Paralyse les bras, et les cœurs, et les âmes.
Eh quoi ! Nous, paysans,dont les toits sont en flammes,
Dont le pied des chevaux a broyé les moissons,
Nous que foule l'Anglais de toutes les façons,
Qui n'avons plus ni bœufs, ni grains, ni foin, ni paille,
C'est nous qui devrions commencer la bataille ?
Nous, lorsque le baron qui tient pour le Dauphin,
Sans un denier vaillant pour vêtir le drap fin,
N'a plus même un cheval, n'a plus même une lance,
Quand le seigneur prisé pour sa grande opulence,
Par ces temps de malheur, ne pourrait s'octroyer,
Pour le suivre au combat, l'ombre d'un soldoyer !
Hélas ! les cœurs s'en vont à la désespérance.
Oh ! pourtant, nous aimons le Dauphin et la France !

Et tous nous maudirons jusque dans le tombeau
L'Anglais qui nous oppresse et la reine Isabeau,
Qui, trahissant son fils, a vendu la couronne !
Nous prions tous les jours pour que Dieu rende au trône
Notre droit Souverain, le Dauphin bien-aimé.
Mais, hélas ! le flambeau sera-t-il rallumé ?
Verrons-nous triompher le droit primant la force ?
Verrons-nous s'accomplir l'équitable divorce
De la vertu trahie et du vice insolent ?
Espérer ! mais le jour de délivrance est lent
A venir, et de loin l'œil ne voit rien paraître ;
L'horizon s'embrunit. au contraire, et le prêtre,
De sa voix paternelle au lieu de nous crier
Armez-vous ! nous bénit, nous exhorte à prier
Celui qui pourrait seul éloigner les angoisses.
On n'entend maintenant dans toutes les paroisses
Qu'un grand cri de détresse où se joint la frayeur :
Des fureurs de l'Anglais délivrez-nous, Seigneur !
Or, voici qu'en ce temps d'opprobre et de souffrance
Un bruit s'est répandu dans le nord de la France ;
C'est qu'une Prophétie annonçait hautement
La fin de la misère et de l'affreux tourment :
« Mille ans passés, de plus quatre siècles encore
Depuis le fils de Dieu mon Seigneur, que j'implore,
Et vingt fois douze mois, calculs bien établis,
Disait la Prophétie, au Royaume des lis
Se verront grands méchefs et déplorables choses,
Guerre et sanglants débats troublant le mois des roses,
Troublant le mois des blés et les mois de l'hiver.

La vendange de sang et la moisson de fer
Seront, pendant sept ans, des Français la récolte ;
Ils éprouveront tout. famine, assauts, révolte,
Et ces maux dureront jusqu'au jour ou le Ciel
Mandera, par la voix de l'archange Michel,
Une Vierge arrivant du pays de Lorraine ;
Et cette vierge, au cœur grand comme un cœur de Reine,
Rendra l'heur et la paix au beau pays des Francs.
Retenez bien ceci, vous tous, petits et grands :
Après encore un an marqué par la clepsydre,
Quand la Vierge inspirée aura renversé l'hydre,
Pourchassé l'ennemi, rendu le sceptre au Roi,
Elle aura pour guerdon la mort ! Mais sans effroi,
Sans peur, vous la verrez accepter le supplice,
Puisqu'il faut que du Ciel tout arrêt s'accomplisse !
Quand l'héroïne aura succombé par le feu,
Celle qui vint de Dieu remontera vers Dieu ! »
Quand s'annonce un rayon du ciel, celui qui souffre,
Emporté par les flots du désespoir, — ce gouffre
Plus profond que la mer et plus noir que la mort, —
Se soulève et, malgré les étreintes du sort,
Se réconforte au feu du rayon qui l'éclaire.
Bien que la Prophétie, en quelques points peu claire,
Fût discutée, au moins il en sortait ceci :
C'est que la France avait enfin trouvé merci,
Que Dieu l'allait tirer des mains de l'Angleterre ;
Et ce bruit merveilleux eut le don salutaire
De rendre un peu d'espoir même aux plus défaillants ;
Ceux qui tremblaient, la veille, étaient presque vaillants ;

Las enfin de souffrir, tous parlaient de revanche ;
L'adolescent craintif, l'aïeul à tête blanche,
Se parlaient d'espérance et relevaient le front,
Prêts à verser leur sang, prêts à laver l'affront ;
L'enfant lui-même avait un sourire farouche !
Et le bruit s'en allait, grandi, de bouche en bouche,
De village en village et d'échos en échos,
Si bien qu'au bout d'un mois Bedford et ses suppôts,
Qui traitaient ces devis de sots et vains murmures,
Sentaient leurs cœurs frémir d'effroi sous leurs armures,
Tout certains qu'ils étaient d'être cent contre vingt.
Or, au temps annoncé, sachez ce qu'il advint.
On était au moment fatal de notre histoire
Où le haineux Bedford, de sinistre mémoire,
Honteux, exaspéré par son espoir déçu
De conquérir la France, outré d'avoir reçu
L'échec de Montargis, pour lui terrible outrage[1],
Toujours sombre et toujours le cœur gonflé de rage,
Envoya Glacidas avec ses mécréants
Commencer le blocus des remparts d'Orléans :
« L'affront de Montargis a souillé ma bannière ;
Que cette tache, amis, pour nous soit la dernière !
Il faut que la souillure imprimée à ses plis
Soit par des flots de sang lavée, et que les lis
Tombent du blason Franc, rayés par mon épée.
Si Montargis, cité qui nous est échappée
Par le fait d'un secours pour elle inattendu,
Si son vain défenseur, qui ne s'est point rendu,
Nous brave et fait risée ainsi de nos gens d'armes,

Orléans à son tour versera tant de larmes
Qu'il en sera parlé jusqu'à la fin des temps ! »
Ainsi dit Glacidas aux mineurs haletants
Qui creusent sans relâche une immense tranchée ;
Le lord, sur son cheval et la tête penchée,
Les presse d'achever les travaux, quand soudain
Il est interrompu par les cris de dédain
Des bourgeois d'Orléans, postés sur leurs murailles
Et qui, l'arc en main, crient : « Ah ! de nous tu te railles,
Beau lord, mais rira bien qui rira le dernier !
Vive Orléans ! » — Sur quoi, le plus vieux quartenier,
Agitant son pennon de couleur rouge et bleue,
L'apostrophe des mots : « A la queue ! A la queue ! [2]
Va, malgré tes efforts, maudit, le jour viendra
Où l'écorcheur anglais de nous se souviendra ! »
A ces mots, Glacidas outré lève la tête
Et, de loin, à l'abri des traits de l'arbalète,
Écumant de fureur, roulant des yeux hagards,
Il riposte aux bourgeois postés sur les remparts,
En leur montrant le poing : « Que ma main se dessèche
Si, dans dix jours d'ici, je ne suis par la brèche
Entré dans votre ville, ô vaniteux bourgeois !
Quand vous auriez La Hire et le bâtard Dunois,
Tous les buveurs d'eau claire et les mangeurs de courges
Que l'on voit à cette heure auprès du Roi de Bourges [3],
Par les cornes du diable ! entendez-vous, je veux
Vous réduire à tel point que vos petits-neveux
Ne rediront vos noms qu'avec opprobre et honte !
Je vous ferai subir tout ce que l'on raconte

Qu'Ilion dut souffrir de la main du vainqueur !
— A la queue, insolent ! lui répondent en chœur
Les fiers Orléanais. Beau gagneur de batailles,
Jamais tu n'entreras dans nos libres murailles ! »

NOTES DU CHANT Ier

[1] Le 5 septembre de l'année précédente, Dunois et La Hire avaient forcé les Anglais à lever le siège de Montargis, que Warwick bloquait depuis trois mois. A partir de ce moment, leur fortune commença à décliner. En reconnaissance de la valeur et de la fidélité des habitants, Charles VII les déchargea de la taille, voulut que leur ville portât le nom de Montargis-le-Franc, et lui donna pour armes les initiales de ce nom au cœur de l'écusson de France.

[2] Cette apostrophe bizarre et railleuse, que les Français ne ménageaient pas à leurs adversaires, faisait allusion à la croyance très répandue que les Anglais, vrais fils de Satan, avaient, comme lui, l'échine ornée d'un appendice.

[3] Allusion ironique à l'état de pénurie où se trouvait alors Charles VII. On connaît l'anecdote rimée par l'auteur des *Vigiles*, Martial d'Auvergne :

Un jour que la Hire et Poton
Le venoient voir pour festoiement,
N'avoit qu'une quéue de mouton
Et deux poulets tant seulement....

A rapprocher des « pourpoints troués » et de la « marmite renversée » de cet autre « victorieux » qui fut notre grand Henri IV.

II

Comment Jehanne d'Arc s'en vint trouver Robert de Baudricourt, capitaine de Vaucouleurs, et comment elle lui raconta ce que ses voix lui conseillaient pour sauver la France.

Ce fut au mois d'avril, le mois brillant des fleurs,
Que devant Baudricourt, commandant Vaucouleurs,
Se présenta, modeste et pleine d'assurance,
Une Vierge des champs. de très noble apparence
Sous les humbles atours de l'habit villageois.
Dans son regard limpide éclatait à la fois
La croyance immuable unie à l'énergie,
Et, quoiqu'elle n'eût point reçu de la clergie
La leçon d'éloquence et de gentil savoir,
Son dire harmonieux avait l'art d'émouvoir
Et d'attirer les cœurs. Sans détour, sans emphase,
La Vierge, en saluant, dit cette simple phrase
Au noble gouverneur : « C'est de la part de Dieu
Que je viens, chevalier ! » Et de son grand œil bleu,

Sortait ce regard pur que la foi seule inspire.
Baudricourt souriant, elle reprit : « Messire,
Je vous l'ai dit, je viens de la part de Celui
Qui voit tout, qui sait tout, et qui veut qu'aujourd'hui
Vous mettiez à mon gré des chevaux, une escorte,
Afin que sur le champ je parte et fasse en sorte
D'aller trouver le Roi notre sire à Chinon.
Que ce projet vous semble exécutable ou non,
Vous avez le devoir de tenter l'impossible :
C'est Dieu qui l'a dicté de sa voix infaillible ! »
Baudricourt se taisant, la Pucelle reprit :
« Au nom de l'Éternel, du Fils, du Saint-Esprit,
Messire, écoutez bien ce que le Ciel m'ordonne :
La cité d'Orléans que l'Anglais environne
Va tomber, sans qu'on puisse un jour la recouvrer,
Et Dieu m'a commandé d'aller la délivrer.
De plus, ses voix m'ont fait savoir qu'il faut encore,
Orléans délivré des Anglais que j'abhorre,
Que j'aille, et sans tarder, à Reims, à cette fin
D'y faire oindre et sacrer Roi le gentil Dauphin.
Dieu le veut ! » Elle dit, mais le vieux capitaine
Avait le doute au cœur et la phrase hautaine.
De ce ton brusque et sec qu'on prend en commandant :
« Vous feriez tout cela ? » dit-il en entendant
La Vierge au front candide exposer sa requête.
Puis le vieux chevalier, en secouant la tête :
« Enfant, demanda-t-il, comment vous nommez-vous ? »
Sans s'émouvoir, la Vierge au regard calme et doux
Lui répondit : « Messire, on me nomme Jehanne,

Mon père est paysan et je suis paysanne,
Domremy m'a vu naître et j'aurai dix-sept ans
Quand le mois de Marie aura clos ce printemps.
— Savez-vous lire ? — Non, je n'ai point lu de livre.
A quoi bon, puisqu'aux champs je croyais toujours vivre!
Je gardais les troupeaux par la belle saison ;
L'hiver, j'aidais ma mère aux soins de la maison,
Excepté le dimanche, où j'allais à la messe,
Car j'ai recours et foi dans la sainte promesse
De Jésus, mon Seigneur, mon seul et vrai soutien ! »
Au parler de Jehanne, à son calme maintien,
Baudricourt se sentit remué ; sa pensée
Fut que la Vierge avait une idée insensée
Et même quelque peu de démence en l'esprit.
Le vieux guerrier, perdant son air sombre, sourit,
Et paternellement la râilla : « Pauvre fille,
Mieux vous vaudrait filer ou reprendre l'aiguille
Que nourrir vos projets merveilleux, croyez-moi !
Quoi ! vous avez rêvé d'aller trouver le Roi
Et de lui proposer de mener les batailles,
Quand il a près de lui Gaucour [2], Dunois, Xaintrailles,
Et tout ce que la France a de plus valeureux !
Vous voulez triompher des Anglais, quand vingt preux
Vieillis dans les combats, sachant l'art de la guerre,
N'ont pu le faire encore ? Oh ! vous n'y pensez guère,
Vous, humble enfant des champs, n'ayant jusqu'à ce jour
Conduit que des agneaux au pacage ! Une tour
Est, croyez-en ma foi, plus difficile à prendre
Que garder des brebis qu'un chien seul peut défendre.

Les bergers, voyez-vous, sont faits pour leur troupeau,
Et non pour guerroyer. — Le pasteur du hameau,
Reprit Jehanne, un jour, nous disait dans son prône
Qu'un prophète, David, qui porta la couronne,
Étant jeune eut pour sceptre un bâton de berger,
Et pourtant d'Israël il chassa l'étranger
Et vainquit Goliath, ce géant redoutable !
La volonté du ciel pour l'homme est insondable,
Beau seigneur chevalier, comme, au regard de Dieu,
Les grands sont quelquefois moins que les gens de peu
Mes voix m'ont dit d'agir et je suivrai ma route.
— Vos voix ? fit Baudricourt, toujours en proie au doute,
Et, les sourcils froncés, d'un ton de sourd mépris,
Il ajouta : « Jamais je ne fus plus surpris !
Expliquez-moi le sens de vos aveux étranges :
Seraient-ce les esprits, les élus ou les anges
Qui parfois sont venus se révéler à vous ?
Parlez, Jehanne ! » — Alors le regard ferme et doux
De la Vierge éclaira son noble et pur visage :
« Chevalier, par la foi que je vous donne en gage,
Je n'ai jamais menti de ma vie et sais bien
Que le mentir n'est point fait pour un cœur chrétien.
Or écoutez, cher sire, et jugez par vous-même :
Un an déjà passé, vers le temps du carême,
Je menais mes brebis paitre aux abords d'un bois,
Et tout en les gardant je vins souventes fois
Sous l'abri d'un vieux hêtre, où les gens du village
Avaient placé jadis la vénérable image
De Notre-Dame ayant dans ses bras l'Enfant-Dieu.

Un invincible attrait m'emportait vers ce lieu,
Sous ce vieux hêtre aussi, nommé *l'Arbre des Fées*,
Je priais, et j'offrais mes modestes trophées,
De gracieux rubans de diverses couleurs,
Des guirlandes de mousse ou des chapeaux de fleurs,
A la sainte statue ouvragée en beau marbre,
Toute blanche en sa niche au flanc rugueux de l'arbre.
Or, un jour où j'étais venue avec ferveur
De la Reine du Ciel implorer la faveur,
J'entendis les accords d'une harmonie étrange
Et le doux bruissement de deux ailes. — Un ange
Tout brillant de lumière apparut à mes yeux,
Et cet ange portait à son front radieux
Un cercle étincelant, flamboyant diadème.
Ses yeux bleus s'éclairaient de ce regard suprême
Auquel on reconnaît les envoyés du Ciel.
Un réseau de clartés environnait Michel,
Son front réfléchissait les couleurs de l'aurore,
Son bouclier lançait les feux du météore,
Et sa cuirasse avait le chatoiement vermeil,
Le fulgurant éclat des rayons du soleil.
Je tremblais à sa vue, et je priais ! Sa bouche,
S'ouvrant comme la rose au sein pourpré que touche
La première lueur d'une aube de printemps,
M'appelle avec douceur et dit : « Depuis longtemps
Dieu, qui connaît l'ardeur de la foi qui t'anime,
Te réserve un destin splendide et magnanime,
Mais il veut que tu sois entièrement à lui.
— O Seigneur ! m'écriai-je, ô mon suprême appui !

O vous de qui l'amour garde et soutient les âmes !
Par la Vierge bénie entre toutes les femmes,
J'obéis, je me donne avec sincérité,
Vous consacrant mes jours et ma virginité.
Agréez donc le vœu de mon cœur qui s'engage ! »
Alors le bel archange au radieux visage
Me répondit : « Le Ciel daigne accepter ton vœu,
Et je vais t'annoncer les saints décrets de Dieu !
Jehanne, il faut partir ! Foi, courage, espérance !
C'est par toi que le Ciel veut délivrer la France.
Dieu pour ce grand dessein affermira ton cœur.
Les Anglais tomberont devant ton bras vainqueur
Comme on voit sous le vent tomber les feuilles mortes ;
Et quand ton bras aura dispersé leurs cohortes,
Quand les Anglais seront réduits à male fin,
Tu feras couronner et sacrer le Dauphin !
— Et c'est moi ? repartis-je, une simple bergère,
Qui mettrai hors de France une armée étrangère !
— Oui, toi-même, Jehanne et d'autres voix viendront
Bientôt, et tu feras ce que ces voix diront ! »
Il dit, et déployant ses chatoyantes ailes
Il regagna l'azur des voûtes éternelles.
Huit jours s'étaient passés quand je vins de nouveau
Près de l'arbre, un matin, ramener mon troupeau,
Et j'entendis jaillir de ses vertes ramures
Deux sons de voix distincts, plus doux que les murmures
De la brise qui passe en courbant les roseaux,
Que l'accent de la harpe et le chant des oiseaux ;
Et je vis un nuage ensoleillé descendre.

Il approchait, léger, brillant, sans se distendre,
Et soutenait, ainsi qu'un piédestal de feu,
Deux Saintes, qui venaient à moi, sous l'œil de Dieu,
Toutes deux me couvrant d'un bienveillant sourire !
Leurs blanches mains portaient les palmes du martyre,
Je voyais rayonner sur leurs fronts glorieux
Des bandeaux fleuronnés éblouissant mes yeux,
Et je les reconnus, ô puissance divine !
L'une était Marguerite, et l'autre, Catherine.
La première, en foulant la roue aux crocs de fer,
Rappelait son supplice inventé par l'enfer ;
La seconde montrait à mes regards l'épée
Dont les païens cruels l'avaient jadis frappée ;
Et leurs voix me disaient : « Jehanne, il faut agir !
L'orgueilleux léopard n'a cessé de rugir,
D'Orléans les Anglais ont cerné les murailles,
On n'entend plus partout que le bruit des batailles,
Que le cri des soldats courant, glaives en mains,
Et le sang des Français rougit tous les chemins.
Pars, va trouver le Roi ! Dis-lui que le temps presse,
Que tu viens pour sauver la patrie en détresse,
Et surtout que tu viens de la part du Seigneur
Pour lui rendre son trône et venger son honneur ! »
Or, depuis ce jour-là, je le jure, à toute heure,
Que ce soit dans les champs ou bien en ma demeure,
Que ce soit dans la nuit, que ce soit au réveil,
J'entends toujours ces voix qui seront mon conseil ! »
Elle dit ! Mais pourtant Baudricourt doute encore ;
Il voudrait accorder ce que Jehanne implore,

Mais le vieux chevalier redoute de se voir
Bafouer par la Cour. Ah ! s'il pouvait savoir
Ce que diront le Roi, Vendôme et la Trémouille ?
Ne renverront-ils pas Jehanne à sa quenouille ?
Et lui, n'aura-t-il pas l'humiliant affront
D'encourir quelque blâme ? On voyait à son front
Les plis qui décelaient sa vive inquiétude.
Il veut, il ne veut pas, il balance, il élude.
Bref, il émet l'avis d'attendre encore un peu.
« Allez, dit-il, Jehanne, allez et priez Dieu !
Consultez de nouveau les voix qui vous dirigent.
Les choses ne vont pas si vite, elles exigent
Bien des formalités, il faut écrire au Roi ;
Vous reviendrez plus tard, et, pendant ce temps, moi,
J'informerai la Cour de la mission sainte
Que Dieu vous a donnée. Enfant, soyez sans crainte,
Le Seigneur vous soutient, le Ciel vous aidera !
J'ai maintenant l'espoir qu'un jour on vous croira.
Allez ! tout réussit au vouloir qui persiste ! »
Et la Vierge partit le cœur gros, l'âme triste.
Une semaine après, Jehanne à Vaucouleurs
Revient, mais cette fois ses beaux yeux sont en pleurs,
Son front pâli trahit les plus vives alarmes.
Baudricourt lui demande, ému : « Pourquoi ces larmes ?
Quelque chagrin subit vous est-il advenu ?
Allez-vous m'annoncer un malheur inconnu ?
— Un malheur inconnu, vous venez de le dire !
Répond Jehanne. Hélas ! au nom du Ciel, messire,
Vous tardez trop longtemps à m'envoyer au Roi,

Et si je viens à vous en pleurs, voici pourquoi.
Mes voix m'ont dit : Jehanne, il faut partir de suite !
Devant l'Anglais vainqueur les Français sont en fuite,
Après avoir été battus piteusement
Sous les murs de Rouvray. Cours sans perdre un moment!
Si tu tardais, l'Anglais, qui se rit du dommage
Qu'il vient de faire au Roi, raillerait davantage
Et pourrait le forcer dans ses derniers remparts.
Va, les temps sont venus, prends ton courage et pars !
— Quoi! les Français vaincus de nouveau! Dieu suprême!
S'écria Baudricourt. Qui lança l'anathême
Contre toi, France ? Hélas ! quel crime as-tu commis
Pour que tu sois livrée aux pires ennemis ?
Quelle douleur pour moi, qui, témoin de ta gloire,
Ai vu marcher tes fils de victoire en victoire,
Alors que nous servions sous Bertrand du Guesclin !
Aujourd'hui que ma vie en est à son déclin,
Où sera mon tombeau, bientôt, sur notre terre ?
Le dernier coin sera vassal de l'Angleterre,
Et mes vieux os seraient foulés par l'étranger!...
Oh ! non, Seigneur ! oh non ! tu voudras nous venger !
Tu nous épargneras un tel excès de honte!
Ciel ! rien qu'en y pensant tout mon vieux sang remonte
Et mon épée est prête à sortir du fourreau !
J'aimerais mieux mourir de la main du bourreau
Que voir l'Anglais garder notre sol qu'il profane !
Je le sens, je le crois de tout mon cœur, Jehanne,
C'est Dieu qui vous suscite ! Oui, je vois aujourd'hui
Que vous étiez sincère, et que c'est de par lui

Que les Saints vous ont dit de relever la France !
Demain vous partirez ! Foi, courage, espérance !
Non, je n'hésite plus, je veux, avant dix jours,
Que des murs de Chinon vous ayez vu les tours.
Préparez-vous, je vais commander votre escorte.
Mais écoutez d'abord le conseil que m'apporte
Ma vieille expérience. En ce monde inconnu
Où vous allez entrer, Vierge au cœur ingénu,
Vous aurez, je le crains, bien à souffrir. La femme,
En quittant son hameau, doit garder dans son âme
La fermeté modeste et ce rayon vainqueur,
L'humilité, qui fait plier l'orgueil du cœur.
Gardez le souvenir béni de la chaumière,
Et que l'ambition, de sa fausse lumière,
N'ait jamais le pouvoir d'éblouir vos regards.
Soyez bonne envers tous, mais juste à tous égards.
Votre oreille entendra bien des choses étranges !
Que de gens, à la Cour, se riront de vos Anges
Et des Saints, qui venaient vous parler chaque jour.
Jehanne ! Et puis, il est des dangers à la Cour,
Non moins que dans les camps. Veillez sur votre vie.
En haut, vous trouverez les serpents de l'envie
A chaque instant dressés contre vous, et, plus bas,
De grossiers soldoyers qui, vaillants aux combats,
Sont âpres au butin et n'ont, dans leur langage,
Que des mots qui feront rougir votre visge !
J'appréhende, et pourtant un généreux émoi
Me maîtrise et me dit que je dois avoir foi
En vous et dans ce vœu que le Ciel vous suggère.

Partez ! Et que, bientôt, cette horde étrangère
Voie enfin le pays qu'elle croit étouffer
Se relever d'un bond superbe et triompher !
Je prîrai chaque jour pour que Dieu vous protége ! »
Et le vieux chevalier lui donna son cortège.

NOTES DU CHANT II

[1] Monseigneur Robert de Baudricourt, chevalier, bailli de Chaumont en 1437, capitaine de la ville et prévôté royale de Vaucouleurs, avait succédé, dans cette dernière charge, en 1420, à Monseigneur Amédée de Choiseul, chevalier, qui en avait été investi par lettres du 31 décembre 1411, en remplacement de Jehan d'Aunoy. (Bibl. Nat., fonds français, N° 20,684, Gaignières, *Extraits de comptes*, page 33. Conseiller et chambellan de Charles VII, Robert de Baudricourt fut, en 1441, gratifié d'une pension de 500 livres sur le trésor royal. Il vivait encore en 1451 et n'existait plus en 1455.

Son fils Jean, sire de Baudricourt et de Blaize, fut chevalier de l'Ordre du Roi et son ambassadeur en Suisse, gouverneur de Besançon et de la Bourgogne, maréchal de France en 1486, et contribua à la victoire de St-Aubin-du-Cormier. Il accompagna Charles VIII en Italie, et mourut le 11 mai 1499, sans postérité.

[2] Raoul de Gaucour, *aliàs* Gaucourt, fils aîné d'autre Raoul (bailli de Rouen, vaillant capitaine, tué dans cette ville en réprimant une insurrection fomentée par le parti des Bourgui-

gnons), non moins vaillant capitaine, un des héros de Nicopolis, de Hasbain et du Puiset, fut fait prisonnier à Honfleur par les Anglais, qui le tinrent longtemps en captivité et ne lui rendirent la liberté que moyennant rançon. Il fut alors un des adversaires les plus redoutés des Anglais et des plus fidèles serviteurs de la cause nationale incarnée dans Charles VII, qui le fit successivement son conseiller, chambellan, gouverneur et lieutenant général de Rouen, de Chinon, de Gisors, du Dauphiné, et grand-maître de France. Il périt dans un âge avancé, frappé d'un coup de lance sur le champ de bataille. Fin digne d'un tel héros ! — Son fils aîné, Charles de Gaucour, fut maréchal de France.

[3] Jean Poton, seigneur de Xaintrailles ou Saintrailles, gentilhomme de Gascogne, un des plus valeureux défenseurs de la Royauté nationale. Ses exploits sont longtemps restés populaires dans la légende de nos campagnes. Il fut élevé par Charles VII, en 1454, à la dignité de maréchal de France, et mourut à Bordeaux le 7 octobre 1461, enseveli dans un linceul de gloire.

III

Comment le Roi manda le sire d'Illiers aux habitants d'Orléans, et comment celui-ci leur annonça l'arrivée de Jehanne d'Arc.

Le Roi, la veille au soir, avait dit à d'Illiers [1] :
« C'est toi que j'ai choisi dans tous mes chevaliers
Pour porter ce message ! Or donc, tu vas, messire,
Incontinent partir pour Orléans, et lire
Ma cédule royale aux gens de la cité :
— A mes preux d'Orléans, gloire et félicité !
Sachez tous qu'admirant votre valeureux zèle,
Je vous mande aujourd'hui, conduits par la Pucelle,
Un corps de quatre mille et neuf cents soldoyers,
Avec six vingts sergents, plus soixante écuyers,
Menant munitions, vivres, artillerie.
Sur ce, que Dieu le Père et la Vierge Marie

Vous gardent! C'est le vœu du cœur de votre Roi. —
Maintenant, beau courrier, vite à ton palefroi !
Suis à franc étrier le côté droit du fleuve,
Prends le plus court chemin,et qu'il vente ou qu'il pleuve
Ne t'arrête jamais, ne perds pas un instant,
Enfin fais de ton mieux, car Orléans attend ! »
D'Illiers prit la cédule, ouvrit son escarcelle,
L'y serra, s'élança, d'un seul bond fut en selle
Et partit au galop, luttant avec le vent
Et le vol du faucon. — Le soir du jour suivant,
Le noble messager atteignit les murailles ;
La sueur inondait le tissu de ses mailles ;
Arrêtant son coursier dont les naseaux fumants
S'humectaient des vapeurs de ses flancs écumants,
Aux arbalétriers qui veillaient sur la porte
Il cria d'une voix pleine de joie et forte :
« Je suis Florent d'Illiers, compagnons, ouvrez-moi !
Car devers vous je viens dépêché par le Roi. »
La porte s'ouvre, il entre, radieux, et, s'empresse
De donner son message. On l'entoure, on le presse,
Orléans le reçoit par d'allègres transports.
Dunois et tous les chefs, que les bruits du dehors.
Font tressaillir d'espoir, volent à sa rencontre.
D'Illiers met pied à terre ; alors Dunois lui montre
Sa demeure, un hôtel que défend une tour
Accrochée à son flanc comme un nid de vautour.
« Viens, ami, lui dit-il, la fatigue t'accable,
Viens reposer ton corps et ton esprit. La table
Et le logis sont là, prêts à te recevoir. »

Une heure après, les chefs, désireux de savoir
Ce qu'on faisait à Blois, ce que le Roi lui-même
Ordonnait, accouraient chez Dunois, où Girême,
Grand-prieur de Paris et des Hospitaliers,
Était déjà venu. Parmi ces chevaliers
On remarquait: Villars, Alain Giron, Gamache,
Achard, baron normand, dit le Sire à la hache,
Choiseul, Montmorency, Cossé, Jaucourt, d'Aumont,
Philippe de la Chastre et Quitry de Chaumont.
On y voyait encore Albon, Maillé, Tavannes,
Gontaut-Biron, Chabot, puis Jacques de Chabannes
Que suivaient du Thillay, dit Jamet, et Thevray,
Trois glorieux vaincus du combat de Rouvray.
Et tous interrogeaient d'Illiers sur la Pucelle :
« Parlez, disait Choiseul, vous l'avez vue ! Est-elle
Vraiment comme on l'a dit, et ravie en esprit,
Experte en fait de guerre, ainsi qu'on nous l'écrit ?
J'ai peine à supposer que cette jeune fille,
Qui n'a tenu de fer en main que la faucille,
Soit apte à commander des soldats aguerris !
— Mieux nous vaudrait d'avoir, par la Vertu-Saint-Gris!
Villandrando chez nous qu'un troupeau de Jehannes ! »
Interrompit Gamache en souriant. Chabannes
Répliqua vivement : « Tu commets une erreur,
Rodric Villandrando [2], sans doute, est la terreur
Des soldoyers anglais qu'il fait brûler ou pendre ;
Je le sais valeureux et très habile à prendre
Une ville, un châtel ; il sert si bien le Roi,
Tout Espagnol qu'il est, que l'amiral et toi.

Mais vouloir comparer ce soldat d'aventure
A la Vierge inspirée, âme élevée et pure,
Dont Dieu pour nous sauver a suscité le bras,
C'est injuste, et tu peux autant que tu voudras
Argumenter ainsi, sans que ma foi partage
Ton avis préconçu ; d'ailleurs, il est plus sage
D'écouter sur ce fait le rapport de d'Illiers.
— C'est vrai ! dirent Dunois et tous les chevaliers.
D'Illiers, seul d'entre nous, la connaissant, peut dire
Si Jehanne est sincère et si le Ciel l'inspire
Et la conduit, si c'est Judith ou Dalila ! »
Alors voici comment Florent d'Illiers parla :
« Devant vous,messeigneurs,devant Dieu qui m'écoute,
J'avoûrai tout d'abord que je conçus un doute
Sur tout ce que le peuple à grand bruit répandait
Quand Jehanne apparut ; mon sens se demandait
Si bien réellement la jeune pastourelle
Méritait ce renom grandissant autour d'elle,
Et même je conviens que je ne blâmais pas
Les gens que j'entendais la critiquer tout bas ;
Mais il fallut bientôt me rendre à l'évidence :
Le hasard, mon devoir, ou mieux, la Providence
M'appelant à Chinon, j'arrivai juste au jour
Où le Roi fit mander la Pucelle à la Cour.
Le soir, nous vînmes tous au château. La grand'salle,
Était comble. Éclairant la voûte colossale,
Cent flambeaux appendus aux parois, aux piliers,
Embrasaient les brassards, les cimiers, les colliers,
Les tortils emperlés et les joyaux des femmes ;

Les lambris mordorés s'illuminaient, des flammes
Semblaient tomber en jets de l'or des chapiteaux ;
Les prélats, revêtus de somptueux manteaux,
Les dames, en surcots tout rebrassés d'hermine,
Les seigneurs, en pourpoints bordés de zibeline,
Tout cela présentait un coup d'œil séduisant,
Spectacle inattendu, magnifique, imposant,
Bien fait pour éblouir de son éclat splendide
Une fille des champs au cœur simple et timide !
On le pensait du moins, c'est ce qu'on s'était dit.
Grand fut l'étonnement, alors qu'on entendit
Le seigneur de Vendôme annoncer la Pucelle :
Sans trembler aux regards qui se fixaient sur elle,
Insensible à l'éclat d'un luxe merveilleux,
Jehanne s'avança, cherchant le Roi des yeux.
Or, entre les Seigneurs dont la salle était pleine,
Le Roi, simplement mis d'un pourpoint de futaine,
Affectait les façons d'un modeste écuyer ;
Il pensait par ainsi détourner, dévoyer
L'attention de Jeanne, et la troubler peut-être ;
Sans hésitation, prompte à le reconnaître,
La Vierge, allant à lui sans trouble et sans émoi,
L'aborda par ces mots : Je vous salue, ô Roi !
Le Roi voulut encore essayer de lui dire,
Pour l'éprouver : « Le Roi Charles, notre cher sire,
Ce n'est pas moi ! Là-bas, sous ce dais d'or, vois-tu
Ce jeune et beau seigneur superbement vêtu ?
C'est lui ! » Jehanne alors répondit : « Dieu vous garde!
De vous mener sacrer à Reims le temps me tarde,

Car mon vénéré maître et Roi, Seigneur, c'est vous,
Et nul autre ! » Aussitôt, tombant à ses genoux :
« Par le Seigneur du Ciel que j'aime et que j'implore,
Mon gentil et vrai Roi, si vous doutez encore
De ce que Dieu m'inspire et m'ordonne, venez !
Je vais vous dire un fait dont vous vous souvenez,
Un fait dont vous pensez avoir seul connaissance,
Que personne jamais n'a pu connaître en France,
Que nul ne sait, fors Dieu, que Charles VII et moi ! [1] »
Ces mots mystérieux avaient touché le Roi.
Il releva Jehanne, et tous deux se rendirent
Au fond du grand palier ; les courtisans les virent,
Mais à leur grand regret ils n'entendirent pas
Le secret que Jehanne au Roi disait tout bas.
Je vous dois cependant conter ce que nous vîmes
Ensuite avec Gouffier [2] et d'Harcourt, mes intimes.
Le Roi revint, tenant Jehanne par la main :
« Tu me suivras à Blois avec la cour, demain ;
Je te ferai donner un cheval, une armure ;
Ton cœur est juste et droit, et ta parole est sûre.
Va, le plan généreux que ton âme a conçu,
Messagère de Dieu, ne sera point déçu ! »
Et quelques jours après elle était équipée ! —
Villars interrompit : « Au sujet de l'épée
Qu'elle porte, est-il vrai que ce fut à Fierbois
Qu'on la trouva selon le conseil de ses voix ?
Tout ce qu'on nous a dit à ce sujet m'étonne ?
Mais, toi qui fus présent, tu sais mieux que personne
Si l'histoire est vraiment digne de foi ? Dis-nous

Ce qu'il en est d'un fait qui nous intrigua tous,
Tant cet événement ressemblait au prodige !
— Tout est prodigieux dans ceux que Dieu dirige,
Sachez-le, répliqua d'Illiers, et, sur ce fait,
Je puis vous affirmer qu'aucun point n'est surfait.
Voici ce que je sais et ce que je vous jure.
Un soir, le Roi venait de recevoir l'armure
Destinée à Jehanne, œuvre d'un artisan
Très habile, et nommé maître Arnold le Pisan;
On admirait d'abord un casque au blanc panache,
Tout damasquiné d'or et d'argent, dont l'attache
Et le ventail étaient ornementés d'airain;
Puis, on voyait encore un léger gorgerin
Recouvrant le défaut d'un corselet d'écailles,
Des brassards guillochés, un court jupon de mailles,
Trois gambisons de lin richement décorés ;
Harnois que complétaient deux éperons dorés.
Le Roi, d'un œil expert, suivait, pièce par pièce,
Le harnois, qu'il trouvait sans défaut dans l'espèce.
On fit venir Jehanne, et le Roi tout joyeux :
« Cela t'ira fort bien ! » lui dit-il. Mais ses yeux
S'étant soudainement reportés sur l'armure :
« Il y manque, dit-il, la chose la plus sûre,
Et je vois à présent que mon maître armurier
A supprimé l'épée avec le baudrier.
— L'oubli n'est point si grave, et qu'à cela ne tienne !
Dit Jehanne. Une épée ? Eh ! n'ai-je pas la mienne,
Fer noble et glorieux, puisqu'il n'a de pareil
Que celui que portait dans un fourreau vermeil

L'Empereur Charlemagne à la barbe fleurie.
Selon la voix de l'ange et de sainte Marie,
Ce glaive appartenait au duc Charles-Martel ;
Il est depuis longtemps enfermé dans l'autel
D'une modeste église ! » ajouta la Pucelle.
Quelqu'un lui demandant alors: « Où donc est-elle,
Cette église ? — A Fierbois. Si l'on veut envoyer
Dans le lieu que j'indique un page, un écuyer,
Il trouvera l'épée où je viens de vous dire ;
C'est elle qu'il me faut pour vaincre ! Adonc, cher sire,
Éprouvez ma parole une dernière fois :
Ce glaive à son revers est marqué de cinq croix.
Dépêchez un courrier, qu'il se rende à l'église
Du hameau de Fierbois ! » Grande fut la surprise
Du prince et de la Cour, lorsque, six jours après,
On revit le courrier, dépêché tout exprès,
Revenir de Fierbois en rapportant l'épée !
L'ange encore une fois ne l'avait point trompée. »
Les chefs, émerveillés, en silence écoutaient.
Parmi les deux ou trois obstinés qui doutaient,
Gamache était le seul refusant de se rendre
Aux raisons que d'Illiers à tous faisait comprendre ;
Rebelle à l'évidence, on le pressait en vain :
Il restait impassible ainsi qu'un dieu d'airain.
Enfin, comme d'Illiers détaillait la manière
Dont Jehanne avait fait décorer sa bannière,
Gamache interrompit : « Vous ne me dites pas
Si Jehanne est habile à mener les combats.
Voilà ce que je veux savoir, car il m'en coûte

De baisser pavillon, au milieu de ma route,
Devant une fillette accoutrée en guerrier.
J'ai bataillé dans plus d'un combat meurtrier,
J'ai vu la mort de près, j'ai blanchi sous les armes,
Je n'ai craint ni les chocs, ni les pires alarmes ;
J'ai donc le droit ici de demander pourquoi
Les soldats éprouvés de la France et du Roi
Vont se trouver réduits à marcher en sous-ordre ! »
Chabannes lui cria : « Tu ne veux point démordre
De tes préventions, ami, tu te fais vieux
Et tu deviens jaloux, égoïste, envieux.
Va, de ton argument je comprends la finesse :
Les vieux voudraient toujours éloigner la jeunesse,
De qui l'activité redoute le repos !
On doit savoir vieillir et vieillir à propos,
Gamache, et se plier à ce que Dieu nous donne.
Comment ! quand il s'agit du sort de la couronne,
Du salut du pays, tu peux garder au cœur
Cet excès d'amour-propre et de sombre rancœur !
Nous ne devons qu'à Dieu d'être ce que nous sommes,
Mais enfin te crois-tu le seul des gentilshommes
Ayant fait son devoir et prouvé sa valeur ?
Si ton mérite est grand, les autres ont le leur,
Et quand chacun ici se soumet avec joie
A la Vierge au bras fort que le Ciel nous envoie,
Tu peux, sans déroger, agir ainsi que nous ! »
Florent d'Illiers reprit : « Messeigneurs, calmez-vous!
Bientôt, vous n'aurez plus soupçon, doute ou litige :
Jehanne d'Arc, vivant et lumineux prodige,

Joint à tous les talents du chef le plus parfait
Un instinct prévoyant et sans défaut ; ce fait,
Vous le constaterez aussi bien que moi-même.
Si ses élans sont grands, sa prudence est extrême.
Je n'ajouterai rien de plus ; vous jugerez
Si mon dire est exact : demain, vous la verrez !
Maintenant, messeigneurs, nous parlerons du siège,
Car mon devoir le veut. Le Roi, que Dieu protège !
En m'envoyant vers vous a pensé qu'au retour
Je lui rapporterais maints détails. A mon tour
De demander ce que l'Anglais jusqu'à cette heure
A fait, et s'il pourrait être mis en demeure
De céder sous le choc d'un hardi coup de main,
Qu'on peut tenter avec les secours de demain ?
Quel est le nombre exact, et quelle est la tactique
Des assiégeants ? Le tout demande une réplique,
Juste autant qu'on pourra me la donner ! » Dunois
Réfléchit un instant, et répondit : « Je crois
Qu'on peut évaluer leur nombre à vingt mille hommes
Bien armés, bien munis, tandis que nous ne sommes
Que douze mille au plus, compris les habitants
En état de marcher parmi les combattants.
Quant à ce qu'ils ont fait, je dois, pour te répondre
Dans le sens que tu veux et ne pas me confondre,
Remonter au début du siège, et m'y voici.
Quand Bedford regagna Paris, laissant ici
Salisbury, chargé de mettre à sac la ville,
Celui-ci, secondé par le bâtard Graville,
Par le prudent Suffolk et le vaillant Talbot,

Fit tracer sur ses plans et construire aussitôt,
Pour enserrer nos murs, onze ou douze bastilles,
Montrant par leurs créneaux et par leurs écoutilles
Cent canonsmeurtriers, cent fusils de remparts,
Vomissant à grand bruit la mort de mille parts.
En outre, messeigneurs, ces bastilles ont toutes
Des boulevards couverts, des fossés, des redoutes.
Celle du Colombier, celle des Orgeris,
La bastille Saint-Loup et celle de Paris,
Par des retranchements se reliant entre elles,
Du côté d'occident jusqu'au fort des Tournelles,
Forment un noir cordon étreignant la cité.
Or donc, on peut le dire avec sincérité,
Tenter un coup de main me paraît difficile ;
Le mieux est pour l'instant de préserver la ville,
En attendant qu'on ait de plus puissants secours.
Pour leur tactique, elle est ce qu'elle fut toujours.
Les Anglais n'ont qu'un but, évident, qui consiste,
En feignant la terreur, d'attirer sur leur piste
Les crédules bourgeois qui, parfois, se croient sûrs
De pouvoir les tailler en pièces sous leurs murs ;
Mais ce vain stragème est aussi vieux qu'Hérode ;
S'ils ont pu réussir, en employant ce mode,
Deux ou trois fois au plus, aujourd'hui les bourgeois
Ont vu la ruse et sont moins naïfs, dit Dunois ;
Quand ils voient les Anglais sortir de leur bastilles,
Eux, postés sous l'abri des barreaux et des grilles,
Dans les recoins des tours, sous la dent des créneaux,
Les mettent en déroute à coup de fauconneaux,

Et cela sans avoir jamais perdu personne.
— Je comprends le moyen et leur manière est bonne ;
Mais les chefs des Anglais, combien et quels sont-ils?
Interrogea d'Illiers. — Quelques-uns sont subtils,
Les autres sont loyaux, mais tous sont redoutables ;
On peut citer parmi les plus recommandables
Lord Suffolk, chevalier aussi preux que loyal,
Dit Girême ; on aurait peine à trouver l'égal
En fouillant tous les fiefs de haubert d'Angleterre ;
Puis Falstaff, le plus vain des hommes de la terre,
Entier dans ses projets, obstiné dans ses vœux,
Et qui mourrait plus tôt, quand il a dit je veux,
Que de se désister. Ils ont encor Graville,
Talbot, cœur généreux, mais bouillant comme Achille,
Bon chrétien après tout, aussi fier qu' Artaban ;
Il a pour lieutenants le bâtard de Thian,
Sir Thomas Rameston, Hungerford et lord Scales ;
Mais le plus dangereux est Williams Gladesdales,
Celui que nos archers ont nommé Glacidas ;
Glacidas est félon et plus faux que Judas,
Et quand il nous attaque, il taille en diable à quatre.
— Tous ces gens ne seront pas faciles à battre,
Conclut Florent d'Illiers, mais je crois cependant
Que nous y parviendrons, le Seigneur nous aidant ! »

NOTES DU CHANT III

[1] Florent, sire d'Illiers, un des héros de la guerre nationale, ami de Dunois. Gouverneur de Châteaudun, il quitta cette ville avec 400 chevaliers, en 1429, pour aller prendre part à la délivrance d'Orléans. Il accompagna Jehanne d'Arc au siège de Jargeau, prit Chartres en 1432, défendit vaillamment Louviers et s'empara de Meulan en 1435, se distingua brillamment dans la campagne de Normandie en 1449, et enleva aux Anglais Neufbourg, Beaumesnil et Verneuil. Charles VII lui donna le gouvernement de Chartres, où il mourut en 1475.

[2] Rodrigue de Villandrando, comte de Ribadayos, Espagnol, célèbre capitaine de compagnies franches, lequel rendit de grands services au Roi pendant la guerre avec les Anglais.

M. Quicherat a écrit une remarquable étude historique sur ce célèbre aventurier, et l'a fait connaître sous son véritable jour.

[3] Ce secret fut plus tard revélé par Charles VII à Guillaume Gouffier, depuis seigneur de Boisy, son chambellan. Charles VII s'étant vu accablé par l'adversité, il y eut un instant où il désespéra de sa cause. Ne sachant à quoi attribuer ses malheurs, une pensée extraordinaire traversa son esprit : il s'imagina que

si Dieu favorisait la cause du roi d'Angleterre plutôt que la sienne, c'est que peut-être le prince étranger avait réellement plus de droit que lui à la couronne de France, si, lui, (et cette supposition pouvait avoir quelque vraisemblance quand on connaît la vie dissolue d'Isabeau de Bavière) il n'était pas le fils de l'infortuné Charles VI. Pénétré de ces pensées, il entra un jour dans son oratoire particulier. Là, seul, n'ayant que Dieu pour témoin, il adressa de son cœur cette prière au Souverain Maître des Rois : « Seigneur, si je suis le véritable héritier de la noble maison de France, aidez-moi à recouvrer mon royaume ; dans le cas contraire, je me retirerai en Espagne ou en Écosse. » Charles VII n'avait revélé ce fait à personne, et c'est pourtant cette prière que Jehanne d'Arc lui rapporta dans le premier entretien qu'ils eurent ensemble.

Dans les races chevaleresques, le désir de la Terre-Sainte se transmettait de génération en génération comme un legs pieux, comme une glorieuse tradition ; aux pèlerinages armés avaient succédé par la force des choses les pèlerinages de dévotion. Le petit-fils des croisés bravait les fatigues et les périls pour aller chercher sur la terre de Jérusalem la trace du sang des ancêtres. Ce fut ainsi que, vers 1446, Guillaume Gouffier, seigneur de Boisy, baron de Roannais et de Maulévrier, le futur gouverneur de Charles VIII, puis du Dauphin Charles-Rolland, fils de ce prince, partit pour la Terre-Sainte ; ce que m'a révélé le curieux extrait que l'on va lire :

Environ l'an 1480, j'estois dans la chambre du gentil roy Charles VIIIe. Le gentil roy espouza madame Anne, duchesse de Bretaigne, et en eust ung bel filz qui fust daulphin de Viennois, nommé Charles-Rolland, né dedans le Plessiz lez Tours. Là mesme il fust norry par le commandement du roy, sous le gouvernement de très noble ancien chevallier son chambellan, nommé messire Guillaume Gouffier, seigneur de Boisi, qui fust par luy choisy entre touz les seigneurs du roïaulme pour ung loial et preud'homme. A ceste cause, il luy volust mectre son filz entre les mains, comme à celluy en qui moult se fyoit. Avecques cest noble chevallier feurent miz le seigneur de la Selle Goyenaut, deux maistres d'ostel, un medecin, et moy qui feus son pannetier... Par léans, je suivois cest bon chevallier monsieur de

Boisi, quant il s'esbattoit parmy le parc, et tant l'aymois pour ses grandes vertus que je ne povois de luy partir ; car de sa bouche ne sortoient que biaux exemples, où je apprenois moult. *Il avoit esté en Jherusalem et à saincte Katerine du Mont-Sinay*, dont il me contoit pluseurs merveilles ; et aussy je luy contois du voiaige que j'avois faict en Barbarye, ou j'avois veu des choses estranges.

« Celluy me conta, entre aultres chouses, le secrect qui avoit esté entre le Roy et la Peucelle, et bien le povoit sçavoyr, car il avoit esté en sa jeunesse très aymé de cest roy (Charles VII), tant que il ne volust oncques souffrir coucher nul gentilhomme en son lict, fors luy. » (*Exemples de hardyesse de pluseurs Roys et Empereurs, composez par N. Sala, pannetier du Dauphin Orland, filz de Charles VIII*e. — Bibl. Nat., fonds français No 180.)

La Maison de Gouffier s'est fondue en 1771 dans celle de Choiseul, par le mariage de Marie de Gouffier d'Heilly avec le comte de Choiseul-Beaupré, colonel du Régiment de la Couronne, ambassadeur près la Sublime Porte, Membre de l'Académie française et de l'Académie des Inscriptions et Belles-Lettres, etc.

(*Revue de la Terre-Sainte ; Nobiliaire des Croisades*, par le vicomte Oscar de Poli, notice Gouffier.)

IV

Comment le Roi, étant à Chinon, donna à Jehanne d'Arc le commandement de l'armée, et comment Jehanne partit pour Orléans.

« Va, Jehanne, et que Dieu te conduise ! Tu parles
Par Celui qui t'envoie, avait dit le Roi Charles,
Je le sais maintenant et nul n'en peut douter !
Il suffit de te voir un instant, d'écouter
Les avertissements de la foi qui t'anime,
Pour croire et se convaincre, ô Vierge magnanime,
Et je crois à tes voix, comme à ton avenir !
Je ne dois plus un jour ici te retenir,
Tu partiras demain pour Orléans. La France,
Enfant, te bénira, car tu rends l'espérance
A son peuple aux abois, déçu, découragé.
Pour sauver le pays trop longtemps outragé,
Nous serons deux ! D'abord toi, que le Ciel nous donne,
Puis moi, le Roi gardien des droits de la couronne

Dont le Ciel investit le premier Roi Chrétien [1].
Nos royaux étendards, précédés par le tien,
Retrouveront bientôt leurs vieux rayons de gloire.
Va donc ! »
Le lendemain, sur les bords de la Loire,
L'armée était en marche, et Jehanne, en avant
Portant son étendard qui frémissait au vent,
Guidait ce flot brillant de lances et de piques ;
Les échos tressaillaient aux fanfares épiques
Des trompes, et le bruit sourd des tambours roulant,
De l'ost, qui plein d'espoir s'en allait défilant,
Réglait les pas pressés. Les bannières flottantes,
Les hauberts, les cimiers, les armes éclatantes
Et les heaumes ornés du lambrequin vermeil,
Paraissaient s'embraser aux rayons du soleil.
De pied en en cap bardés de fer, au poing la lance,
Écuyers et barons chevauchaient en silence,
Aiguillonnant les flancs de leurs grands destriers.
Le bruit de la rapière heurtant les étriers
Rendait le grincement des dents de la tigresse ;
Sur tous les fronts luisait une sombre allégresse ;
Tous allaient d'un pas fier, fantassins, cavaliers,
Francs-archers et taupins, soudards et bacheliers.
A leur tête marchaient de Rais, Sainte-Sévère,
Tous les deux maréchaux de France, et Pons Rivière,
Commandant les piquiers de l'Évêché de Blois ;
Près deux, Jean Pasquerel, prêtre et docteur en lois,
Aumônier de Jehanne, et Mallet de Graville,
Grand-Arbalétrier, Loys d'Estouteville,

Et Pétrus Bessonneau, portant le gonfanon
Du chef des artilleurs et des gens de canon.
Après les coustiliers, la marche était fermée
Par six cents soldoyers du Berri, masse armée
Escortant les convois de vivres qu'attendait
Orléans assiégé, qui toujours défendait
Ses murs environnés de bastilles anglaises.
Gaucour, avec l'exempt des bandes Écossaises,
Dirigeait l'avant-garde ; à leur gauche on voyait
Le gonfanon royal, qu'un hérault déployait.
A vingt pas après eux, apparaissait Jehanne
Sur son fier destrier, dont la robe alezane
Sous le harnois doré se cachait à demi.
La Vierge que le Ciel mandait de Domremy
Semblait un chérubin revêtu de l'armure ;
Son beau front qu'entourait sa noire chevelure
Brillait comme celui des élus glorieux ;
L'espoir qui rayonnait dans l'azur de ses yeux
Raffermissait les cœurs et relevait les âmes.
Sage entre les guerriers et belle entre les femmes,
Sa grâce avait le don de savoir conquérir,
De savoir réprimer en se faisant chérir ;
Sa parole à la fois sympathique et superbe,
Même en la réprimande évitant d'être acerbe,
Savait encourager, avertir, consoler,
Avec l'accent divin de l'ange au doux parler ;
Sa pudique beauté resplendissait ; sa taille,
Que pressait le haubert et qu'enserrait la maille,
Avait la grâce exquise, et chacun admirait

La Vierge au cœur viril que le Ciel inspirait.
D'Aulon, son écuyer, la précédait. La Hire
Chevauchait à sa droite ; à sa gauche, le sire
Ambroise de Loré, valeureux compagnon ;
Puis venait Honnecourt, le vaillant Bourguignon,
Le plus rude joûteur qui fût dans le royaume,
Que le page Inerguet suivait, portant le heaume
De Jehanne. Inerguet touchait à ses quinze ans ;
Né de noble lignée alliée aux Barbazans,
De son vrai nom le page était Loys de Conte.
C'était un jouvencel à la voix claire et prompte,
Blond comme un chérubin, hardi comme un guerrier ;
Habile au jeu d'estoc, solide à l'étrier,
Inerguet promettait d'être, un jour, une lance
De premier choix ; son œil révélait la vaillance,
Et, de plus, son esprit joyeux faisait prévoir
Qu'il pourrait être aussi célèbre en gai savoir.
Cependant, à midi, l'armée, ayant fait halte,
De nouveau s'avançait. Sachant que rien n'exalte
L'humeur et la valeur du soldat comme un chant,
Bertrand de Poulangy, d'Inerguet s'approchant,
Lui cria : « Page, allons chante-nous ta ballade ! »
Inerguet répondit : « Soit, mon vieux camarade,
Mais à condition que vous redirez tous
Le refrain du tenson que j'ai rimé pour vous.
— Nous le dirons en chœur, si cela peut te plaire ! »
Dit La Hire[2]. Et l'enfant chanta de sa voix claire :

Or, sus à vous, ducs, marquis et barons,

Comptours, baillis, chevaliers et vidames,
Et vous aussi, pages des nobles dames,
Qui chausserez un jour les éperons !
Depuis longtemps, trop l'Anglais se pavane ;
Temps est venu d'en purger le pays.
Vive le Roi, vivent les fleurs de lys,
Et vive aussi damoiselle Jehanne !

Temps est venu de mettre épée au clair,
Temps est venu d'éployer l'Oriflamme,
Temps est venu pour la dague et la lame
De se rougir et de mordre à la chair.
O vous, Anglais, que le Seigneur condamne,
Vos longs forfaits ne seront impunis !
Vive le Roi, vivent les fleurs de lys,
Et vive aussi damoiselle Jehanne !

Los à qui vient dans notre guerre ouvrer !
Los à vous tous, soldoyers, capitaines,
A vous, mandés par les cités lointaines
Pour, avec nous, le pays recouvrer !
Que Dieu Puissant, dont tout bonheur émane,
Rende espérance aux cœurs enaffaiblis !
Vive le Roi, vivent les fleurs de lys,
Et vive aussi damoiselle Jehanne !

Puis temps viendra, très cher et glorieux,
Temps de triomphe et de liesse extrême,
Où notre sire aimé, Charles Septième,
Aura surnom de Sage et Glorieux !

Jà des Anglais le vert laurier s'effane !
Amis, crions Montjoie et Saint Denis !
Vive le Roi, vivent les fleurs de lys,
Et vive aussi damoiselle Jehanne !

Dieu, je l'ai dit, les Anglais damnera
En faisant droit à notre noble empire ;
Son bras conduit cil qui l'aime et le prise :
Sa France aimée, il la guerdonnera !
Heur au castel et paix à la cabane !
Montjoie encore, et sus aux ennemis !
Vive le Roi, vivent les fleurs de lys,
Et vive aussi damoiselle Jehanne !

Jehanne en souriant approuva la chanson.
« Voire, affirma de Rais, un jour, cet enfançon
Fera, vous le verrez, quelque fameux trouvère !
— Ou quelque grand héros, jugea Sainte-Sévère,
Ce qui mieux lui vaudrait, entre nous deux soit dit.
— Et pourquoi pas les deux à la fois ? répondit
La Hire. On a bien vu feu Thibaut de Champagne !
Souvent du gai savoir la valeur est compagne,
Et n'en avons-nous pas un exemple vivant
Dans Monsieur d'Orléans, qu'on voyait écrivant
Des rondeaux, des sonnets, au retour des batailles ?
Les ménestrels chantaient sous la cotte et les mailles.
— Mon beau page, entends-tu ce que l'on dit de toi ?
Lui dit Jehanne. Enfant, garde toujours ta foi !
Que tu sois chevalier ou troubadour, qu'importe

Mais sois toujours chrétien, la foi rend l'âme forte,
Et ne te laisse pas envahir par l'orgueil. »
Le maréchal de Rais, à ces mots, eut dans l'œil
Un éclair satanique et furieux ; cet homme
Déja frayait avec le démon de Sodome
Et, livré tout entier à son impur vainqueur,
Gilles de Rais avait un sourire moqueur,
Chaque fois qu'on nommait le Seigneur ou les anges.
La nuit, il s'adonnait aux pratiques étranges
Des sorciers; son valet, une fois ,le surprit
Lisant un livre abject, par Belzébuth écrit
Avec du sang humain et de la mandragore ;
Mais son fatal secret , peu le savaient encore,
Et de Rais, se croyant sûr de l'impunité,
Pactisait sans remords avec l'iniquité.
Donnant de l'éperon, il s'approcha du page :
« C'est très beau d'être ainsi clerc et docte à ton âge,
Lui dit-il à mi-voix, et tu me sembles fait
Pour devenir un maître ès-sciences parfait.
Je t'instruirai ; veux-tu venir à mon service ?
— Pour en faire un suppôt de ton noir maléfice
Sans doute ? » interrompit La Hire vivement.
Gilles de Rais pâlit. « Viens ! fit-il brusquement.
Ce que j'ai sur le cœur et que je vais te dire
Doit rester entre nous ! — Allons ! » gronda la Hire.
Et de Rais le suivit, frémissant ; la stupeur
Se lisait sur ses traits décomposés. La peur
D'être enfin démasqué le tourmentait sans doute.
Quand ils furent tous deux à vingt pas de la route,

La Hire, en le fixant d'un regard scrutateur,
Lui dit : « Je te défends, immonde tentateur,
De troubler cet enfant par ton langage infâme.
Libre à toi de souiller et de vendre ton âme
A Satan, si tu veux ! Mais damner Inerguet,
Je t'en empêcherai, car j'aurai l'œil au guet,
Maudit ! — Pourquoi lancer des paroles si dures ?
Qui te met en courroux ? — O maître en impostures,
Je sais ce que tu vaux ! Un faux air ingénu
N'en peut plus imposer quand le diable est connu !
Oui, sur toi j'en sais long, et je vais te surprendre,
Je connais vingt témoins prêts à te mener pendre
Pour fait de sortilège et clandestins débats;
Ils t'ont vu présider à d'horribles sabbats
Dans le Bois-Noir, auprès de ton chastel d'Ingrande,
Et la perversité de ton âme est si grande
Qu'on t'accuse d'avoir égorgé des enfants
Pour plaire à tes amis, les démons triomphants !
Le chemin que tu suis conduit tout droit en grève,
Ou bien à Montfaucon ! Songes-y ! Mais j'achève.
Retiens bien cet avis : ce ne sera pas moi
Qui livrerai ta tête au Grand-Prévôt du Roi ;
Je ne sais dénoncer ; mais si, par aventure,
Tu voulais duire à mal l'âme innocente et pure
D'Inerguet, dont l'aïeul fut compagnon du mien,
Je te fais le serment sur mon nom de Chrétien,
En dépit de l'enfer magique et la cabale,
Que le manche à balai qui te sert de cavale
Pour voler au sabbat, à moi me servira

Pour te briser les os, et le diable en rira ! »
De Rais voulut alors se récrier : « Sans honte,
Dit-il, je détruirai tout ce que l'on raconte,
Dès que tes longs sermons, à toi, seront finis !
— Par le chef décollé de Monsieur Saint Denis !
Dit La Hire, à présent l'impiété t'étrangle !
Ne mens pas, mécréant, ou sans pitié je sangle
Ton front de réprouvé du fer de mon fourreau !
C'est écrit : tu mourras de la main du bourreau,
Fin digne à tous égards de couronner ta vie !
Va-t'en à Chantocé contenter ton envie,
Envoulter les chrétiens, évoquer les esprits,
Panser tes chats-huants et tes chauves-souris,
Et laisse-nous en paix brasser notre besogne !
Ah ! tu voudrais nier, apostat sans vergogne,
Traiter mes arguments de bruits calomnieux,
Quand je vois le regard de Satan dans tes yeux,
Quand chacun aperçoit sur ta barbe bleuâtre
Le reflet diabolique et les éclairs de l'âtre
Allumé par l'enfer pour arder les damnés ! »
Sans comprendre ces mots, tous les chefs étonnés,
Apercevant de loin les gestes de La Hire,
S'inquiétaient. Soudain Gaucour se prit à dire :
« Je ne sais ce qu'ils ont, mais je crois, sans mentir,
Que La Hire et de Rais ont eu maille à partir;
La Hire a le regard d'une louve en furie ;
Ils vont se faire appel sur le pré, je parie ;
La Hire, avec son ton de chevalier errant,
Aura blessé de Rais, qui n'est pas endurant !

— Ni l'un ni l'autre ! dit Loys d'Estouteville.
— Leur querelle a pour sûr quelque cause futile !
Repartit en riant Ambroise de Loré ;
La Hire est fier, de Rais n'est guère timoré ;
Séparons-les ! » Jehanne, avec un doux sourire,
Leva sa blanche main en appelant La Hire,
Et La Hire, en faisant volter son destrier,
Auprès d'elle, anxieux, vint à franc étrier.
« Réponds et sans détours ! lui commanda Jehanne.
Qu'as-tu dit à de Rais ?... Ta pâleur te condamne !
Tu lui cherchais querelle. — Oh non ! je lui parlais
Des chevaux espagnols et des chevaux anglais,
Dit La Hire, assurant que les genets d'Espagne,
Bons pour la plaine et bons aussi pour la montagne,
Sont les meilleurs de tous ! » Jehanne eut dans les yeux
Ce pénétrant regard, calme et prestigieux,
Regard qu'on ne peut fuir, qui découvre et qui juge
La vérité cachée au fond du subterfuge.
Fixant alors La Hire, elle lui dit : « Ami,
Ce n'est pas quand il faut courir à l'ennemi,
Qu'on doit se quereller entre chefs, car l'armée
Peut s'en préoccuper, peut en être alarmée,
Et l'effet, pour certain, en serait désastreux.
Tu le sais, les soldats, qui raisonnent entre eux,
Prendraient bientôt parti pour un chef ou pour l'autre,
Ne songeons qu'à la France, à son triomphe, au nôtre ;
Or l'esprit de concorde étant le vrai moyen
Pour mener notre plan et nos efforts à bien,
Ne nous divisons pas, soyons unis, l'injure

Doit s'oublier ici pour tant qu'elle soit dure ;
Donc, que notre seul but soit l'honneur du pays ;
Plus de guerre entre nous ! Nos champs sont envahis!
Que l'union nous guide et soutienne nos âmes! »
Mais déjà le soleil descendait, et ses flammes
Empourpraient les deux bords de la Loire, et le soir
Étendait par degrés son réseau vaste et noir ;
Son vaporeux manteau, qu'on voyait se distendre,
Colorait les roseaux de son bleu vague et tendre.
Jehanne commanda la halte pour la nuit.
Les soldats, s'échappant de leurs rangs à grand bruit,
S'appelaient, se groupaient, portaient sur le rivage,
Pour allumer les feux, le bois, l'herbe sauvage ;
On formait les faisceaux, on plaçait les bivacs,
On s'asseyait en rond, en tirant des bissacs
Les reliefs du repas précédant la nuitée.
Parfois, on entendait une masse agitée
De chevaux hennissant au milieu des roseaux,
Broutant le frais gazon, ou trempant leurs naseaux
Dans l'eau du fleuve, ou bien frappant du pied le sable,
Tandis que l'écuyer que la fatigue accable
Doit passer à leur garde une nuit sans sommeil.
Tous les chefs, à cette heure, assemblés en conseil,
Sans s'être désarmés se pressaient sous la tente.
Jehanne leur parlait de sa voix éclatante,
Et tous prêtaient l'oreille à ses sages discours.
« Croyez-moi, disait-elle, avant qu'il soit dix jours,
Orléans délivré chantera vos louanges :
Mais, d'après mes avis et la voix de mes anges,

Je dois vous déclarer qu'il ne suffira pas
D'affronter vaillamment les périls des combats :
Il faut être avant tout sans reproche et sans blâme,
En un mot, chevaliers, purs de pensée et d'âme,
Combattre au nom du Christ en respectant ses lois,
Sans quoi nous tenterions vainement les exploits.
Dieu refuse la force au méchant qui l'implore.
Demain, entendez-vous, le lever de l'aurore
Nous verra chevaucher vers la noble cité
Qui se défend avec tant d'intrépidité ;
C'est de nous qu'elle attend des vivres et des armes,
Et l'espoir du succès qui bannit les alarmes !

NOTES DU CHANT IV

[1] Gardons-nous de chercher, sur la foi de quelques historiens, une époque précise de la vie de Charles VII où il devient tout à coup un homme supérieur ; gardons-nous surtout, comme l'a dit un écrivain de mérite, d'accepter la romanesque tradition qui ferait sortir ce miracle d'une parole d'Agnès Sorel : c'est de plus loin que viennent les leçons qui instruisent les chefs des nations ; c'est de plus haut que descendent les voix qui les inspirent.

[2] Étienne de Vignolles, surnommé La Hire par les Bourguignons, était un chef de partisans fort redoutable par son courage et malheureusement aussi par sa cruauté. Il rendit de grands services à Charles VII, et mourut à Montauban, en 1442, des suites de ses blessures.

[3] Gilles de Laval, seigneur de Rais, d'Ingrande et de Chantocé, chevalier, conseiller du Roi, maréchal de France, après s'être glorieusement comporté au siége d'Orléans, à la prise des villes de Jenville, de Jargeau, de Melun et de Beaugency, s'adonna ensuite aux sciences occultes et aux pratiques de la sorcellerie.

Convaincu de magie et de pratiques abominables, il fut condamné par sentence du sénéchal de Rennes à être brûlé vif, et fut exécuté à Nantes le 23 décembre 1440.

On trouva dans les caves de ses châteaux cent cinquante squelettes d'enfants qu'il avait sacrifiés au diable pour ses infernales messes. Ce fut sa tragique histoire qui donna naissance à la légende de Barbe-Bleue.

[1] Gilles de Laval était très brun ; ses cheveux et sa barbe étaient si noirs qu'ils avaient des reflets bleuâtres.

V

Comment Jehanne d'Arc fit son entrée en la cité d'Orléans avec son armée, et comment elle fut reçue par les habitants de la ville.

Le printemps avait pris sa plus riche parure,
La brise en murmurant caressait la verdure
Des frondaisons d'avril, qui s'ouvraient au soleil.
La nature semblait en fête. Un ciel vermeil
Éveillait la chanson des oiseaux sur les branches.
Les lilas renaissants livraient leurs grappes blanches
Aux baisers des rayons qui les doraient. Les fleurs,
Étalant tout l'éclat de leurs vives couleurs,
Ondulant sous la brise, exhalaient leurs arômes.
La ville était en joie. On voyait sur les dômes,
Sur les clochers bénis, sur les toits, sur les tours,
Sur les murs crénelés aux anguleux contours,
Ondoyer les drapeaux, les gonfanons, les flammes.

L'allégresse enivrait les esprits et les âmes ;
On voyait, dans la foule ardente à se presser,
Les yeux lancer l'éclair, les fronts se redresser ;
De chaleureux transports succédaient aux angoisses ;
Les joyeux carillons de toutes les paroisses
Tintaient leurs airs vibrants ; les trompettes joignaient
Leurs fanfares au bruit des canons qui tonnaient.
Le peuple avec fracas s'élançait vers la porte
Par où devait entrer la triomphale escorte
De Jehanne, arrivant du château de Chécy.
Celle qui doit venger Azincourt et Crécy
Va paraître, on l'attend, les cœurs émus bondissent,
Les clameurs, les noëls, les vivats retentissent ;
Bourgeois et magistrats, femmes, enfants, vieillards,
Laissant leurs seuils déserts, viennent de toutes parts ;
Et quand les deux hérauts, Guienne [1] et d'Ambleville[2],
Ont d'une allègre voix crié : « Gens de la ville,
Jehanne d'Arc approche et vous salue ! » Alors
Les vivats redoublés, couvrant les sons des cors,
Des clairons, des hautbois, font tressaillir l'espace,
Le sol tremble, écrasé sous le peuple qui passe,
Tous les yeux sont levés, tous les fronts découverts ;
Mille bras soutenant des fleurs, des rameaux verts,
S'agitent à la fois pour honorer Jehanne.
Invisible aux regards, un archange qui plane
Sourit à ces transports d'allégresse et d'espoir.
Tout à coup dans ce peuple affamé de la voir
Court un frisson d'ivresse. Une voix, qui décèle
Le désir exaucé, vient de crier : « C'est Elle !

C'est Jehanne ! » A ce nom, doux et prestigieux,
Un éclair de bonheur jaillit de tous les yeux.
D'Aulon vient le premier, portant d'une main fière
L'étendard de Jehanne, opulente bannière
Dont l'imagier Poulvoir [3] a peint les blancs tissus.
On y voit, au-dessus du saint nom de Jésus,
L'Éternel dans sa gloire adoré par deux anges.
Le revers est semé de fleurs-de-lys, les franges
Sont en or fin, la hampe est de couleur d'azur,
Ayant un fer de lance au sommet, d'argent pur.
Noël ! Noël ! Le peuple aperçoit la Pucelle
Sur son fringant coursier, dont la bride et la selle
S'envermeillent aux feux d'un chaud soleil couchant.
On voit flotter déjà son panache approchant.
Elle vient, du genou froissant la housse blanche,
Le poing droit fièrement appuyé sur la hanche,
L'autre, énergiquement, serrant le frein d'acier
Que ronge en écumant son bouillant destrier.
Jehanne aux habitants d'Orléans se présente
Dans toute sa beauté, superbe et séduisante ;
On admire, étonné, ce teint dont la fraîcheur
Ferait pâlir du lis l'éclatante blancheur.
Ce n'est pas dans ce but, pourtant, chaste guerrière,
Que de son casque elle a relevé la visière ;
Son cœur ne connaît pas l'orgueil des vains attraits
Ni l'empire exercé par la beauté des traits.
En découvrant son front, elle a voulu sans doute
Tout voir, tout observer ; son œil plonge, elle écoute,
Pour savoir si ce peuple en détresse, aux abois,

Reprendra l'offensive à l'appel de sa voix.
Sois heureuse, ô Jehanne ! Une force inconnue
Envahit tous ces cœurs acclamant ta venue.
La foule à ton aspect, ô vierge-chevalier,
Redit tous les récits qui viennent se lier
A ta vocation merveilleuse, à ta vie,
Répandant ta légende en l'exaltant, ravie ;
On dirait qu'elle entend, dans de saintes clartés,
L'ange envoyé du Ciel parler à tes côtés ;
Tous ces bras s'armeront à ton appel ; d'un signe,
Tu leur rendras l'ardeur et la valeur insigne ;
Ces nombreux citadins, sûrs de vaincre avec toi,
Transformés en héros par ton nom, par la foi,
Voleront au combat sans faiblir. Le carnage,
Le sang, la mort, non, rien n'abattra leur courage !
Jehanne est avec eux, ils défient les Anglais !
Ils les attaqueront sans peur et sans délais,
Ils iront les chercher au fond de leurs bastilles,
Ils abattront les tours, ils forceront les grilles !
Dis un mot, un seul mot, ton épée à la main,
Et les vaincus d'hier seront vainqueurs demain !

. . . .

Jehanne est tout entière à son œuvre, et son âme
N'a pas même un soupçon que ses beautés de femme
Aient éveillé soudain, dans le cœur de Dunois,
Ce sentiment qui naît de l'accent d'une voix,
De l'éclair d'un regard, de la fleur d'un sourire.
Ce doux entraînement que nul n'a pu décrire,

Dunois vient d'y céder. De son trouble croissant,
L'amour a maîtrisé sa pensée et ses sens.
Il est près de Jehanne interdit, en extase ;
De la Vierge au front pur, dont le charme l'embrase,
Son œil inassouvi ne peut se détacher.
Cet amour qu'il éprouve, il voudrait le cacher,
L'ensevelir au fond de son âme. Il lui semble
Qu'on lit dans ses regards son doux secret. Il tremble
Qu'un de ses compagnons ne vienne à découvrir
Cet amour qui l'enchaîne et qui le fait souffrir !
Dunois, jeune, vaillant et beau comme son père,
Se livre à son penchant ; il attend, il espère
Cet ineffable instant, ce trop fortuné jour
Où Jehanne, il le croit, doit l'aimer à son tour.
Avant de nous verser le fiel qu'il nous réserve,
L'amour nous attendrit, nous surprend, nous observe,
Nous prodigue au début ses fleurs, ses rêves d'or;
Dominé, subjugué, notre esprit prend l'essor,
S'élance au bleu pays des riantes chimères.....
Cruels chagrins du cœur, déceptions amères,
Qu'avant de vous connaître on fait de chers projets !
L'amour, d'un faux éclat dorant tous les objets,
Montre à Dunois épris tous les bonheurs en rêve,
Et le songe idéal sans varier s'achève
Par ce doux pronostic : Jehanne l'aimera,
Ils vivront d'un hymen sans trouble, on les verra
Ajouter un chapitre au Roman de la Rose !
Oh ! quand la fleur d'amour dans notre âme est éclose,
Comme elle est enivrante et trompeuse à la fois !

Mais, pour aimer Jehanne, es-tu seul, ô Dunois?
Quel est ce cavalier superbe qui chevauche,
Sa lourde lance au poing, et se tient à sa gauche?
C'est Chabannes qui veille. Oh ! ne sois pas jaloux !
Son sentiment pour elle est peut-être moins doux,
Moins humain, mais il est plus élevé. Chabannes
Ne s'est point égaré dans les tendres arcanes ;
En voyant la Pucelle, il s'est dit : « Cette enfant,
Qui déja fait trembler l'ennemi triomphant,
Aura de détracteurs un périlleux cortège ;
Elle a besoin d'un bras vaillant qui la protége
Contre les envieux, contre les cœurs sans foi
Et le perfide orgueil des courtisans du Roi ! »
Depuis ce jour, ce preux qui jamais ne recule,
Ce paladin sans peur et taillé comme Hercule,
Sur la vierge héroïque a promis de veiller.
Il est son protecteur, son meilleur conseiller,
Son dévoué champion ; mais, chevalier fidèle,
En préservant Jehanne, en restant auprès d'elle,
Il n'a pas le remords d'avoir laissé son cœur
S'entr'ouvrir à l'amour enivrant et vainqueur.
Ce n'est pas qu'il ne soit ni beau, ni plein de charmes ;
Les femmes qui le voient si brillant sous les armes
Lui jettent en passant des regards de velours ;
Il a grand air, il est courtois dans ses discours,
Dans les tournois il fut cent fois roi de la lice,
Et la foule, admirant Chabannes-La- Palice, [1]
Le loue avec honneur, l'acclame avec respect.
Il s'acquiert tous les vœux par son très noble aspect.

Le peuple aime à le voir. Chabannes lui rappelle
Le beau saint Georges peint au front de sa chapelle,
Renversant sous les pieds de son blanc destrier
Le fulminant dragon qui lui mord l'étrier.
Son armure est aussi vantée. On examine
Sur le rouge écusson le fier lion d'hermine,
Qui tant de fois jadis, sur les bords du Jourdain,
A vu fuir devant lui le bouillant Saladin;
Le poids de sa cuirasse et de son heaume donne
Un jugement exact de sa force. On s'étonne,
On sent que d'un seul bras ce héros féodal
Brandirait aisément Joyeuse et Durandal.
Le peuple est en liesse et l'acclame ; la foule
Aime ceux que le Ciel fond dans un large moule.
Le peuple était jadis ce qu'il est aujourd'hui ;
Aussi n'applaudit-il que Jehanne et que lui.
C'est pourtant une noble et glorieuse escorte
Qui s'avance ; on croirait voir surgir la cohorte
Qui suivait Charlemagne au temps de ses exploits.
Jamais l'altier César, poursuivant les Gaulois,
Auxquels il fit verser tant de sang et de larmes,
Ne vit à ses côtés plus fiers compagnons d'armes ;
Ils sont là plus de trente en cuirasse, en haubert,
Glorieux chevaliers qui sont, comme il appert,
Après les maréchaux et l'amiral de France,
Tenus par le Roi même en grande révérence :
C'est Maillé, c'est Jaucourt, c'est Chabot, c'est d'Aumont,
Montmorency, Cossé, Durfort, Quitry-Chaumont,
Choiseul, dont les aïeux étaient ducs de Champagne,

Alons de Partada, chevalier, grand d'Espagne,
Le Bourg, Chailly, Villars, d'Allonville et Créqui,
Lusignan, dont l'aïeul fut roi de Chypre, et qui
Compte la Mélusine au rang de ses aïeules,
Gontaut, dont le pennon carré, d'or et de gueules,
Porte ce cri d'honneur : *Perit sed in armis* !
Geoffroy de Saint-Aubin, le valeureux Senlis,
Honnecourt et Foucault, fameux par dix batailles,
Saint-Martin, lieutenant de Poton de Xaintrailles ;
Le rusé du Tillay, le superbe d'Harcourt,
Novelompont, Thibaut de Termes, Balincourt.
Entre tous ces guerriers, on peut citer encore
La Chastre, autre héros qu'un grand renom décore,
Aussi preux que La Hire, aussi beau que Dunois,
Girème et son donat, Saint-Mauris-Chastenois,
Qui portent tous les deux sur leurs rouges éphodes
La Croix blanche et le cri des chevaliers de Rhodes.
Certes, tous ces champions de la France et du Roi,
Dont la valeur remplit les ennemis d'effroi,
Ont pourtant mérité par leur noble attitude,
Par leurs nombreux combats, honneur et gratitude ;
Mais le peuple a ses goûts et ses instincts à lui ;
Peu lui fait qu'un rayon de renommée ait lui
Sur un front, que ce front soit glorieux ou sombre,
Il faut lui plaire : ainsi se fait la loi du nombre.
Cependant que l'escorte avançait, le soleil
Penchait sur l'horizon, et son disque vermeil,
Déclinant, empourprait l'air pur et diaphane.
Le soir vient, mais le peuple entoure encor Jehanne,

Et, comme les Hébreux encensaient Uriel,
On la vénère ainsi qu'un envoyé du Ciel.
Femmes, enfants, vieillards se pressent autour d'elle ;
Il leur semble que Dieu parle par la Pucelle ;
Le courage renaît aux cœurs des assiégés ;
Ils se sentent déjà délivrés, protégés,
Et, palpitants d'espoir, versent de douces larmes;
Chacun, avec respect, voudrait baiser ses armes,
Toucher ses vêtements et ses étriers d'or;
Un enfant, dont la mère aide le faible essor,
S'attache, en l'invoquant, aux arçons de sa selle.
Le peuple, fasciné, veut l'adorer. Mais elle,
Toujours simple de cœur, à la foule en émoi
Crie en montrant le ciel : « Non,non,ce n'est point moi,
Orléanais, qu'il faut implorer de la sorte,
Mais le Dieu tout-puissant ! Celui qui réconforte,
Qui sauva Daniel de la fosse aux lions,
Peut seul nous délivrer. Pour l'instant, oublions
Tout ce qui n'est pas Lui ! Venez donc sur mes traces,
Allons dans son saint temple, implorons-y ses grâces ! »
Et la Vierge en parlant tendait sa blanche main
Et de la cathédrale indiquait le chemin.
Cependant les Anglais du haut de leurs bastilles
Écoutaient, voyaient tout et traitaient de vétilles
Ces pieux propos. Loin de faire l'esprit fort,
Suffolk, redoutant les caprices du sort,
Se taisait. Glacidas, toujours prêt à l'outrage,
Ne pouvant contenir son dépit et sa rage,
S'écria, rugissant : « O vils Orléanais,

Débiles fanfarons, allez, je vous connais !
Jetez l'arc et la flèche et courez à la messe,
Récitez des avé, comptez sur la promesse
D'un ramas d'imposteurs ! Vous saurez avant peu
Ce que vaudront pour vous et Jehanne et son Dieu !
Priez, ainsi que font des femmes alarmées ;
Moi, je vous fais serment que le Dieu des armées,
Tout puissant qu'on le croit, ne vous sauvera pas ! »
Suffolk interrompit l'orgueilleux : « Glacidas,
Pourquoi tenter le Ciel en lançant le blasphème ?
Crois-tu donc régenter la sagesse suprême
Et par ton impudence intimider les Cieux ?
Dieu se rit de l'impie et de l'audacieux,
Il sait punir à temps l'insensé qui le brave.
Insulter le Seigneur est toujours chose grave ;
Tout mortel devant lui doit fléchir les genoux,
Et celui qui l'invoque a plus raison que nous.
Penses-tu que ces gens, parce qu'en leur église
Ils demandent à Dieu qu'un jour Il réalise
Leur vœu patriotique, aient moins d'esprit que toi ?
Qui te dit que le Ciel, pour répondre à leur foi,
Ne couronnera pas leurs vœux par la victoire ?
Et toi, le révolté, qui feins de ne pas croire,
Qui sait ce que le Ciel te réserve en retour ?
— Moi, s'écria Talbot, j'ai peur que, quelque jour,
Ce détestable athée avec ses faits et gestes
N'attire sur nos fronts les vengeances célestes !
J'en porte au fond du cœur le noir pressentiment.
Glacidas jurerait que la Pucelle ment ;

Moi, je la sais modeste et pieuse, et je pense,
Dans ma foi de chrétien, que le Ciel récompense
Les cœurs purs et soumis qui respectent sa loi.
Or je crains pour nous tous, je crains pour notre Roi
Que Jehanne, qu'on dit n'être qu'une sorcière,
Avant peu ne nous force à replier bannière.
Qui sait si nous n'aurons pas à pleurer bientôt ! »
Tu lis lucidement dans l'avenir, Talbot :
En mourant, tu verras se relever la France !
Pleurez, Anglais, pleurez ! Car de la délivrance
La cité d'Orléans a vu luire le jour,
Et la gloire, demain, par un heureux retour
Aura des opprimés fait triompher les armes !
Debout, Français, debout ! Bannissez les alarmes.
Ah ! s'il fut un jour saint, suprême, glorieux,
Ce fut le jour qui vit nos immortels aïeux
Relever le défi jeté par l'Angleterre !
Bénissons à jamais l'aurore de cette ère,
Prélude éblouissant d'un immense avenir ;
Gravons-en dans nos cœurs l'éclatant souvenir,
Et que ce jour sacré, buriné par l'histoire,
O Jehanne, éternise et ton nom et ta gloire !

NOTES DU CHANT V

[1] Le nom de famille du héraut Guienne a été vainement recherché par plusieurs érudits ; il s'appelait Jehan Genterais. Le 23 mai 1429, « les gens d'esglise, bourgois et habitans de la ville de Tours, » firent « à Jehan Genterais, appelé Guienne, hérault du Roy nostre sire », un don de 20 livres tournois, en considération de ce qu'il leur avait apporté, la veille, des lettres par lesquelles Charles VII les avisait que les Anglais s'apprêtaient à mettre le siège devant leur ville, et les incitait à faire « bon guet et bonne garde ». (Archives Municipales de Tours, *Voyages pour la ville.*)

[2] Guillaume d'Ambleville était d'une famille chevaleresque de l'Ile-de-France, établie dans le fief de son nom, près de Meulan. Il descendait de Guillaume d'Ambleville qui, vers 1189, souscrivit une charte du prieuré de Meulan. (Bibl. Nat., fonds latin, nº 13888, fol. 65 bis, verso.)

[3] Jehan, dit Hennet Polvoir ou Poulvoir, peintre du Roi, fut chargé par la Pucelle, au mois d'avril 1429, à Tours, de peindre deux étendards, un grand et un petit, qui servirent depuis à l'héroïne et qui occupent une place dans son histoire. Elle se préparait à entrer en campagne pour la délivrance d'Orléans.

Ce peintre était depuis longtemps au service de Charles VII; dès 1421, il avait peint les premières bannières du Régent Dauphin (*Chronique* de Jehan Chartier, édit. elzév., 1858, à la table, au mot *Poulvoir*.) En 1429, l'artiste avait une fille déjà grande, nommée Héliote. Jehanne d'Arc s'intéressa à cette jeune fille, et, au mois de janvier 1430, elle écrivit de la Cour aux élus de la ville de Tours pour leur demander « que on baille à Hennes Polvoir, paintre, la somme de cent escus, pour vestir sa fille », à l'occasion du mariage d'Héliote; ce qui fut octroyé. Le corps de ville et les notables assistèrent à la bénédiction nuptiale. Le repas de noces se fit aux frais de la ville, et c'est ainsi qu'Héliote Poulvoir obtint, grâce à sa puissante protectrice, des honneurs, « du pain, du vin et un mari ». (Arch. Municip. de Tours, *Reg. des Délibérations*. Voyez sur Jehannet Poulvoir et sa fille: G.-A. de la Roque, *Traité de la Noblesse*, 1710, in-4°, p. 237. — Quicherat, *Procès de la Pucelle*, t. V, p. 258. — J. Chartier, *Chronique*, t. III, p. 305. — *Cabinet historique*, t. V, 1859, *Catalogue*, p. 112-114, n° 5083.

[1] Nous devons cette note historique à l'obligeance de Monsieur le marquis de Chabannes de la Palice, descendant du héros de Chalais et de Castillon.

NOTE SUR JACQUES Ier DE CHABANNES

Jacques Ier de Chabannes, chevalier, fils de Robert de Chabannes, seigneur de Charlus, en Limousin, et d'Hélis de Bort, dame de Pierrefitte, fut seigneur de la Palice, de Montaigu-le-Blin et de Chatel-Perron, en Bourbonnais, de Charlus en Limousin, de Madic en Auvergne, et de Curton en Guienne; conseiller et chambellan de Charles VII; capitaine de 100 hommes d'armes; sénéchal et maréchal du Bourbonnais; sénéchal d'Alby et de Toulouse; grand-maître de France, en 1451.

Son père fut tué à Azincourt, aux côtés du Connétable d'Albret. (1415). — Ses frères furent : Hugues II, appelé aussi Étienne de Chabannes, tué à Crevant-sur-Yonne (1423) ; Antoine de

Chabannes, Comte de Dammartin, si célèbre sons le règne de Louis XI.

Jacques Ier, né vers 1400, fut en 1423 capitaine de la compagnie de gens d'armes de son frère Étienne, tué à Cravant ; en 1428, il marcha au secours d'Orléans, et prit part, en 1429, au combat de Rouvray, dit Journée des Harengs. Nommé Capitaine gouverneur de la ville de Creil, Jacques vint en 1430 au secours de Compiègne ; assiégea Maison-le-Comte en 1431 ; prit Corbeil et le château de Vincennes (1432) ; marcha au secours de Mont-Saint-Vincent (1433) ; et assiégé dans Belleville-sur-Saône par les Bourguignons, en 1434, il obtint, après un mois de défense, de sortir de la ville avec toutes ses troupes, et de rejoindre son seigneur, le duc de Bourbon. En 1436, il va secourir la ville de Saint-Denis, prend Château-Landon (1437), assiste au siège de Montereau-faut-Yonne, et prend part à l'entrée de Charles VII dans Paris, la même année.

En 1446, nous trouvons Jacques chargé, au nom du duc de Bourbon, de demander à Charles VII la main de sa 3me fille, Jeanne, pour le fils du duc.

En 1449, Jacques prend part aux sièges et combats de Formigny, de Valognes, de Caen, de Cherbourg ; en 1451, à la prise de Blaye, de Bourg et de Fronsac ; il entre, la même année, dans Bordeaux avec le Comte de Dunois, et accompagne celui-ci au siège de Bayonne.

Négociateur auprès du duc de Savoie, au nom de Charles VII, en 1452, Jacques, l'année suivante, prend part à la nouvelle conquête de Guyenne ; maître de Chalais et de Castillon, il livre sous les murs de cette ville, le 17 juillet, un combat terrible au fameux chef anglais Talbot, qui y trouve la mort, ainsi que son fils. Vainqueur, Jacques envoie à Charles VII le hausse-col de son ennemi, et l'épée de ce dernier à son château de Madic, où elle fut suspendue au-dessus de la porte d'entrée jusqu'à la révolution.

Jacques, blessé à Castillon, fut atteint de la peste devant Bordeaux, et mourut sept jours après, le 20 octobre 1453, laissant pour 60,000 écus de prisonniers anglais.

Il fut enterré à la Palice, où son mausolée se voit encore.

Il avait épousé :

1°) : Anne de Launay, dame de Fontenilles.

2°) : Le 4 octobre 1442, Anne de Lavieu, dame de Fougerolles, fille d'Édouard de Lavieu, chevalier, bailli de Mâcon, sénéchal de Lyon, et de Marguerite Dauphine de Saint-Ilpige, de la maison des Dauphins d'Auvergne.

VI

Comment Jehanne d'Arc fut avertie de l'assaut de la bastille Saint-Loup, et comment cette forteresse fut prise et détruite.

Voici venir la guerre épouvantable, ayant
Dans ses yeux la menace et l'éclair flamboyant,
Implacable, agitant sa formidable épée !
Les lords sont consternés, leur armée est frappée
De stupeur, et Talbot, jugeant la vérité,
Sent un instant faiblir son intrépidité.
Du haut de sa bastille, en rangeant ses cohortes,
Il voit les assiégés prêts à franchir leurs portes
Pour venir l'assaillir dans ses retranchements ;
Il entend les défis et les rugissements ;
Le cri de la revanche est dans toutes les bouches ;
La sanglante ironie et les appels farouches
Grondent à son oreille. Oh ! pourquoi n'a-t-il pas,
En cédant aux conseils du fatal Glacidas,

Accepté le traité proposé par Jehanne ?
Son armée est semblable à la nef qui s'empanne ;
Ses gens découragés maintenant n'ont plus l'air
De vouloir mettre épée et pertuisane au clair ;
Tous les chefs sont confus, le grand Suffolk lui-même
Ne sait plus qu'aviser dans ce péril extrême.
Il voit comme Talbot ses gens saisis d'effroi,
Au bruit que l'on a vu sur un blanc palefroi
Saint Michel, tout armé, conduisant la Pucelle
Et de blonds séraphins voltiger autour d'elle.
C'est en vain que Suffolk veut les encourager,
Leur dire que c'est mal et que c'est outrager
Dieu dans sa majesté que le faire descendre
Jusqu'à l'humanité qui ne peut le comprendre.
« On ne doit pas, dit-il, penser que l'Éternel,
Vulgarisant l'appui de son bras paternel,
Fasse un être inspiré d'une simple bergère.
Ne vous effrayez pas, la chose est mensongère,
Le Seigneur nous soutient autant que les Français ;
Reprenez donc courage et marchons au succès ! »
Voici qu'un soldoyer d'Essex se fit entendre :
« — Messire, à Votre Honneur j'ai le devoir d'apprendre
Ce que je puis narrer devant tous sans mentir ;
C'était, il m'en souvient, quand nous vîmes sortir
Les Français, qui de Blois avaient repris la route.
Jehanne, ce jour-là, du haut de la redoute
De Belle-Croix, — j'étais auprès de Votre Honneur, —
Nous somma de rechef, de la part du Seigneur,
De lever sur le champ le siège de la ville.

Outré de cet avis, le bâtard de Graville
L'insulta par ces mots durs, dont je me souviens :
« Que nous veux-tu,bergère aux pieds boueux? Tu viens
Nous tenter, n'est-ce pas, par ta parole infâme ?
Penses-tu nous voir fuir devant ton bras de femme?
Retourne dans tes champs, va garder ton troupeau,
Ou si non nous ferons un tambour de ta peau ! »
Puis Graville en fureur, sans mesure et sans honte,
Sauf le respect qu'on doit à Votre Honneur, sir comte,
La traita de diablesse et d'oiseau de bas lieu.
Je ne sais si Jehanne est sorcière ou si Dieu
La soutient, mais je vis de la splendeur suprême
Un rayon éclairer son regard. Froide, blême,
Elle se redressa sous l'injure en disant :
« Tu mens, vil imposteur ! Dieu, qui va conduisant
Mon esprit et mon cœur, m'a dicté ta sentence !
Les Anglais partiront dans trois jours ! Ta jactance,
Tes outrages, échos d'un cœur veillaque et bas,
Graville, entends-tu bien, ne te sauveront pas !
Aussi vrai que Jésus mon Seigneur me protège,
Mécréant, tu mourras avant la fin du siège ! »
A ces mots, Votre Honneur, Dieu m'a permis de voir
Se dresser auprès d'elle un grand chevalier noir,
Aussi fort que Samson, le géant de la Bible ;
Son œil nous menaçait, et dans sa main terrible
S'enflammait une épée aussi haute que moi ! »
Glacidas, furieux, intervint et dit : « Toi,
Va-t-en porter ailleurs ta légende imbécile !
Je n'ai point vu cela, j'étais avec Graville,

Et celui que tu prends pour Samson, après tout,
N'est qu'un seigneur français que je connais beaucoup,
Un grand baron nommé Chabannes-La-Palice,
Sage dans les conseils et vaillant dans la lice ;
C'est lui qui résistait au combat des harengs
Avec tant de vigueur ! Soldat, tu te méprends,
C'est Chabannes, te dis-je, et ce n'est point le diable ! »
« — Quand je devrais jurer par devant le constable,
Répliqua le soldat, je dirais, monseigneur,
Que c'est vous et non pas moi qui suis dans l'erreur,
Car je ne confonds point ce La Palice et l'autre.
— Par le fer enrouillé du grand saint Paul apôtre !
Je veux savoir ton nom, soldoyer raisonneur !
— John Elborough, d'Essex, pour servir Votre Honneur !
Dit le soldat, faisant le salut militaire;
— Eh bien ! John Elborough, un avis salutaire :
Tais-toi ! Pars sur le champ sans réplique ou, sans quoi,
Le bâton t'apprendra ce qu'on gagne avec moi
A discuter ! » — Outré, confus, baissant la tête,
Le soldoyer partit. « La main de Dieu s'apprête,
Pensa-t-il, à frapper Glacidas, ce maudit
Qui fait honte à l'armée ! » Alors il entendit
Les échos répéter la clameur des alarmes.
Les archers de Talbot couraient, criant aux armes !
Levant sa hallebarde, il regagna son rang.
Les assiégés sortaient, le tumulte était grand.
Cent archers d'Orléans, emportés par l'audace,
Sans consulter leurs chefs s'élançaient de la place,
Et, trop présomptueux, venaient tenter un coup

Sur les Anglais tenant la bastille Saint-Loup.
Au début, ils avaient emporté sans encombre
La redoute avancée et le boulevard sombre
Qui couvrait la bastille, et si leur nombre, alors,
N'eût pas été moins grand que leurs vaillants efforts,
Leur témérité folle aurait pu, sans nul doute,
Déloger les Anglais et les mettre en déroute ;
Mais ceux-ci, revenus d'un frisson de terreur,
Font tête à l'ennemi, tombent avec fureur
Sur les cent imprudents acculés aux murailles.
Le sang rougit le fer, les casques et les mailles ;
Les Français sont perdus, si pour les fleurs-de-lis
Un miracle n'est fait par le Dieu de Clovis !
Jehanne, en ce moment, sommeillait, quand son ange
Et ses voix, épandant une harmonie étrange,
Par un pressant appel l'éveillent en sursaut.
« — Jehanne, lève-toi ! Les tiens sont à l'assaut.
Cours, ils sont repoussés, leur sang couvre la terre !
— Mes armes ! mon cheval ! Ah ! maudite Angleterre !
Dieu te fera payer tout le sang répandu ! »
Le cri de la Pucelle est à peine entendu
Que Pierre d'Arc, son frère, et ses servants accourent ;
Pâles d'émotion, anxieux, ils l'entourent.
« Armez-moi ! disait-elle. Ah ! vous ne savez pas
Que chaque instant qui passe à coûté le trépas
A quelqu'un de nos gens que les Anglais déciment !
Et mes voix m'ont prédit que ceux qui nous oppriment
Subiront aujourd'hui l'échec le plus sanglant ! »
Jehanne, impatiente, et tout en leur parlant,

Revêtait son haubert, saisissait sa cuirasse,
Dont son frère attachait la courroie et l'embrasse.
Elle appelle Inerguet. Le page qui l'entend
Vole aux pieds de Jehanne, inquiet, haletant.
« Ah ! l'étourdi garçon !... D'où viens-tu ? lui dit-elle.
Tu jouais, n'est-ce pas ? Cours et dis qu'on me selle
Mon cheval ! Au combat si j'arrivais trop tard,
J'aurais le cœur brisé ! » Le page, à ces mots, part.
Déjà le destrier, secouant sa crinière,
Hennit, frappe du pied. Jehanne, heureuse et fière,
Monte en selle aussitôt, recevant d'une main
Son étendard bénit qu'on lui tend, et soudain,
Donnant de l'éperon, l'héroïne s'élance.
Son écuyer la suit de près, portant sa lance,
Entraînant sur ses pas de vaillants chevaliers,
Choiseul, Montmorency, Gaucour, Florent d'Illiers,
Dunois, Gilles de Rais, Chabannes et La Hire.
Jehanne, en approchant, voit que tout est au pire
Sur le lieu du combat : Les Français repoussés,
Désespérés, honteux, emportent leurs blessés.
D'une immense pitié Jehanne est envahie,
Et par ce cri du cœur sa douleur s'est trahie :
« Dieu puissant qui donnez la victoire, jamais,
Non, jamais je ne vois couler le sang français
Qu'en sentant mes cheveux se dresser sur ma tête !
S'il plaît à vous, Seigneur, notre vengeance est prête
A la rescousse, amis ! Pour France et pour le Roi !
Sus aux félons anglais. En avant, suivez-moi ! »
Elle dit ! Excitant son coursier qui l'emporte,

Elle entraîne au combat sa valeureuse escorte
Et fond comme l'éclair sur les Anglais surpris.
Bientôt les étrangers auront connu le prix
Du sang qu'ils ont fait perdre à la France en détresse !
L'autorité des lords déjà n'est plus maîtresse
De dompter la terreur de leurs gens interdits.
Les Anglais, effrayés, croyant qu'ils sont maudits,
Voudraient jeter au loin l'arbalète et la lance,
Et quand ils voient contre eux Jehanne qui s'avance,
Le découragement les saisit à ce point
De jurer à leurs chefs qu'ils ne se battront point.
Mais Glacidas survient : « Ah ! vil troupeau de lâches !
Soldats qui n'êtes plus bons qu'à garder les vaches,
Puisqu'une virago vous met la transe au cœur,
Prenez une quenouille ! » A ce propos moqueur,
Les soldoyers anglais ont senti dans leur âme
De l'ardeur du combat se réveiller la flamme ;
Ils reprennent courage et volent au devant
Du corps Orléanais qui marche en les bravant.
Déjà, les viretons meurtriers, les sagettes
S'échappent en sifflant du bois des arbalètes ;
Les flèches et les traits se croisent dans lès airs,
Et l'épée a lancé de lugubres éclairs.
Les deux corps, à présent, s'observent, se mesurent ;
Les Anglais, se voyant plus nombreux, se rassurent ;
Leur audace s'augmente en pensant qu'ils auront
Raison de ce noyau d'hommes, et qu'ils feront
Rentrer les citadins d'Orléans dans leur ville.
« Les Français, disent-ils, ne sont pas plus de mille :

Attendons leur attaque et soutenons leur
Cernons-les, puis frappons et de taille et d'estoc,
Afin qu'à nul d'entre eux ne reprenne l'envie
De venir nous braver jusqu'ici ! — Sur ma vie !
Leur dit John Elborough, toujours perplexe, amis,
Nous ne déferons pas nos ardents ennemis
Si tôt que vous pensez, puisque Dieu les assiste.
Malgré sir Glacidas, qui s'en rit, je persiste
A dire que Jehanne est plus forte que nous.
Je parlais d'un géant tantôt ; le voyez-vous
Courant à ses côtés, et son glaive flamboie ?
Il va fondre sur nous comme sur une proie,
Comme un vautour cruel sur un vol de pigeons.
Mettons-nous en défense avec calme, et songeons
A ne point prendre ainsi la chose à la légère ! »
En effet, les Français sur la horde étrangère,
Bouillants d'ardeur, se ruent d'un choc impétueux ;
A cet effort subit, rude et tumultueux
Bravement les Anglais résistent, le sang coule ;
Avec calme il font tête à ce flot qui les foule ;
On croit même un instant qu'ils vont le repousser ;
On les voit, résolus, se presser et pousser
Contre les rangs français le faisceau de leurs piques.
L'écho vibrant redit mille clameurs épiques
Qui se mêlent dans l'air aux fracas du canon.
Les Anglais vaincront-ils encore une fois ? Non !
Car on a vu soudain le valeureux Chabannes
Sur l'entrecroisement des longues pertuisanes
Tomber comme la foudre, et, sa hache à la main,

Briser les rangs Anglais, s'y frayer un chemin
Large et sanglant. Alors les Français qu'il précède
S'élancent sur ses pas, tout se disjoint, tout cède !
Les Anglais, atterrés, voyant fuir le succès,
De leurs retranchements voudraient garder l'accès ;
Ils courent se grouper au pied de leur bastille ;
On les poursuit, le fer grince, le plomb pétille :
Les frondeurs, les archers d'Orléans, les soudards
Font pleuvoir sur leurs rangs les cailloux et les dards ;
On les atteint bientôt, on les harcèle, on frappe....
Jehanne est là qui veille ; à son œil rien n'échappe ;
Sous la grêle de traits qui siffle et qui s'abat,
Elle dirige et suit les efforts du combat
Comme les plus experts des prévôts de l'armée ;
Pour la France et le Roi d'un saint zèle enflammée,
De son fier destrier aiguillonnant les flancs,
La Vierge avec sang-froid traverse tous les rangs ;
Dans son regard d'azur l'espérance étincelle ;
Voit-elle un soldoyer dont la valeur chancelle,
Sa voix d'ange lui rend le courage et l'espoir,
Et, rappelant d'un mot le timide au devoir,
Elle veut aux Français assurer la victoire.
Levant son étendard resplendissant de gloire,
Elle s'écrie : « Amis, attaquez en vaillants !
Les Anglais sont nombreux, mais les cœurs défaillants,
Armés pour une cause injuste, illégitime,
Céderont ! Les Anglais sont les soldats du crime,
Et vous êtes, Français, les champions de Dieu ! »
En entendant ces mots prononcés avec feu,

Les Anglais courroucés, tendant leurs arbalètes,
Font pleuvoir sur Jehanne un millier de sagettes ;
O prodige inouï, les engins du trépas
Vont frapper dans le vide et ne l'atteignent pas !
Alors John Elborough cria : « Que Dieu vous damne !
Tirez sur les Français et non point sur Jehanne,
Elle est invulnérable, et vous le savez bien !
J'en jure par saint Paul et ma foi de chrétien,
J'aperçois clairement un archange dont l'aile
Vient détourner les traits que vous lancez sur elle ! »
Sans écouter ses cris, sir Talbot, tout à coup,
Pensant pouvoir sauver la bastille Saint-Loup
Rassemble tous les gens qui défendent la sienne :
« Nos amis vont plier, il faut qu'on les soutienne,
Armons-nous, leur dit-il, pressons-nous d'accourir,
N'ayons pas le remords de ne point secourir
Nos frères en péril, qu'on tue et qu'on écrase! »
Mais le bouillant Talbot n'a pas fini sa phrase
Que ses plus fiers soldats ont frissonné d'effroi :
On entend d'Orléans retentir le beffroi,
Dont la cloche à grand bruit vibre en sonnant l'alarme ;
La cité tout entière est en rumeur et s'arme ;
Tous les corps de métiers, les bourgeois diligents,
Sous l'œil des quarteniers, à la voix des sergents,
S'alignent, l'arme au bras, se forment en cohorte.
Ils sortent en bon ordre et vont prêter main forte
A leurs concitoyens, afin que le destin
Entre les deux partis ne soit plus incertain.
Talbot, le preux Talbot, prêt à marcher, s'arrête :

Il voit Sainte-Sévère avancer à la tête
De mille Orléanais au combat décidés.
Il fait un signe ; alors ses gens, intimidés,
Regagnent leurs quartiers en frémissant de rage.
Cependant les Français redoublent de courage ;
Le secours qui leur vient les rend audacieux ;
Mais Jehanne est toujours calme et les suit des yeux,
Modérant leurs transports, dirigeant leur vaillance.
Voici que les Anglais, que prend la défaillance,
Rentrent dans leur bastille et, du haut des créneaux,
Chargeant les couleuvrins, pointant les fauconneaux,
Font pleuvoir le boulet, la pierre et la mitraille
Sur les Français massés dont l'effort les assaille.
Pourtant, rien ne saurait les soustraire à leur sort :
Ils n'auront plus qu'un choix à faire entre la mort
Et la captivité ! Leur rage est impuissante,
Ils n'écarteront pas la foule menaçante
Qui s'acharne à leur perte et qui veut se venger,
En libérant le sol du joug de l'étranger.
On sera sans pitié, sans merci, sans clémence ;
Le rancunier taupin rêve un massacre immense.
Victoire ! Les Anglais ont ralenti leur tir.
Victoire ! A ce grand mot qu'on entend retentir,
Les Français excités courent, se précipitent,
Sous le boulet qui siffle et les traits qui crépitent,
Enfoncent la bastille, y pénètrent soudain
En furieux, le fer et la flamme à la main ;
Tout périt sous leurs coups, tant leur fureur est grande ;
Que le soldat anglais résiste ou qu'il se rende,

Il est jugé d'avance et vite mis à mort.
Mais Jehanne apparaît. Elle a pitié du sort
Des Anglais qu'on égorge ou que le fer moissonne :
Ange de la clémence, elle prie, elle ordonne,
Fait cesser le massacre effroyable, inhumain.
« Assez de sang versé ! » dit-elle. Et, de la main,
Désignant la bastille encore intacte et fière :
« Démolissez ce fort et que pierre sur pierre
N'en reste plus ce soir au coucher du soleil ! »
A ces mots, les Français, d'un élan sans pareil,
Sapent les contre-forts, éventrent les murailles,
Arrachent les créneaux, font de larges entailles
Aux flancs du bastion qui chancelle en grondant.
La flamme, une heure après, comme un brasier ardent,
A consumé des tours jusqu'au dernier vestige.
La guerre a ses fureurs, mais la victoire oblige.
Du carnage et du feu trente Anglais échappés,
Dans l'église Saint-Loup craignant d'être frappés,
Courent se travestir sous des habits de prêtres ;
On les voit, on les suit, on crie : A mort, les traîtres !
On va les massacrer, quand Jehanne apparaît !
Son regard protecteur fait échapper le trait,
Et la flèche, et le fer déjà prêts sur la corde.
Messagère de gloire et de miséricorde,
Elle apaise d'un mot la haine et le courroux ;
Les Anglais délivrés tombent à ses genoux,
Puis sortent sains et saufs du porche étroit et sombre.
Quelques-uns sont blessés, Elborough est du nombre.
S'approchant de Jehanne, il lui dit : « Votre Honneur,

« C'est mon respect pour vous qui m'a porté bonheur.
Je suis de ceux qui croient que le Seigneur vous garde.
Demain je quitterai l'arc et la hallebarde,
Car c'est servir l'enfer que servir contre vous. »
John Elborough d'Essex ajouta : « Devant tous
Je le dis hautement, pour n'être point transfuge
J'irai dans un couvent chercher un saint refuge,
Où je prîrai pour vous, pour la France et son Roi. »
— Va, dit Jehanne, ami, que Dieu soit avec toi !
Ce chemin est plus sûr que celui de la gloire. »
Puis, s'adressant aux siens : « Dans ce jour de victoire,
Français, n'oublions pas Dieu qui nous l'a donné!
Vous avez triomphé, vous avez pardonné,
Allons rendre au Seigneur des actions de grâces ! »
Alors, chefs et soldats, tous volent sur ses traces ;
On se rend à l'église, où Jehanne a fait vœu
De venir célébrer son baptême de feu.

VII

Comment fut prise la bastille des Tournelles, et comment Jehanne d'Arc fut blessée en montant à l'assaut, le septième jour du moi de mai.

Deux jours se sont passés, jours de joie et de gloire,
Jours que pour nous le Ciel marqua par la victoire.
Évoquons-en, Français, l'immortel souvenir
Et de quatre cents ans sachons nous rajeunir.
Détachons nos regards de cet horizon sombre
Que le vautour de Prusse a souillé de son ombre,
Et, les cœurs pleins d'espoir, remontons le passé
Dont l'éclat glorieux ne peut être effacé ;
Revivons au sept mai, revoyons l'héroïne :
D'un triomphant éclair son œil bleu s'illumine ;
Elle assiste au départ des soldats d'Orléans,
Traînant les lourds pierriers et les canons béants.
Elle est là, sur la place, à cheval, en armure.

On voit quel est son but ; certes le temps lui dure
De prouver aux Anglais, une nouvelle fois,
Que la France a toujours sa valeur d'autrefois
Et que leur tyrannie est à sa fin. Près d'elle,
Tous les chefs sont rangés, prêts, la hache à la selle,
Lance au poing. Comptons-les, ces valeureux barons:
Pas un qui n'ait gagné vingt fois ses éperons,
Pas un qui n'ait versé son sang dans dix batailles !
C'est Dunois, c'est Gaucour, c'est Poton de Saintrailles,
De Rais, Quitry, Villars, Le Bourg, Gontaut, d'Illiers,
Nicolas de Girème. — Et tous ces chevaliers,
Compagnons de Jehanne, entourant sa bannière,
N'attendent qu'un signal, qu'un mot de la guerrière
Pour partager encor ses exploits glorieux.
Tous ces fiers descendants d'héroïques aïeux
Vont affronter la mort pour l'honneur de la France,
Et Jehanne leur dit : « Messeigneurs, espérance !
Le succès, désormais, s'attache à nos destins ;
La bastille Saint-Loup, le fort des Augustins
Ne sont plus aujourd'hui qu'un vil amas de cendre ;
Deux jours nous ont suffi, mais il nous reste à prendre
Les formidables tours que défend Glacidas ;
A l'assaut, les dangers ne nous manqueront pas;
Glacidas luttera dans son dernier repaire
Comme un lion blessé, furieux, qu'exaspère
L'épieu qu'il veut en vain arracher de ses flancs !
Je le prévois, les chocs seront durs et sanglants,
Mais la victoire est près de couronner nos peines.
Si le fer des Anglais s'abreuve dans nos veines,

Le nôtre, compagnons, épuisera les leurs!
Libre, le sol sacré ne boira plus nos pleurs.
Marchons! Qu'aux temps futurs la France très chrétienne,
Plus grande que jamais, de vous tous se souvienne ! »
Elle dit, et l'on voit son fringant destrier
Gonfler ses larges flancs pressés par l'étrier,
D'un pied retentissant battre ardemment la terre ;
Ses naseaux dilatés semblent humer la guerre,
De belliqueux frissons ses crins sont agités,
Et son ardeur se peint dans ses yeux irrités.
Soudain, la trompe éclate et le tambour résonne.
Les chevaliers, guidés par la fière amazone,
S'élancent au signal donné. Leurs rangs serrés,
Hérissés de cimiers et de fers acérés,
Semblent une forêt d'acier, vaste et mouvante.
Ce flot d'élite unit le charme à l'épouvante :
Les heaumes éclatants, les hauberts couronnés,
Les gonfanons royaux, les pennons blasonnés,
Les étendards couverts d'emblèmes héraldiques,
Ennoblissant l'amas de lances et de piques,
Décuplent de splendeur aux rayons du soleil.
Cependant du combat le terrible appareil
Fait frémir les Anglais défendant les Tournelles ;
Glacidas s'arme et court au cri des sentinelles;
Mais, voyant les Français, venus de toutes parts,
Se ranger en bataille, assaillir ses remparts,
L'imprudent orgueilleux les raille et se pavane ;
Il commence à lancer ses défis à Jehanne,
Ainsi qu'aux chevaliers qui la suivent ; il croit,

Sur les présomptions de son esprit étroit,
Sa bastille imprenable et ses gens invincibles.
Son œil fauve et pervers a des éclairs terribles.
Il apostrophe ainsi Jehanne et les Français :
« Vachère, en entraînant tes soudards, tu pensais
Écraser d'un seul coup mon armée éperdue,
Et contraindre nos fronts, la bataille perdue,
A se courber devant tes compagnons et toi,
Devant les étendards de ton prétendu Roi !
Essayez d'approcher ! Si j'ai l'heur de vous prendre,
Tes impudents soutiens et toi, je vous fais pendre
Aux créneaux de ces tours, ou que je sois maudit !
— Lâche et vil insolent, misérable bandit !
Lui cria fièrement Nicolas de Girème,
Le premier qu'on verra pendu sera toi-même !
Mais si tu veux finir en soldat, viens à moi,
Je consens à croiser la rapière avec toi ! »
Glacidas se taisait, Girème allait lui dire
Ce que sa lâcheté méritait, quand La Hire
Vint rompre ce colloque en criant : A l'assaut !
A sa voix, les Français escaladent d'un saut
Les talus des fossés ; sur les murs des Tournelles,
En poussant de grands cris, ils dressent les échelles ;
On entend le bélier qui bat en frémissant
La bastille, et le trait qui frappe en mugissant.
Le canon gronde avee ses éclairs et sa foudre ;
L'odeur du sang, mêlée à l'odeur de la poudre,
En exaltant l'esprit redouble le courroux ;
De part et d'autre on lutte avec rage, et les coups

Pénètrent dans la chair et brisent les armures.
Les appels des mourants, troués de vingt blessures,
Les imprécations font un concert affreux.
Mais les milliers de fers qui se dressent contre eux,
Ce formidable assaut, ces défis, ce carnage,
Des soldoyers anglais ont augmenté la rage ;
De dix chocs acharnés ils se sont défendus ;
Sur les pauvres blessés, sur les corps étendus,
Ils poussent les béliers, renversent les échelles ;
Leur ardeur se reprend, leurs attaques sont telles
Que les Français, déjà commençant à plier,
Résistent à Dunois qui veut les rallier,
Et Glacidas triomphe : « Hurrah pour l'Angleterre ! »
Jehanne est inquiète, elle met pied à terre,
Laisse aux soins d'Inerguet sa lance et son coursier ;
Quittant ses gantelets, son corselet d'acier,
Trop lourds, et ne gardant que sa cotte de maille,
Elle arrive en courant aux pieds de la muraille.
Là, malgré les Anglais au rempart adossés,
Ramenant les Français, franchissant les fossés,
Elle applique une échelle au mur, et, la première,
Y monte en agitant les plis de sa bannière.
On l'imite, on la suit, les soldats rassurés
Ripostent aux Anglais par des coups mesurés.
L'héroïne est sans peur ; le boulet qui ricoche,
Le trait qui la menace et ceux qu'on lui décoche,
Rien ne peut l'arrêter ; elle atteint les créneaux,
Bravant les jets mortels du plomb des fauconneaux.
Glacidas a tremblé ; mais le démon perfide

Lui suggère un projet atroce : à son séide
Le maudit fait un signe, et l'archer tend son arc :
La flèche de mort vole ! O ciel ! Jehanne d'Arc
Pousse un cri, se sentant l'épaule traversée !
Du sommet de l'échelle aussitôt renversée
Elle tombe, et son corps roule aux pieds des remparts.
Ce voyant, les Anglais viennent de toutes parts,
Ils vont s'emparer d'elle et leurs masses l'entourent ;
Mais on entend ses cris, les chevaliers accourent,
Chabannes le premier vient charger les Anglais,
Le fier Gontaut le suit ; ouvrant leurs rangs épais,
Un troisième arrivant s'élance à coups de hache,
Tel qu'un noir bûcheron dans les bois : c'est Gamache.
En jugeant le péril que Jehanne a couru,
Ce vieil ami du Roi, loyal, quoique bourru,
Se repent de l'avoir mal jugée : il rachète
Ses mauvais préjugés en exposant sa tête
Pour la sauver. Dunois, averti par Gaucour,
Au secours de Jehanne, ému, vole à son tour.
La voyant sur le sol sanglante, évanouie,
Dunois se sent pâlir, une angoisse inouïe
L'attère, il la croit morte! Il entend dans son cœur
Le cri désespéré de son amour vainqueur ;
Il s'agenouille auprès de Jehanne, il soulève
Ce corps qui semble inerte et froid, puis se relève,
Soutenant d'un bras fort son fardeau précieux.
La Vierge, en cet instant, respire, ouvre les yeux,
Murmure quelques mots. Dunois, dont l'âme exulte
D'un bonheur infini, la soustrait au tumulte ;

Avec son fardeau saint il traverse les rangs ;
Loin des bruits du combat, des sanglots des mourants,
Il la pose, anxieux, sur l'herbe au pied d'un saule ;
Il veut, mais n'ose point tirer de son épaule
Le trait sanglant. Il craint de voir couler ses pleurs
Et d'aggraver le mal sans calmer ses douleurs.
« Comme tu dois souffrir ! dit-il. Bonté suprême !
Je sens ta main trembler, ta joue est toute blême.
Si tu le permettais, si je croyais pouvoir,
J'extrairais cette flèche au fer cruel et noir
Qui doit te torturer par des douleurs atroces.
Maudits soient Glacidas et ses tigres féroces !
Tout leur sang paîra-t-il leur forfait d'aujourd'hui ? »
Dunois se tut : ses yeux, son cœur parlaient pour lui.
Son cœur épris disait ce que lui n'osait dire :
« O Jehanne, je t'aime et je suis au martyre !
Le mal qui me consume à cette heure est plus grand,
Plus profond que le tien, s'il est moins apparent !
Car l'amour le plus chaste est encore de flamme !
Mais tu ne connaîtras le secret de mon âme,
Le culte immense et pur de mon cœur, que le jour
Où Dieu t'aura permis d'accepter mon amour.
Oh ! quand ce jour viendra, quand je pourrai te dire,
Libre et sans t'affliger, ce que mon cœur m'inspire,
Quand devant Dieu ta main tombera dans ma main,
Ce sera le bonheur, réel, sans lendemain,
Et les félicités du ciel sur cette terre ! »
La voix du cœur, la voix qui parle avec mystère
Et qui ravit les sens, s'apaise ! Alors Dunois,

Voyant pâlir Jehanne une seconde fois,
Reprend tout effrayé : « Tu souffres, car ta lèvre
Devient blanche et frémit aux frissons de la fièvre ;
Quand ton mal est si grand, pourquoi me le cacher ?
Je vois ta joue en feu, ton beau front se pencher ;
Tes regards ont perdu leur éclat diaphane ;
De grâce réponds-moi ! « Souriante, Jehanne
Se soulève aussitôt, en disant : « Ne crains rien !
La douleur disparaît... Tu doutes ? Je vois bien
Qu'il t'en faut une preuve. » Alors, d'une main sûre,
Elle-même, arrachant le trait de sa blessure,
Le brise et le rejette au loin chaud et sanglant.
Le sang jaillit, Dunois la regarde en tremblant.
Soudain un bruit de pas retentit : c'est La Hire
Qu'Inerguet accompagne et qui conduit un mire,
Habile et renommé, passé maître en son art.
Il étanche le sang, met de l'huile et du nard
Sur la plaie, et la ferme en l'enduisant de baume.
Jehanne alors se lève et demande son heaume,
Son cheval, son épée. Il lui faut revenir
Au combat ! C'est en vain qu'on la veut retenir.
Pendant qu'on va chercher ses armes, la guerrière
Joint les mains, se prosterne et se met en prière
Pour remercier Dieu qui vient de la sauver.
Son oraison finie, on la voit se lever,
S'armer rapidement et se remettre en selle.
Les Français, ranimés en voyant la Pucelle,
De leurs joyeux vivats font vibrer les échos ;
Mais Jehanne, arrêtant les clameurs et les los,

S'avance au pied des murs, criant d'une voix forte :
« En avant ! » Glacidas, qui la croyait morte,
Lance un nouveau blasphème et rugit de fureur.
Quelques-uns des Anglais, en proie à la terreur,
Rentrent malgré ses cris dans la bastille ouverte,
Jetant l'arc et l'épée. Ils ont vu saint Euverte
Et saint Aignan, montés sur des destriers blancs,
Darder sur Glacidas leurs fers étincelants.
Glacidas, qui les voit ébranlés, leur demande :
« Avez-vous peur des saints, maudits paddys d'Irlande ? »
Et son œil roux leur lance un regard de dédain.
« Éloignez-vous de moi, vils poltrons ! » — Et soudain,
Exhortant ses soldats, ses hardis mercenaires :
« Amis, laissons la peur à ces visionnaires !
Nous qui ne savons point ce que c'est que l'effroi,
Combattons pour l'honneur, l'Angleterre et son Roi.
Redoublons de valeur, de courage et de zèle,
Nous vaincrons les Français, et maugré leur Pucelle,
Auraient-ils avec eux tout le saint Paradis !
La victoire est à nous si nous voulons ; je dis
Qu'Orléans dès demain nous ouvrira ses portes.
En avant donc, et foin des célestes cohortes
Et du terrible archange au regard flamboyant ! »
La soldatesque anglaise accueille en souriant
Ce blasphème. Elle croit que le fort des Tournelles
Avec les quatre tours qui défendent ses ailes,
Ses deux ponts, ses fossés et son donjon altier
La mettraient à l'abri des chocs du monde entier.
Honneur à Glacidas ! Les Anglais se reforment ;

On entend de nouveau les canons qui s'endorment
Lancer le noir boulet qui bondit en fumant ;
On se rue, on s'affronte, on frappe éperdûment ;
La mêlée à l'instant devient si violente
Que le sol s'en rougit, que la Loire est sanglante.
Cependant les Français reviennent en avant ;
Du côté du midi, du côté du levant
La bastille est pressée, et le vaillant Girème
Veut tenter un effort décisif et suprême
En franchissant le pont qui conduit aux remparts ;
Mais une arche est rompue et divise en deux parts
Ce pont qu'il veut passer. L'obstacle est difficile.
Girème y fait placer de l'une à l'autre pile
Des bois, des soliveaux à la hâte étayés.
Girème et ses soldats ne sont point effrayés
D'affronter les dangers de ce pont qui chancelle ;
En vain au-dessus d'eux la mitraille étincelle,
En vain le fleuve est là qui rugit sous leurs pas,
Les périls réunis ne les arrêtent pas.
Ils ont escaladé le nord de la bastille.
Le sang rougit à flots le fer tranchant qui brille,
Et les Anglais battus s'enfuient du boulevard.
Jehanne, au même instant, levant son étendard,
Par le côté du sud pressait la forteresse.
Glacidas voit déjà son armée en détresse,
Mais il lutte quand même, avec acharnement ;
Il espère pouvoir vaincre encore ; un moment,
Il croit que son ardeur sauvera les Tournelles ;
On lit ce fol espoir dans ses fauves prunelles.

« Va, lui cria Jehanne, ayant pitié de lui,
« Loin de toi, Glacidas, toute espérance a fui !
Fais ton amende au Roi des cieux et de la terre !
Rends-toi ! Puisque Dieu même a jugé l'Angleterre,
A quoi te servirait de lutter sans espoir,
Sans possibilité de vaincre ? Veux-tu voir
Tous les tiens succomber sous le fil de la lame ?
Toi qui m'injurias, j'ai pitié de ton âme :
Rends-toi, tu seras libre en sauvant tes soldats ! »
A ces mots, les Anglais fléchissent. Glacidas
Va peut-être accepter cet avis salutaire,
Lorsque le noir démon fatal à l'Angleterre
S'offre à lui sous les traits d'un guerrier redouté ;
Le monstre est triomphant, certain d'être écouté ;
C'est lui, jadis, c'est lui qui fit en Palestine
Naître entre les croisés la querelle intestine
Qui sépara des Rois Richard Cœur-de-Lion ;
C'est le même infernal conseiller d'Albion
Que nous verrons, un jour, par ses avis perfides
Décider Henri VIII aux calculs homicides
Qui le sépareront de l'Église et de Dieu ;
Lui, toujours, qui, plus tard, triomphant au milieu
D'un Parlement sans foi, tiendra la hâche prête
Qui de Charles premier ira frapper la tête !
Partout où les Anglais tomberont en défaut,
Terniront leur honneur, souilleront l'échafaud,
Ce noir démon sera là, vivant maléfice !
Maintenant, affectant de remplir un office,
Il apporte à l'athée un ténébreux conseil :

« Quoi ! Glacidas, c'est toi, le guerrier sans pareil,
Qui vas courber le front devant une sorcière !
Revenons au combat, réduisons en poussière
Les bas aventuriers qui marchent à sa voix ! »
Il dit, et tous les deux s'élancent à la fois
Sur l'étroit pont-levis liant la forteresse
Au boulevard du sud. On les suit, on se presse ;
Ranimés par la voix de leurs chefs, les Anglais
Sur le pont qui fléchit groupent leurs rangs épais.
Mais, tandis qu'à passer leur masse se hasarde,
De Rais sur le pont fait pointer une bombarde :
Le coup part, et le pont saute en mille débris.
Glacidas, le premier, tombe. On entend les cris
Des Anglais que le fleuve engloutit et dévore;
Nul n'échappe au trépas, et Jehanne déplore
La mort de Glacidas, que l'Enfer a perdu.
« Ah ! dit-elle, pourquoi ne s'est-il pas rendu ?
Il eût sauvé les siens, il eût sauvé son âme !
— On ne saura jamais ce qu'au cœur d'une femme,
Dit La Hire, railleur, Dieu versa de bonté !
Ne vas-tu point pleurer sur ce monstre éhonté
Qui, s'il nous avait pris, nous aurait tous fait pendre ?
Garde tes pleurs, Jehanne, et ne sois pas si tendre
Que de verser ainsi des larmes sur le sort
Des Anglais dont le Ciel a décidé la mort,
Ou tes beaux yeux, alors, tourneront en fontaine !
— La mort doit effacer la rancune et la haine,
Dit-elle, et l'ennemi qui périt sous le feu
N'est qu'un pécheur qui monte au tribunal de Dieu.

Va, la compassion n'amoindrit pas la gloire,
Et puisque Dieu nous donne encore une victoire,
Si nous voulons jouir d'un succès sans remords,
En le remerciant n'oublions pas les morts ! »
Puis, s'adressant aux chefs rangés sous sa bannière :
« Où donc est cette armée innombrable et si fière
Qui depuis tant de mois assiégeait Orléans ?
Ces lords audacieux, ces chevaliers géants
Qui se targuaient déjà d'avoir conquis la France,
Dieu vient de leur ravir leur suprême espérance !
Reprit Jehanne avec un accent inspiré.
Bientôt vous apprendrez leur départ désiré ;
En vain ce qu'il en reste et que l'orgueil enivre
Voudra, malgré le sort et Dieu qui nous les livre,
Se rallier encore et lutter contre vous.
Désormais, chevaliers, la victoire est à nous !
Car nous avons le Droit et le Ciel nous protège.
Demain, avant l'aurore, ils lèveront le siège,
Je le sais par les saints qui voient dans l'avenir,
Et fuiront d'Orléans pour n'y plus revenir ! »

VIII

Comment Jehanne d'Arc battit et chassa les Anglais de la cité de Jargeau, et comment le comte de Suffolk se rendit à l'écuyer Regnault du Ban, après l'avoir fait chevalier.

En fuyant d'Orléans, si fatal à leur gloire,
Les Anglais dispersés sur les bords de la Loire
Rassemblent leur débris, espérant se venger.
Autour des lords vaincus reviennent se ranger
Tous ceux qu'à leur serment l'honneur encore attache.
Tel qu'un serpent frappé par le fil de la hache,
Qui cherche à réunir ses anneaux séparés,
Ce noyau de soldats, de blessés effarés,
A la voix des sergents en trois corps se reforme,
Et bien que leur échec soit grand, la perte énorme,
Les lords humiliés, mais non découragés,
Relèvent leurs drapeaux par la France outragés.
Le valeureux Suffolk les harangue en ces termes :

« Amis, l'adversité n'abat point les cœurs fermes.
Si le sort s'est mépris, si la France aux abois
A pu se relever et nous battre une fois,
Si la croix rouge a vu triompher la croix blanche,
Songeons à l'avenir, préparons la revanche !
Croyez-moi, compagnons, pendant que les Français
S'endorment dans la joie, ivres de leurs succès,
Allons nous enfermer dans nos trois places fortes,
Jargeau, Meung, Beaugency. Là, doublant nos cohortes
Avec les contingents promis par lord Bedford,
Sachons nous préparer pour un sublime effort ;
Puis, quand nous jugerons le moment favorable
D'attaquer les Français, race folle et semblable
Aux grenouilles qui font beaucoup de bruit pour rien,
Chacun de vous joignant ses contingents au mien,
Nous pourrons sans délai reprendre la campagne.
Nous assiégerons tout, la tour sur la montagne,
La cité dans la plaine et les bourgs du vallon ;
C'est ainsi que jadis agit le duc Rollon,
Quand avec ses Normands il envahit la France.
Messeigneurs, le courage et la persévérance
Nous rendront avant peu nos beaux succès perdus ;
Cette fois, les Français, affolés, éperdus,
Subiront à jamais les lois de l'Angleterre.
Nous ferons de leur Roi l'abbé d'un monastère ;
C'est là qu'ils le verront sacrer contre leurs vœux,
Que Jehanne viendra lui raser les cheveux,
Et nous aurons sauvé l'honneur de nos bannières ! »
Mylord, vous avez eu vos victoires dernières !

N'espérez plus ! La France a relevé le front,
Et c'est vous désormais qui subirez l'affront.
Vous n'aurez pas le temps de garnir vos murailles,
De charger vos canons, que le cri des batailles
Remplira de terreur vos insolents remparts.
La guerre, en agitant ses brandons et ses dards,
Excitant la vengeance aux colères farouches,
Soufflant dans ses clairons avec ses mille bouches,
Déchaînera sur vous l'ange exterminateur.
Ils sont finis, les temps d'un joug dévastateur !
Ceux qu'hier vous traitiez comme un troupeau d'esclaves
Vont vous frapper avec le fer de leurs entraves,
Noyant dans votre sang votre dernier espoir !

Trois jours se sont passés. — Aux approches du soir,
On voit à l'horizon s'avancer une armée.
Déjà Suffolk veut rendre à sa troupe alarmée
Le valeureux élan qu'il ressent dans son cœur.
Mais qu'a-t-il aperçu ? C'est l'étendard vainqueur
De Jehanne ! Il pâlit, il veut douter encore,
Et la réalité triste est là, qui lui déflore
Son beau rêve, et détruit le plan qu'il a conçu !
Son projet de revanche et de gloire est déçu...
Qu'importe ? Il luttera quand même, et son visage
Revêt l'expression du plus mâle courage.
Il s'arme, il fait ranger les hésitants :
« Soldats qui m'écoutez, dit-il, voilà vingt ans
Qu'ensemble avec succès nous avons fait la guerre ;

N'êtes-vous plus ces preux qu'on admirait naguère,
Ceux que le grand Bedford nommait avec orgueil
Les lions de Cravant, les géants de Verneuil?
Quoi ! C'est vous qui, cédant à la terreur infâme,
Redouteriez des gens que conduit une femme?
Non ! mon cœur n'en croit rien, et vous êtes toujours
Les soldoyers vaillants et forts des premiers jours.
Anglais, si notre gloire a vu son temps critique,
Nos succès reviendront si, changeant de tactique,
Nous reprenons un rôle actif à l'avenir.
C'est folie et méchef que vouloir soutenir
Les assauts prolongés à l'abri des murailles.
Attaquons l'ennemi, livrons-lui des batailles
En plein champ! Quittons donc ces remparts. Armez-vous
Et chargeons les Français qui marchent contre nous ! »
Il dit, et le clairon sonne au rappel des troupes.
Tous les Anglais armés sortent groupes par groupes,
Et courent se ranger autour de leur drapeau,
En bataille, au devant des fossés de Jargeau.
Suffolk fait avancer son armée en trois files ;
On voit au premier rang les fantassins, habiles
A manœuvrer la pique et les crocs meurtriers ;
Les frondeurs, les archers, les arbalétriers
Les suivent en couvrant un gros d'artillerie ;
Après, sont les taupins et la coustillerie.
En tête et lance au poing, excitant son coursier,
Paraît Suffolk, vêtu de son haubert d'acier.
Il est calme, il est fier. La race Anglo-Saxonne
Se révèle au regard dans toute sa personne,

Et l'on juge, en voyant ce preux, fier et loyal,
Que son front noble est fait pour un bandeau royal.
Il est majestueux comme étaient ses ancêtres,
Il est l'appui du faible et la terreur des traîtres ;
Jamais il n'a commis de sa vie un méfait ;
Suffolk joint au guerrier le chevalier parfait ;
Pas un n'a plus grand air ; sa taille osseuse et forte
Inspire aux soldoyers la sympathie. Il porte
La tête haute, et tient ses armes d'un bras sûr ;
Malgré ses longs combats, malgré son âge mur,
Il soutient la cuirasse et la cotte de maille,
Droit, comme au jour qui vit sa première bataille.
Courageux, souple, adroit, fort comme à ses vingt ans,
Suffolk est redouté des meilleurs combattants.
Il connaît sa valeur, nul péril ne l'étonne ;
Sous le trait qui mugit, sous le canon qui tonne,
Il combat sans trembler, comme on joute aux tournois.
Quand il voit s'avancer Armagnac et Dunois
Conduisant des Français la bruyante avant-garde,
Le lord, sans s'émouvoir, observe et les regarde ;
Il sent que, trop enflés de leurs derniers succès,
Ces chefs bouillants d'ardeur lanceront les Français
Avec plus de valeur que d'ordre et de prudence.
Suffolk agit alors selon cette évidence.
Ayant massé ses gens, il fait former le coin.
Les Français, eux aussi, les observant de loin,
Se trompent au coup d'œil, les croient en moindre nombre ;
Pensant les écraser d'un seul choc, sans encombre,
Ils vont à pas pressés, poussant des cris vainqueurs,

Et s'avancent ardents sur les Anglais. Les cœurs
Tressaillent de bravoure, et l'épée et la lance,
Frémissant dans les mains du soldat qui s'élance,
Paraissent s'embraser sous les feux du soleil.
Cependant les Français, d'un élan sans pareil,
Ouragan de fureur, sur la colonne anglaise
Tombent! L'air est brûlant, et dans cette fournaise
Le carnage est bientôt horriblement sanglant.
Quatre fois les Français, dans un choc pétulant,
Assaillent les Anglais, dont l'ardeur les refoule ;
Gilles de Rais, alors, fendant l'atroce foule,
Apostrophe Suffolk en s'avançant sur lui :
« Mylord, il me plairait de connaître aujourd'hui
Si votre lance a plus de valeur que la mienne !
— Venez ! répond Suffolk. Qu'à ce plaisir ne tienne !
Vous allez le savoir, maréchal, je suis prêt ! »
Et Suffolk, à ces mots, court, la lance en arrêt,
Au devant de celui dont la voix le défie.
De Rais, en provoquant le lord, par trop se fie
Au talisman qu'il porte attaché sur son cœur.
Ce talisman, présent du démon, son vainqueur,
Doit le rendre en tout temps invulnérable. Il compte
Sans le pouvoir du Dieu qui renverse et qui dompte
Le démon dans son œuvre infernale, et soutient
Le preux qui dans sa foi robuste se maintient.
De Rais dans maints combats a prouvé son courage ;
Il court sus à Suffolk, qu'il attaque avec rage,
En lui portant un coup de lance au gorgerin ;
Mais le fer meurtrier, arrêté par l'airain,

Glisse, et sans pénétrer, sans laisser une trace,
Tombe à faux en frappant l'acier de la cuirasse.
Suffolk fait reculer soudain son destrier,
Prend du champ, et, les pieds raidis sur l'étrier,
Fond sur de Rais, le frappe au ventail de son casque ;
Le coup brise en éclats la hideuse Tarasque
Qui sert au maréchal d'emblème et de cimier.
Un second coup de lance appuyant le premier,
Suffolk atteint de Rais au défaut de l'armure.
Il tombe, on le croit mort! Le sang de la blessure,
Coulant à flots, rougit son corselet d'acier.
La Hire, en le voyant tomber de son coursier,
Au lieu de lui porter secours avec les autres,
Crie en frappant des mains : « Par les très saints Apôtres !
Suffolk vient d'épargner de la peine au bourreau !
Nous l'aurions vu traîner, sur le noir tombereau,
Jusqu'au pied du gibet, où l'attendait la corde ! »
Mais ceux dont le cœur s'ouvre à la miséricorde,
De Rais, en prévoyant ton sinistre avenir,
Te diront : — C'était là que tu devais finir,
En soldat de la France, en un linceul de gloire !
Les forfaits inouïs qui souillent ta mémoire
Ne t'auraient pas conduit au trépas infamant ! —
Mais de Rais n'est point mort ; blessé grièvement,
Il se relève encor tout sanglant de l'arène ;
Il voudrait se venger, son écuyer l'entraîne,
Pendant que les Anglais, par leurs chefs excités,
Reviennent en avant à pas précipités.
Le succès de Suffolk leur rendant l'espérance,

Ils croient avoir raison des chevaliers de France
Et les dissiper comme un troupeau d'écoliers.
Tels qu'on voit dans les airs les corbeaux par milliers
Assaillir les faucons inférieurs en nombre,
Tels les fils d'Albion, comme une masse sombre,
Reprenant l'offensive en poussant de grands cris,
Se jettent, de nouveau sur les Français surpris,
Qui reculent troublés par cet excès d'audace.
Dominés par le flegme instinctif de leur race,
Les Anglais, mesurant leurs coups, vont en avant ;
Les Français devant eux rompent comme à Cravant ;
Déjà, pris de terreur, quelques soudards indignes
S'échappent en désordre ou s'enfuient hors des lignes.
Jehanne les a vus, elle court au danger :
« Que faites-vous, amis ?... Haro sur l'étranger !
Français, ce jour pour vous doit être un jour de gloire ! »
Sa voix, accoutumée à fixer la victoire,
Retentit. Sur le champ, les Français, ravisés,
Se pressent autour d'elle, et leurs rangs divisés
Sont reformés soudain. Prompts comme la tempête,
Suivant Jehanne d'Arc qui s'élance à leur tête,
Ils reprennent la lutte et ne faibliront point.
Sur les pas de Jehanne on voit, la lance au poing,
Chevaucher Saint-Simon, Choiseul, Laval, Vendôme,
Et Thibaut d'Armagnac, le vaillant gentilhomme
A qui le fier Maillé veut servir d'écuyer.
Lohéac et Milly [1] viennent les appuyer ;
Loré les suit de près, accompagnant Chabannes.
Dunois, Gaucour, d'Aulon, Gontaut, de Bar, Chavannes

Combattent sur les flancs avec Florent d'Illiers.
Vous fûtes, ce jour-là, soldats et chevaliers,
Plus grands que ces héros, demi-dieux de la fable,
Que l'hyperbole, enflant leur valeur véritable,
Décore de hauts faits qu'ils n'accomplirent pas !
Mais vous qui de Jehanne avez suivi les pas,
Glorieux compagnons de sa noble Iliade,
Vous n'aurez pas besoin, invincible pléïade,
De lauriers inventés pour parer votre front,
Et vous serez loués jusqu'aux temps qui viendront !
Au cri de rallîment poussé par la guerrière,
Les Anglais sous vos coups roulent dans la poussière,
Tels que des pins tranchés par les noirs bûcherons ;
Le sang rougit les bras, abreuve les sillons.
A l'aspect du carnage affreux que rien n'arrête,
Suffolk découragé fait sonner la retraite,
Et les Anglais, laissant leurs morts sur le carreau,
Vont chercher un abri dans les murs de Jargeau.
Mais Jehanne a prédit qu'on reprendrait la ville :
Ses remparts ne seront qu'un refuge inutile.
« Des canons ! » rugit-elle, et, les cheveux au vent,
On la voit s'élancer, presque seule, au devant
Des remparts de Jargeau, que les Anglais garnissent.
Bientôt les artilleurs sous ses yeux réunissent
Les pierriers évasés, les longs canons de fer,
Les fauves serpenteaux, vrais engins de l'enfer,
Les bombardes lançant la mitraille et la foudre,
Tout l'attirail bruyant des machines à poudre.
Par intuition l'héroïne a trouvé

Ce qu'apprend longuement un vieux chef éprouvé :
L'art de prendre une ville avec l'artillerie.
Elle fait aussitôt ranger en batterie
Les vingt canons chargés, prêts à vomir le feu
Contre les bastions de Jargeau : « De par Dieu !
Dit-elle, au point du jour, les boulets des bombardes,
Amis, achèveront l'œuvre des hallebardes,
L'écroulement des murs après le sang versé,
Et sur le dernier pan de rempart renversé
Le dernier des Anglais rendra sa pertuisane ! »
A ces mots, tous les chefs restés près de Jehanne
L'applaudissent ; chacun s'émerveille de voir
Cette vierge, unissant la tactique au savoir,
Donner aux canonniers et l'ordre et la consigne.
Mais on se tait, soudain Jehanne a fait un signe.
L'éclair fulminant luit, on entend à la fois
Des vingt canons pointés tonner toutes les voix ;
La bombarde mugit et les fauconneaux grondent.
A ce terrible feu les assiégés répondent,
Et l'on voit les boulets pleuvant de toutes parts
Foudroyer les soldats, perforer les remparts.
Bientôt la canonnade ardente, épouvantable,
Remplissant les échos de son bruit formidable,
Couvrait l'azur du ciel de fumée ; on tirait
Au jugé, mais sachant que le coup porterait ;
Au feu vif et nourri ripostait la volée.
La poudre, dont l'odeur rend la tête affolée,
Surexcitait les cœurs ! Ce duel sans pareil,
S'interrompant la nuit, au lever du soleil

Recommençant, durant trois jours avec furie
Fut un combat horrible, une atroce tûrie.
Or, en ce temps, Jargeau possédait une tour
De deux cents pieds de haut sur cent dix de pourtour,
Dont l'épaisseur des murs était considérable.
Cette tour, de tout temps réputée imprenable,
De sa masse imposante étayait la cité.
Nul donjon ne valait pour la solidité
Ce monument géant; toute l'armée anglaise
Eût dans ses vastes flancs pu maneuvrer à l'aise.
Quand on voyait d'en bas, entre les noirs créneaux,
Les canonniers Anglais tirant leurs fauconneaux,
Ces soldoyers choisis, fiers et de grande taille,
On eût dit des enfants jouant à la bataille.
Quant à la tour géante, elle terrifiait
Les plus hardis compaings, et Suffolk s'y fiait,
Croyant que les Français ne pourraient jamais prendre
Ce donjon qu'un soldat suffisait à défendre.
Or, de son faîte altier, les archers se gaussaient
Des assaillants; ceux-ci, consternés, frémissaient.
Jehanne a tressailli ; son âme impatiente
Juge que la victoire attendue est trop lente.
Elle appelle Lorrain, maître des canonniers :
« Approche tes canons, tiens prêts tes pionniers !
Il faut que cette tour à l'instant soit détruite,
Afin que nous puissions prendre la ville ensuite. »
Elle dit, et Lorrain, qui s'irrite à son tour,
Fait tourner tout le feu des canons sur la tour.
Les boulets foudroyants lancés par les bombardes

Creusent bientôt la brèche à travers les lézardes ;
A chaque instant, on voit tomber du monument
Tantôt un bloc de pierre ou des pans de ciment,
Tantôt un éperon qui dans les fossés roule.
Enfin l'énorme tour tout entière s'écroule,
Laissant un vide immense au milieu des remparts.
Au fracas de sa chute, on voit de toutes parts
Les Français, l'arme au poing, s'élancer sur la brèche,
Quand un gros d'ennemis, s'y portant, les empêche
D'aborder la trouée, en se rangeant devant.
Mais Jehanne aussitôt vient et crie : « En avant !
A l'assaut ! » Et donnant le signal, elle-même,
Rayonnante, au mépris de ce péril extrême,
Elle gravit l'échelle, animant par sa voix
Les Français à la suivre à l'assaut. « Cette fois,
Dit-elle, ils sont à nous, et maugré leur audace ! »
Jehanne a déjà mis le pied sur la terrasse,
Lorsqu'un Anglais s'avance, une pierre à la main,
Et la lance sur elle en l'insultant. Soudain
La Vierge a chancelé sous le choc de la pierre,
Son pied perd l'équilibre, elle tombe en arrière !
Les Anglais font entendre un tonnerre de cris,
Ils se croient délivrés, mais ils se sont mépris :
Leur fatale ennemie, espèrent-ils, est morte !...
Jehanne se relève et dit d'une voix forte :
« Amis, vous le voyez, le ciel est avec nous !
A l'assaut ! De par Dieu, les Anglais sont à vous ! »
Elle parvient aux murs, et les Français la suivent :
En un instant ils sont dans la ville, et poursuivent

De quartier en quartier, de maison en maison,
Les Anglais que leur rage accable avec raison.
Carnage épouvantable ! On ne fait pas de grâce,
Pas plus aux soldoyers qu'aux gens de noble race.
L'appât de la rançon ne suffit même plus ;
Les promesses, les pleurs deviennent superflus.
Suffolk tente, un instant encor, de se défendre,
Mais il voit succomber et son frère Alexandre
Et tous les meilleurs chefs qu'il ne peut secourir.
Il cherche à s'échapper, quand il voit accourir,
L'épée haute, un Français, un jeune capitaine,
Qui lui crie avec plus de respect que de haine :
« Monseigneur, rendez-vous ! » Un frisson de douleur
Du valeureux Anglais a traversé le cœur.
Lui, se rendre ? Il le faut ! « Êtes-vous gentilhomme ?
Dit-il à son vainqueur. — Oui, mylord, je me nomme
Regnault du Ban, d'Auvergne ! — Êtes-vous chevalier ?
— Non, je n'ai point reçu les honneurs du collier,
Je suis trop jeune encore, et je le dis sans honte !
— Eh bien ! vous le serez de mon fait ! » dit le comte.
Suffolk lui donne alors l'accolade, et lui rend
Son épée en disant : « Chevalier, soyez grand,
Charitable, croyant, loyal à toute épreuve ;
Protégez l'orphelin et défendez la veuve !
Maintenant, ajouta le comte, emmenez-moi !
Prisonnier, je suis vôtre et suivrai votre loi. »
Et Regnault, embrassant Suffolk avec franchise :
« Mon devoir, lui dit-il, est que je vous conduise
A Jehanne, et soyez assuré, monseigneur,

Qu'elle vous a tenu toujours en grand honneur ! »
L'héroïne accueillit le preux ainsi qu'un hôte :
« La victoire est, mylord, comme la nef qui flotte,
Et sa voile inconstante aime à changer de port.
Résignez-vous, dit-elle, au caprice du sort.
Votre valeur, du moins, a droit à l'espérance !
— Vous serez le soleil des gloires de la France,
Lui répondit Suffolk ; en toute loyauté,
Vous avez la vaillance unie à la beauté,
Et la vertu des saints vous fait une couronne.
Moi, quel que soit le sort que l'avenir me donne,
Je garderai toujours souvenance, en mon cœur,
De vous, sublime enfant, que Dieu fit mon vainqueur ! »

NOTE DU CHANT VIII

[1] Jacques de Milly, gentilhomme de Picardie, surnommé l'Estendart, écuyer du comte de Dunois et capitaine de son châtel de Romorantin, fut un des héros de la guerre nationale. Il fut fait chevalier sur le champ de bataille, à Patay, avec Gilles de Saint-Simon, Jehan de Marconnay, et autres vaillants. L'année suivante (1430), il fut fait prisonnier par les Anglais à Brie-Comte-Robert (Monstrelet, *Chroniques*, livre II, chap. 61, 94. — Voy. *l'Inventaire des titres de la Maison de Milly*, par le Vicomte Oscar de Poli, 1888, nos 724, 725, 727-731, 736, 737, 749, 753, 761.)

IX

Comment, à Beaugency, Dunois s'ouvrit à Jehanne d'Arc, et, comment Jehanne lui apprit qu'elle s'était consacrée à Dieu.

De splendides rayons ont dissipé l'aurore,
Le soleil éblouit, l'horizon se colore
Des reflets d'or couvrant les brouillards assoupis;
On voit, comme un essaim, sur les champs blonds d'épis
Voleter en chantant les vives alouettes.
Sur la Loire aux flots clairs de pimpantes mouettes
S'ébattent en criant, effleurant dans leur vol
L'oseraie où soupire un tendre rossignol.
A travers la saulaie et les peupliers grêles,
On aperçoit au loin les murs et les tourelles
De Beaugency, montrant son église au toit bleu,
Flamboyant aux rayons dorés d'un ciel de feu.
Beaugency, la cité si joyeuse naguère,
Sous l'azur rayonnant est morne, car la guerre

L'a remise au pouvoir des vainqueurs. Les Anglais
Sont dans ses tristes murs ce qu'ils sont à Calais,
A Verneuil, à Melun et dans cent autres places ;
Durs et présomptueux, insultants et rapaces,
Ils se font exécrer des petits et des grands :
« Ces murs seront bientôt libres de leurs tyrans !
Dit Jehanne à Dunois, en lui montrant la ville.
Le général anglais, aussi vaillant qu'habile,
Luttera vainement pour garder Beaugency.
La ville sera nôtre avant trois jours d'ici,
Quoi que fasse Talbot avec ses six mille hommes.
Vaincus, il leur faudra se rendre, car nous sommes
Protégés par le Ciel, ici comme à Jargeau !
Et quand tous les félons de la reine Isabeau
Aux soldats de Bedford uniraient leur séquelle,
Rien ne raffermira leur pouvoir qui chancelle,
Rien ne nous remettra sous leur joug inhumain.
Souviens-toi de ceci, Dunois : c'est que demain
Tu verras Beaugency, cité noble et loyale,
Sur ses tours arborer la bannière royale ! »
Et Dunois, écoutant l'héroïne, admirait
Son beau front que l'azur de ses yeux éclairait,
Son pur regard, l'éclat de son teint séraphique.
Tout l'attrait qu'on accorde à l'origine antique,
Il le trouvait empreint sur ce galbe idéal.
Il sentait dans son cœur un amour sans égal
Grandir à chaque instant en subjuguant son âme.
Un indomptable élan de la plus chaste flamme
L'excitait, l'entraînait à parler sans détour.

O les perplexités terribles de l'amour !
Qui donc en décrira jamais toutes les transes ?
Refouler ses aveux, sauver les apparences,
Trembler au premier mot prononcé par autrui !
Et ce vaillant tremblait comme un enfant ! Pour lui,
L'amour était un culte, et Jehanne l'idole.
Loin de s'abandonner à l'espoir qui console,
Il étouffait son cœur, un tendre aveu trop prompt
Pouvant paraître aux yeux de Jehanne un affront ;
Mais il ne put dompter sa passion rebelle :
Jehanne était si grande, et si noble, et si belle,
Son bleu regard si pur, et si douce sa voix,
Qu'entraîné par son cœur, par lui vaincu, Dunois,
Affrontant le péril de s'entendre maudire,
A la Vierge sublime, à cet ange, osa dire :
« Jehanne, as-tu pensé jamais qu'un jour viendrait
Où tu serais aimée, et qu'on te le dirait ?
As-tu même eu soupçon que tes grâces de femme
Et que ta renommée aient pu subjuguer l'âme
De quelque enthousiaste et vaillant chevalier ?
Quel est celui de nous qui pourrait oublier
Le rayon de tes yeux, l'éclair de ton sourire ?
Pour moi, ta voix ressemble à l'accent d'une lyre,
Mélodieux accent qui tout le jour me suit,
Et que j'entends encore en souvenir, la nuit.
Oh ! si tu pouvais lire au fond de ma pensée !
Tu ne me réponds rien... Dieu ! t'aurais-je offensée ?
Crois, et ne maudis point ! L'amour que j'ai pour toi
Est le pur sentiment inspiré par la foi,

L'amour du cœur et non l'amour qui vient des lèvres.
Je n'ai pas ressenti l'âpre tourment des fièvres,
Ni les fougueux transports d'un amour passager.
Je t'aime pour t'aimer, et non pour t'outrager. »
Jehanne se taisait. Dunois reprit : « Jehanne,
Ton silence obstiné, je le vois, me condamne!
Il faut donc te livrer mon adoré secret.
Eh bien ! je quitterais à l'instant, sans regret,
Les honneurs de la cour et les biens qu'on envie,
Pour unir à ton sort mes destins et ma vie.
Bien des fois, j'ai rêvé ce paradis pour nous,
Et j'étais devant Dieu, dans le songe, un époux,
Le tien, car c'était toi qui brillais dans mon rêve,
Toi qui seras toujours l'astre d'or qui se lève,
L'étoile aux doux rayons de mon ciel vide et noir.
Non ! tu ne voudrais pas m'enlever mon espoir.
Par pitié pour l'amour du chevalier qui t'aime,
Ton cœur acceptera l'hymen saint et suprême,
Bonheur que je rêvai, pour nous deux, tant de fois! »
Étrangement surprise, à l'aveu de Dunois
La Vierge répondit sans trouble et sans colère :
« Ami, si comme époux quelqu'un pouvait me plaire,
Ma main serait à toi, je l'affirme, aujourd'hui ;
Mais je me suis vouée au Seigneur, c'est à lui,
A lui seul désormais qu'appartiendra mon âme!
Nul ne peut résister quand sa voix nous réclame,
Et j'ai dit au Seigneur : Je suis vôtre à jamais!
Un instant, je voulus, pour ce Dieu que j'aimais,
Aller vivre en recluse au fond d'un monastère ;

Dieu me fit renoncer à ce projet austère.
Maintenant qu'à ton tour tu connais mon secret,
Sois courageux, Dunois, sois résigné, discret ;
D'ailleurs, puisqu'à mon vœu je ne puis me soustraire,
Eh bien ! je t'aimerai comme on chérit un frère ! »
Souriante, elle ajoute avec plus de douceur :
« Et toi, tu m'aimeras comme on aime une sœur !...
Tu viens de me parler, cependant, poursuit-elle,
Comme on ne parle pas de comte à pastourelle.
Supplier en tremblant, un seigneur tel que toi?
Dunois, tu t'oubliais ! Et que suis-je donc, moi?
Une enfant de la glèbe, une humble et pauvre fille.
Et c'est toi, l'homme issu de l'auguste famille
Dont les aînés sont rois au moins depuis mille ans,
Toi, le fils bien-aimé du beau duc d'Orléans *,
Demander à genoux la main d'une vilaine !
Mais quand je n'aurais pas fait ce vœu qui m'enchaîne,
Aurais-tu jamais pu devenir mon époux?
— O Jehanne, il n'est point de distance entre nous !
Crois-tu, repart Dunois, qu'un peu de gloire efface
Ce surnom de bâtard qu'on me jette à la face,
Ou que le sang royal, en aucune façon,
Fasse oublier la barre ombrant mon écusson ?
Combien ce dur opprobre a fait ma vie amère !
Sans honte, toi, du moins, tu peux nommer ta mère ;
Mais moi, l'adultérin, je frémis, je rougis,
Si l'on parle du sang maternel dont je suis !

* Dunois était fils naturel de Louis, duc d'Orléans, et de Marielle d'Enghien, femme d'Aubert de Cany.

J'implorais ta pitié, j'avais raison, Jehanne :
D'une race de preux descend la paysanne ;
Ton sang est aussi noble et plus pur que le mien ;
A tout venant tu dis : mon père est plébéïen ;
Mais je sais le contraire, ayant entendu dire,
Un soir où nous étions réunis chez La Hire,
Par monsieur le Doyen de Saint-Sauveur de Blois,
Que tes pères étaient grands vassaux autrefois ;
Ce prêtre nous prouva que, bien loin d'être un rustre,
Ton père, Jacques d'Arc, sort d'un lignage illustre. »
Jehanne eut un sourire étrange et répondit :
« Si mes ayeux étaient puissants comme on l'a dit,
Mon père n'en a pas de l'orgueil, je t'assure ;
Il conduit son hoyau d'une main ferme et sûre,
Sans penser aux honneurs par le temps abrogés,
Vénérant ses ayeux noblement dérogés ;
Appauvris par la gloire, ils ont rompu la terre ;
Notre gloire sera de chasser l'Angleterre,
D'arracher la patrie à son joug oppresseur !
Hâtons-nous ! C'est encore un secret que la sœur
Désire confier à son frère. Or, écoute,
J'ai déjà parcouru les deux tiers de ma route ;
Les Saints m'ont annoncé que je durerais peu,
Quand je ceignis l'épée au bon vouloir de Dieu.
L'ange envoyé du Ciel me prédit ma carrière :
Va ! Sois prompte à combattre et veille aussi, guerrière,
Sur ce fer qu'à Poitiers porta Charles Martel !
Hâte-toi, me dit-il, l'ordre divin est tel :
Du jour où de ta main tombera cette épée,

Sache-le bien, ta vie aussi sera frappée,
Dieu te retirera sa force et son conseil !
Il dit, et disparut, voilant son front vermeil ;
Mais ces mots, dans mon cœur gravés en traits de flamme,
Me rappellent toujours que le Ciel me réclame
Et qu'il faut accomplir ce qu'il désirera,
Car bientôt mon épée, hélas ! se brisera.»
Dunois, sombre et navré, n'écoutait plus Jehanne,
Et son amour, semblable à la fleur qui se fane,
Ne se consolait pas du doux espoir perdu.
Quel vide il ressentait dans son cœur éperdu,
Morne et brisé, couvant cette amertume extrême
Que rien n'adoucit plus quand on perd ce qu'on aime !
Quel nouveau sentiment lui rendrait cet amour
Dont le bonheur s'était éclipsé dans un jour?
Serait-ce une amitié froide, pénible, triste?
Qu'est-ce que l'amitié lorsque l'amour persiste ?
Elle ravive au cœur le cruel souvenir
D'un rigoureux tourment qui ne doit pas finir !
Dunois marchait pensif, pleurant son espérance,
Et ce déshérité, que broyait la souffrance,
Essayait d'espérer quand il n'espérait plus.
Il s'attache à dompter les regrets superflus ;
Mais, dès que son regard s'arrête sur Jehanne,
Ébloui, fasciné par ce teint diaphane,
Par ce front noble et pur, par ce port gracieux,
Dunois admire encore, épris, silencieux.
Voyant se détacher sur le vert-bleu des saules
Son profil enchanteur, sa taille, ses épaules :

« Quel trésor vous m'ôtez, Seigneur ! » pensait Dunois.
Soudain il fut tiré de son rêve. Une voix
Éclatait près de lui, une voix argentine,
Dont l'accent vif et pur, dont la note enfantine
Et claire effarouchait la grive et le pinson.
« C'est Inerguet qui chante, écoutons sa chanson ! »
Dit Jehanne. En effet, elle aperçut le page
Foulant d'un pied joyeux les sables du rivage,
Cueillant à pleines mains, à travers les roseaux,
De frais iris dorés, ces rois charmants des eaux.
Et le folâtre enfant à la vive prunelle,
En faisant sa moisson, disait sa villanelle :

« Fleurette au doux parfum, violette des prés,
Que les soupirs d'avril caressent sous les branches,
Combien as-tu de fils en chaperons pourprés
Et de filles en coiffes blanches ?

— Mes enfants sont nombreux, j'en ai cent, tu les vois
Autour de moi groupés, ma belle jouvencelle !
J'en ai mille qui sont à rêver dans les bois,
Et cent près de l'eau qui ruisselle !

— Est-ce tout ? — Non, j'en ai deux mille autres encor,
Dormant dans le vallon, dansant sur la colline,
Cent sur les bords du lac aux flots d'azur et d'or,
Cent près du rocher qui s'incline.

Ma belle jouvencelle aux yeux noirs, si tu veux,
Le jour ou tu seras fiancée au beau page,

Je t'en donnerai cent pour orner tes cheveux,
Et cent pour parer ton corsage ! »

Alors une autre voix dans le val s'entendit,
Et cette voix lançait un appel que rendit
L'écho surpris. C'était le hérault d'Ambleville.
Il criait : « Les Anglais vont nous rendre la ville !
Le connétable arrive et vient se joindre à nous ! »
— Comment ! ce misérable a bravé le courroux
Du Roi qui l'a banni ! Quelle est donc son audace ?
Interrogea Dunois. Cet homme à double face
Vient-il pour nous braver ? A-t-on besoin de lui ?
Qui donc a réclamé son outrageant appui ? »
Le hérault répondit : « Monseigneur, je l'ignore,
Mais le duc d'Alençon, que notre prince honore,
A promis d'accueillir monsieur de Richemont.
— Sommes nous donc trahis en aval, en amont ?
Interrompit Dunois. Mais a-t-on fait connaître
Au Roi notre Seigneur le retour de ce traître ?
Veut-on nous obliger à le chasser d'ici ?
Je connais Richemont : s'il vient à Beaugency,
C'est qu'il aura flairé l'odeur de la victoire,
Et comme il veut toujours voler sa part de gloire,
Il arrive après coup nous montrer son pouvoir.
Eh bien ! par la mordieu ! j'irai le recevoir
Et lui dirai son fait, si personne ne l'ose ! »
— Lorsque dans notre esprit la colère est éclose,
Dit Jehanne attristée, on n'entend plus la voix
De la raison qui parle et nous dit vrai, Dunois !

Quoi ! tu veux éloigner de nous le connétable,
L'outrager, quand il vient dans le but si louable
De nous prêter secours pour chasser l'ennemi !
Tu ne commettras pas cette injustice, ami !
La brebis qui revient à son bercail doit être
Accueillie avec joie, avec soin par le maître.
Non, tu seras clément, tu feras comme moi :
J'oublie, — et s'il le faut j'irai trouver le Roi
En le priant d'avoir pitié du connétable,
De se montrer clément comme il est équitable,
De le prendre à merci ; dans le cœur des bons rois
Le droit de pardonner est le premier des droits ;
L'auguste justicier m'entendra, je l'espère !
— Si tu veux réchauffer dans ton sein la vipère,
Fais, répliqua Dunois, ce que ton cœur voudra ;
Mais retiens bien ceci, ta bonté te perdra !
Richemont, tu le sais, est de traîtreuse race ;
Il n'aura pas plus tôt reçu par toi sa grâce
Qu'il ira se ranger parmi tes détracteurs
Et qu'il t'accablera de ses propos menteurs,
En payant ton bienfait par son ingratitude !
Passe encor pour cela, mais j'ai la certitude
Qu'en faisant rappeler Richemont à la cour
Tu déchaînes du coup le rock et le vautour.
Le rock est Richemont ; le vautour, la Trémouille ;
Or, le rock du vautour convoite la dépouille ;
Prends garde à la fureur du second carnassier ;
La Trémouille est félon, rancuneux, finassier,
Tout rongé d'avarice, embûcheur et capable

De rendre en faussetés cent points au connétable ;
Il t'en voudra d'avoir ramené son rival.
Vois, de toute façon tu n'auras que du mal,
Et tu pourras payer ta bonté de ta vie !
Mais j'ai dit, maintenant agis à ton envie ! »
L'héroïne et Dunois, en conversant ainsi,
Reprenaient le chemin du camp de Beaugency.
Une heure après, on vit venir le connétable.
Il avait avec lui, contingent redoutable,
Deux mille hommes armés, des meilleurs qu'on eût vus.
Or Richemont offrant ces secours imprévus,
Repousser son concours était loin d'être sage ;
De plus, il conduisait la fleur du baronnage
Du duché de Bretagne et du pays Cauchois :
Le hardi, Kermoisan surnommé le Bourgeois,
Le loyal Beaumanoir, Rostrenen le superbe,
Lescoët, cœur vaillant, et Kergos, bouche acerbe,
Perdriac le gascon, Penmarch au bras de fer,
Guébriand, dont l'audace aurait bravé l'enfer,
Dinan, Morlaix, Lozé, Juch, Pracontal d'Anconne,
Mathan, qui crie : Assez j'ai fait aux rois l'aumône !
Carpentier d'Aubigny, Pontecroix, Kersabiec,
Damas et Saint-Germain, et cent autres avec .
En voyant s'avancer cette illustre phalange,
Jehanne eut le regard rayonnant de l'archange.
« Connétable et vous tous, soyez les bienvenus !
Quand Dieu, dont les décrets puissants sont inconnus,
Vous a conduits vers nous, c'est qu'il voulait sans doute
Nous voir, selon son but, suivant la même route,

Désarmer l'injustice, exalter le bon droit.
Oui, c'est par l'union que le succès s'accroît! »
Elle dit! Richemont, affectant la franchise,
Souriant, répondit : « Jehanne, ton emprise
Est belle, et je suis prêt à marcher avec toi
Pour t'aider à punir les ennemis du Roi,
Et, si tu veux sur l'heure assaillir cette place,
Fais venir ta bannière et revêts ta cuirasse.
Talbot vient de partir pour chercher du renfort;
Le moment est propice à reprendre le fort,
Car Guérin, que Talbot a mis en son absence
Pour le garder, n'en peut soutenir la défense.
Marchons donc! Les Anglais qui sont dans Beaugency
N'auront d'autre soulas que se rendre à merci!
— Marchons! Qu'ainsi soit fait! » s'écria la Pucelle.
Cependant les Anglais qui, de la citadelle,
Avaient vu s'ébranler ces bataillons armés
Guidés par l'étendard de la Vierge, — alarmés,
Du sommet des remparts, du front de la courtine,
Suppliaient, s'adressant à l'illustre héroïne :
« Jehanne, au nom du ciel nous nous rendons à vous! »
Le connétable alors eut un regard jaloux.
La Vierge avec douceur agréa leur requête.
« Tout l'honneur pour Jehanne! » Il détourna la tête.
Ce n'est donc pas à lui que les chefs ennemis
Ont rendu leur conquête et qu'ils se sont soumis!
Il veut dissimuler son dépit, mais La Hire
A surpris son regard méchant, son faux sourire ;
Il s'approche en gaussant et, tout bas, à Dunois :

« Qu'en penses-tu ? dit-il. As-tu vu quelquefois
Envieux plus fieffé que le beau connétable ?
— Non certes, de par Dieu, car je le sais capable
De tous les méchants faits qu'on peut imaginer ;
Il suffit de le voir et de l'examiner :
On reconnaît qu'il a, comme ceux de sa trempe,
Le front bas, aplati, du vil serpent qui rampe,
Et le vitreux éclat de ses gros yeux gris-verts
Ne décèle-t-il pas tous ses instincts pervers ? »

X

Comment les chefs parlaient de Jehanne d'Arc, et comment ils discutèrent avec le connétable de Richemont qui l'accusait de sorcellerie.

Cependant la nuit vient, tendant ses réseaux sombres,
Noyant dans les glacis vaporeux de ses ombres
Beaugency, son beffroi, ses cloches, ses remparts.
La retraite est sonnée ; on voit de toutes parts
Les soldats regagner leurs abris ; le silence
Bientôt succède au bruit, l'arbalète et la lance
Reposent aux côtés du guerrier qui s'endort.
Le feu s'éteint ; du camp nulle rumeur ne sort
Que le cri des archers placés en sentinelles.
Les astres d'or, du ciel lumineuses prunelles,
Perçant à tous les coins l'azur du firmament,
Invitent au repos l'armée. A ce moment,

Quelques chefs, au sommeil refusant leurs paupières,
Sous le grand pavillon paré de leurs bannières
Devisaient, en veillant, sur les succès du jour :
« Trois mois nous ont suffi pour gagner tour à tour
Maintes cités et pour faire lever le siège
D'Orléans. Il est sûr que le Ciel nous protège.
Comptez ! disait Dunois. Gien, Jargeau, Beaugency
Et Meung sont en nos mains, et maintenant voici
Que vingt autres cités vont nous ouvrir leurs portes.
Quand Dieu, pour relever le cœur de nos cohortes,
Nous envoya Jehanne, il nous a fait grand bien !
— C'est l'avis général et c'est aussi le mien,
Interrompit Gaucour. Il est sûr que sans elle
Les Anglais nous tiendraient déjà sous leur tutelle !
— C'est un fait, dit La Hire, on ne saurait nier
Que la faveur divine est pour nous. L'an dernier,
Nous ne savions pas trop où donner de la tête ;
Les Anglais nous poussaient de conquête en conquête,
Quand Jehanne est venue enrayer leur pouvoir.
Je la crois inspirée ! — Il suffit de la voir,
Dit vivement Dunois, pour n'avoir plus de doute.
Qui n'est profondément ému quand on l'écoute
Disant les saints avis de l'archange Michel ?
On croirait qu'elle-même est un esprit du Ciel,
Tant sa voix a d'attraits, tant sa parole est douce ;
Son parler nous contient et son regard nous pousse
Selon sa volonté. Parfois, dans son œil bleu
J'ai surpris ce rayon de vaillance et de feu
Qui rappelle à l'honneur les cœurs les plus timides ;

J'ai vu les indécis devenir intrépides,
Rien qu'à l'entendre dire au milieu des combats :
Pour la France et pour Dieu ! Moi qui suivis ses pas
Depuis l'heureux instant où, laçant la cuirasse,
Jehanne du succès a retrouvé la trace,
Je n'ai jamais cessé de l'admirer un jour !
Demandez à Gontaut, à Choiseul, à Gaucour
S'ils ont jamais trouvé de volonté plus forte
Dirigeant à l'assaut l'effort d'une cohorte,
Et de cœur plus humain quand, après le combat,
Elle accourt aux blessés dont le moral s'abat.
Je sais bien que des gens dévorés par l'envie,
Honteusement jaloux d'amoindrir de sa vie
Tous les nobles élans, tous les faits glorieux,
Prêtant à sa pensée un but ambitieux,
Soufflent la calomnie abominable et lâche ;
Je les connais, je sais que leur désir s'attache
A ternir ce trésor que Dieu nous a donné ;
Mais Jehanne est sublime et leur a pardonné.
Or, moi qui le suis moins, je demande à ces hommes
Quels sont les grands honneurs, les guerdons ou les sommes
Que Jehanne a reçus pour prix de ses hauts faits ?
Par Jésus ! ces félons ne seraient satisfaits
Que s'ils la pouvaient faire expulser de l'armée !
L'héroïne à leurs dits ne s'est point alarmée
Et, sans s'intimider, poursuit son droit chemin,
Comme si l'Éternel la tenait par la main,
Méprisant le méchant et le venin qu'il sème.
— Je t'approuve ! repart Nicolas de Girème.

Dunois, ton sentiment s'accorde avec le mien :
Jehanne d'Arc joint aux vertus du Chrétien
La valeur qu'on prêtait à l'antique Amazone ;
Les poètes Moschus, Virgilius, Ausone
Auraient chanté son nom entre tous illustré,
Immortel entre tous ; (Girème était lettré,
Ayant dans sa jeunesse appris le grec à Rhodes.)
Catulle en son honneur aurait tourné dix odes ;
Nous ne saurions donc trop, nous autres, la louer,
Et ce n'est que justice. — Il nous faut avouer
Reprend Dunois, qu'aucun des rivaux de sa gloire
N'est plus modeste qu'elle au jour de la victoire ;
Loin de se mettre en vue et de s'enorgueillir,
A genoux on la voit, humble, se recueillir,
Supplier le Seigneur de délivrer la France
Et de rendre le calme à son peuple en souffrance !
Est-il renom qui fut jamais mieux mérité ?
Oh ! je le sais, l'envie, en sa témérité,
Est sans frein. Si Jésus revenait en ce monde
Annoncer de nouveau sa parole féconde,
Je suis moralement sûr qu'on retrouverait
Plus d'un juge sans foi qui le condamnerait.
Jehanne est cependant ce que Dieu lui dit d'être,
Humble d'âme et d'esprit ainsi qu'il la fit naître,
Intrépide à la guerre et prudente au conseil.
Dans une enfant des champs est-il rien de pareil ?
Cela tient du divin plutôt que de l'étrange !
Dans la victorieuse on croit voir un archange
Qui, sur l'ordre du Ciel, est venu parmi nous,

Et je me sens tout prêt à fléchir les genoux
Devant ce pur regard plein des clartés de l'âme !
Certes , la Providence a dans ce cœur de femme
Mis la vertu des Saints. » — A ce discours, Poton,
Qui l'écoutait, assis près de lui, le menton
Posé sur le pommeau de sa vaillante épée,
Répondit : « O Dunois, ma science est trompée
Si tu n'es pas, beau sire, ardemment amoureux
De Jehanne ! Après tout, c'est le devoir d'un preux
D'honorer la beauté, de louanger sa dame.
Or donc, ce n'est pas moi qui jetterai le blâme
Sur le choix de ton cœur. A mes vingt ans, ma foi,
Je n'aurais pas agi d'autre façon que toi !
A tous égards, d'ailleurs ,je voue à la Pucelle
Mon admiration ; elle est preuse [1], elle est belle,
Porte la tête avec un air de majesté,
Et son charme indicible, angélique, est resté
Gravé dans mon esprit comme un divin mirage.
Il faudrait aller loin dans tout le baronnage
Pour trouver son égale, et ton cœur a raison.
Plus d'une damoiselle, et de bonne maison,
Voudrait bien ressembler à Jehanne. Or, beau sire,
Tu l'aimes en secret ; je suis loin d'en médire ;
Quand j'étais jeune aussi, j'aimais, par la sambleu !
La femme aux cheveux noirs, au regard doux et bleu. »
Dunois lui répliqua : « Beau seigneur de Xaintrailles,
Je te tiens pour très apte à mener des batailles,
Mais point à discourir sur les penchants du cœur.
Peu m'importe après tout, ton sourire moqueur

Ne me changera pas, et si j'aimais Jehanne,
Non, ce ne serait point de cet amour profane,
Comme il te plait à dire et peut-être à penser ;
Rien qu'a ce mot d'amour je craindrais d'offenser
Ce cœur plein d'innocence et cette âme si pure ;
J'aimerais mieux la mort si ma parole impure
Devait causer un trouble ou le moindre tourment
A cet ange du ciel ! — Dunois, pas de serment !
Tu l'adores, te dis-je, et sans t'en rendre compte.
Il n'est point de mortel que la beauté ne dompte.
Et chacun, dit Poton, se livre au tendre espoir
Et s'éprend un beau jour sans s'en apercevoir.
Je le répèterai, la Pucelle a des charmes,
Elle est superbe à voir sous son corselet d'armes,
Elle est chevaleresque et n'a jamais connu
Les instincts vils et bas du soldat parvenu ;
Elle a l'autorité, du tact et du courage
Autrement que la gent qui l'envie et l'outrage :
Je l'ai vue attaquer les Anglais effarés.
Mais, pour la mettre au rang des ostensoirs sacrés,
En faire un bras du Dieu vengeur une inspirée
Ou l'incarnation d'un saint de l'empyrée,
Ce n'est là qu'un beau rêve enfanté par l'amour
Et dont tout le premier tu riras quelque jour ! »
Girème repartit : « Oui, Jehanne est superbe,
Elle brille entre nous comme un blanc lys dans l'herbe,
Et mon penser s'unit au penser de Dunois !
Dieu merci, je l'ai vue et vue assez de fois
Pour juger qu'en tous lieux le Très-Haut la seconde !

Ce cœur-là n'est pas fait pour les amours du monde.
Non, il n'est pas douteux que le Ciel la soutient,
Qu'elle a sa mission à remplir et nous vient
De la part du Seigneur ! — Ou de la part du diable !
Ricana Richemont. — Monsieur le connétable,
Lui riposta La Hire en fronçant le sourcil,
Vous avez dit trois mots de trop ! Vous plairait-il,
En me les répétant, de m'en fournir la preuve?
— A vous? — A moi ! La Hire, à qui la chose est neuve,
N'ayant pas une fois oui dire, entendez-vous,
Que Satan ait voulu s'intéresser à nous
Au point de nous mander, du profond de son antre,
Un de ses noirs suppôts ! Cette absurdité n'entre
Pas du tout, je l'avoue, au fond de mon cerveau !
— Par Sainte Anne d'Auray ! ce qui serait nouveau,
Répliqua Richemont, en prenant un ton rogue,
C'est que j'aille avec vous entamer l'épilogue
Et soumettre le cas à votre entendement,
Lorsque vous me venez aussi légèrement
Poser des questions à ce point déplacées !
Je ne retire pas mes paroles lancées,
Mais vous les expliquer, je m'en garderai bien.
Tant pis si votre avis n'est pas conforme au mien !
— Ils vont se disputer comme deux rois d'Homère !
La Hire est emporté, l'autre a la bouche amère,
Dit Girème à voix basse à Raoul de Gaucour.
Je le prévois, d'ailleurs, Richemont, quelque jour,
Finira comme Ajax, prince de Salamine ;
L'ambition l'égare et l'orgueil le domine.

— Il est très cauteleux, et je ne sais pourquoi
Il s'est mis, dit Gaucour, dans les projets du Roi.
C'est triste ! » A ce moment, le pétulant La Hire
Provoqua Richemont : « J'avais entendu dire
Que souvent le silence est un moyen très fort
Et le retranchement des gens quand ils ont tort !
Croyez-vous bonnement que je vous tiendrai quitte
De vos méchants propos ? Est-ce ainsi qu'on s'acquitte
Après avoir parlé mal des gens ? — Quant à vous,
Vous oubliez par trop qu'il existe entre nous,
Dit Richemont, messire, une telle distance
Que je serais blâmé, si de votre jactance
J'allais considérer le flux comme un affront !
Êtes-vous maréchal, pour que le rouge au front
Me monte, à vos discours, et me contraigne, en somme,
A vous mener au pré ? — Mais je suis gentilhomme,
Vous l'oubliez, je crois, et ne forlignant pas !
Devant vos dignités je ne romprai d'un pas !
Malgré vos cent aïeux, votre grande noblesse,
Je vous dirai tout court par où le bât vous blesse :
C'est que vous voudriez voir Jehanne au linceul,
Et cela, monseigneur, pour pouvoir à vous seul
Agir, et vous targuer d'avoir sauvé la France !
C'est là votre projet, votre noble espérance,
Et chacun les connaît ici ! — Je ne veux point,
S'écria Richemont, mettre la dague au poing !
— Je comprends, le dédain vient après le silence,
Reprit La Hire, et puis ce sera la prudence
Qui vous conseillera sans doute à mon endroit !

Rien n'y fera, je veux tout dire et marcher droit,
Car j'ai mon franc parler, sans peur et sans réserve,
Jusqu'avec Monseigneur le Roi, que Dieu conserve !
Artus de Richemont, votre cœur est jaloux
De la brebis de Dieu qui vient chasser les loups
Que sur notre pays a lancés l'Angleterre.
Ah ! vous croyez pouvoir me forcer à me taire?
Vous n'y parviendrez pas, et devant tous ici
Nul ne m'empêchera de vous dire ceci :
Connétable, il est mal de nourrir de la haine
Contre Jehanne d'Arc qui, la chose est certaine,
Mérite à tous égards ses los et son renom.
Envieux de l'éclat qui s'attache à son nom,
Vous répandez sur elle une fable insensée !
Croyez-vous qu'il viendra jamais à la pensée
De nous, ses compagnons et ses loyaux amis,
Que Jehanne est au rang des esprits insoumis,
Qu'elle est toute au démon, que l'enfer la protège?
Insinuer qu'elle est relapse et sacrilège,
Ce sont là, monseigneur, sots et félons propos !
Or, laissez la Pucelle et sa gloire en repos ;
Chacun de nous ici la vénère et l'estime ;
Comme Poton, qui joue à saint Thomas Didyme,
Sans peur on se ferait hacher jusqu'au dernier
Avant de la blâmer ou de la renier !
— N'outrage pas qui veut ! s'écria, plein de rage,
Artus de Richemont, et pour me faire outrage
Il faut être quelqu'un ! Sachez que vos pareils
Et vous, ne m'allez pas même jusqu'aux orteils,

Ayant plus que vous tous ébréché des murailles !
— Plaît-il ? cria Dunois. — Plaît-il ? cria Xaintrailles,
En ajoutant : Vraiment ! Mais ou donc étiez-vous,
Quand près du Roi proscrit nous arrivâmes tous ?
— Oh ! lui, scanda Girème, il présentait aux dames
Des fleurs où se mêlaient ses lauriers de Saint-James !
— Ah ! C'en est trop ! hurla Richemont, sans mentir
Je promets que plus d'un pourra se repentir
De m'avoir insulté ! Ne craignez que j'oublie !
— Nous connaissons assez votre connétablie
Pour savoir qu'elle tient parole et l'a prouvé,
Recommença La Hire. Un jour, on a trouvé
Le Camus de Beaulieu dagué de par votre ordre.
Nous savons que les loups sont toujours prêts à mordre,
Mais qu'ils se font aussi souvent trouer la peau
Par le berger prudent qui veille à son troupeau,
Et c'est moi qui serai le berger! dit La Hire.
Et puisque vous savez si bien mordre et médire,
Je saurai vous tenir en respect et veiller !
— Or, ça ! qu'avez vous donc à venir me railler
Tous d'un commun accord? Savez-vous bien, mes maîtres,
Que je me ris des vains, des hautains et des traîtres !
Répliqua Richemont furieux. — En ce cas,
Ce plaisir, monseigneur, ne vous manquera pas,
Car vous le trouverez sans sortir de vous-même !
Dit d'un ton méprisant Nicolas de Girème.
Vous avez fait juger l'infortuné Giac,
Vous l'avez fait noyer et coudre dans un sac,
En l'accusant d'avoir vendu son âme au diable !

Oui, vous êtes jaloux, traître et vain, connétable,
Et vous abominez, à commencer par moi,
Tous ceux qui loyaument ont bien servi le Roi !
Vous parlez du démon à propos de Jehanne,
Que votre cœur maudit, que votre orgueil condamne :
C'est par hypocrisie et fausse habileté,
Deux vices que n'ont pas les gens de qualité.
Vous avez du dépit parce qu'elle a su vaincre.
Qui croyez vous tromper ? Qui pensez-vous convaincre ?
Votre arrière-pensée et vos plans envieux,
Malgré tous vos efforts, se lisent dans vos yeux.
Je dirai, s'il me faut être plus explicite,
Que vous parlez, seigneur, comme parlait Thersite,
Dont la langue attaquait en toute occasion
Les hauts faits des héros assiégeant Ilion.
— Quoi ! parce qu'il m'a plu, reprit le connétable,
De vouloir parler franc, est-ce donc cas pendable
De répéter ici ce que l'on dit ailleurs :
Que Jehanne a l'esprit des démons batailleurs ?
Allez-vous m'égorger comme un truand des rues ?
— Les Argiens jadis taillèrent des statues,
Dit le docte Girème, à la Télésilla
Qui sauva sa patrie et, dit-on, immola
Cléomène, un des deux rois de Lacédémone.
Argos fit ériger ensuite une colonne,
Afin d'éterniser son nom et ses exploits.
Ces honneurs, qu'ont rendus des païens autrefois,
Seront aussi rendus quelque jour par la France
A celle dont le bras hâta sa délivrance.

Dans mille ans, de Jehanne encore on parlera !
— Dans mille ans, peu me chaut de ce que l'on fera,
Fit dédaigneusement Richemont, mais Jehanne
Ne vaut pas à mes yeux le poids d'une gourgane !
C'est une virago, que prit je ne sais où,
Pour nous en encombrer, Baudricourt, ce vieux fou,
Et je ne démens pas, conclut le connétable,
Ceux qui disent qu'elle est un envoyé du diable. »
Xaintrailles répliqua sur un ton méprisant :
« Satanas nous a fait un fort joli présent,
Dans tous les cas ; le drôle a du goût ; la Pucelle
A des yeux de velours d'où la bonté ruisselle,
Deux lèvres de corail, une peau de satin,
Puis un pied qui n'a rien de celui d'un lutin !
Et sa taille, et ses bras, qu'en dites-vous, messire ?
Et de ses belles dents éclairant son sourire ?
Convenez donc, au moins, que le diable a raison
D'avoir choisi tel corps pour s'y mettre en prison !
— Vous persifflez, Poton. quand les autres menacent !
Apprenez que le rire et les lardons m'agacent
Autant que les défis qu'on pourrait me lancer ;
Je vous déclare donc à tous sans balancer,
A vous comme à Dunois, beau ténébreux, de même
Qu'au très docte prieur Nicolas de Girème,
Le Platon de la bande, aussi bien qu'à Gaucour,
Que vous me revaudrez tout cela quelque jour !
— Vous m'avez oublié ! dit fièrement La Hire. »
— Chut ! vous êtes trop bas et par trop petit sire ! »
Sous l'insolent mépris La Hire eut le frisson,

Et, tel qu'un sanglier se ruant d'un buisson,
Il fut en un seul bond devant le connétable.
Sachant qu'en sa colère il était redoutable,
Gaucour, Poton, Dunois s'accrochèrent à lui.
« Laissez-moi ! criait-il. Je veux mettre aujourd'hui
Du rouge au flanc du loup ! Laissez-moi ! Par St-George !
Je lui ferai rentrer ses propos dans la gorge ! »
Le sage Beaumanoir, qui seul n'avait rien dit,
S'approcha. Regardant Richemont interdit,
Qui tremblait à la fois de colère et de honte,
Il le saisit au bras et lui dit : « Venez, comte,
Suivez-moi, le débat pour vous serait fâcheux !
Songez qu'il nous faudra voir demain d'autres jeux
Et saper des remparts, des tours et des murailles.
Laissons les vains propos et pensons aux batailles.
Partons, au point du jour il faudra guerroyer !
— Vrai ! je crois que sans vous je m'allais fourvoyer !
Ricana Richemont, en regagnant sa tente.
Mais je retrouverai cette meute impudente,
Et je me vengerai ! Vous entendrez sous peu
Comment seront traités ces gens sans feu ni lieu,
Ce ramas d'écorcheurs. surtout ce misérable
Osant rompre en visière avee un connétable ! »
Quand Richemont fut loin, on entendit Gaucour
Dire à ses compagnons : « Si Dieu veut, quelque jour,
Amis, ce sera moi qui châtîrai ce traître !
Il a de ces façons de s'ériger en maître
Qui l'ont fait exécrer et partout et par tous !
Laissons-le pour l'instant et n'oublions pas, nous,

Que nous avons demain à brasser autre ouvrage.
L'Anglais ne voudra pas nous livrer le passage,
Sans nous montrer un peu, du haut de ses créneaux,
Le feu de ses canons et de ses fauconneaux ;
Ses archers sont déjà pour sûr à l'embuscade ;
Allons nous préparer à tenter l'escalade.
Vive Dieu ! Nous rendrons, jurez-le comme moi,
Charles VII à la France et la France à son Roi ! »

NOTE DU CHANT X

1 Catherine du Lis, nièce de Jehanne d'Arc, épousa François de Villebresme, allié aux Musset par le mariage de Denis de Musset avec Marie de Villebresme, en 1479. C'est en mémoire de Jehanne que la famille de Musset a pris pour devise : *Courtoisie, bonne aventure aux preuses !*

XI

Comment Jehanne d'Arc gagna la bataille de Beaugency, et comment sir Talbot fut fait prisonnier par le seigneur de Saintrailles.

Le jour commence à poindre et les trompettes sonnent;
Les canons accroupis sur les bastions tonnent,
Le camp s'éveille, on voit de toutes parts
Des soldoyers courir de la tente aux remparts,
On entend retentir la clameur des alarmes,
Les sergents sont sur pied, l'écho répete : Aux armes !
Que s'est-il donc passé ? Que va-t-il advenir ?
Les soldats en vedette ont vu de loin venir,
Aux fracas des tambours, marchant bannière en tête,
Toute une armée anglaise, en ordre, au combat prête.
C'est Talbot qui s'avance, amenant des secours
Pour sauver Beaugency, car Talbot croit toujours
Que les soldats anglais s'y maintiennent encore.
John Falstaff l'accompagne et de même il ignore

Que Beaugency n'est plus au pouvoir des Anglais.
Dunois voudrait charger l'ennemi sans délais,
Mais le duc d'Alençon à son projet s'oppose;
Il brûle de combattre, et cependant il n'ose.
Rassemblant tous les chefs à ses ordres soumis :
« Messeigneurs, leur dit-il, voici les ennemis !
Faut-il les attaquer, comme nous le conseille
Dunois, dont je connais la valeur non pareille,
Mais dont le grand courage aussi peut l'abuser?
Je croirais, sauf meilleur avis, qu'il faut user
De prudence avec eux, supérieurs en nombre.»
Le connétable alors s'avança, le front sombre.
« La prudence est, dit-il, toujours un bon moyen
Et fait mieux que l'audace à la guerre; aussi bien,
Duc, je crois avec vous que le sort des batailles
En dépend très souvent ! — Arrêtez ! dit Xaintrailles.
Il est ici quelqu'un, d'après le gré de tous,
Connétable, qui doit s'exprimer avant vous.
Ce quelqu'un c'est Jehanne, et c'est sur sa parole
Que nous déciderons si l'action est folle
Ou sage, et sans qu'il soit besoin de vos conseils.
— Hier, dit Richemont, vos propos sans pareils
M'ont blessé, vous voulez continuer sans doute?
Vous ne me ferez point abandonner ma route,
Pas plus Dunois que vous ! » Le prudent Beaumanoir
Intervint : « Messeigneurs, oublions l'autre soir,
N'allons pas réveiller la haine et le reproche!
Songeons à l'ennemi qu'on entend, qui s'approche,
Et qui dans un instant viendra fondre sur nous.

Préparons-nous plutôt à repousser ses coups,
Et ménageons pour lui la fougue et la colère !
« Bien dit ! » interrompit une voix vive et claire.
Et Jehanne apparut armée, épée au flanc,
Casque au front, surmonté d'un long panache blanc,
Et gantelet au poing soutenant sa bannière.
« On n'attendait que toi, valeureuse guerrière !
Je t'ai fait prévenir, qui t'a mise en retard ?
Dit le duc d'Alençon. — Si j'arrive un peu tard,
N'en soyez point surpris, beau duc ! répondit-elle.
Tout d'abord j'obéis à Dieu quand il m'appelle ;
Or, les voix du Seigneur m'ont ordonné tantôt
D'observer l'ennemi, que vous verrez bientôt.
Alors, seule, à cheval, en traversant la plaine,
J'ai pu voir les Anglais : la route en était pleine ;
Ils marchaient, menaçant, au bruit de leurs tambours,
Les humbles habitants des hameaux et des bourgs.
Soudain, je vois Talbot, qui chevauche à leur tête,
Rêner son destrier ; surpris, pâle, il s'arrête...
Il vient d'apercevoir flottant sur Beaugency
L'étendard de la France ! Et j'entendis ceci :
— Compagnons, ce n'est pas, hélas, une méprise !
Le sort nous a trahis encor : la ville est prise !
Quel jour verra venger tant de projets déçus,
En consolant nos cœurs de tant d'affronts reçus ?
Massons-nous, simulons une halte offensive,
Et l'armée ennemie, à nos plans attentive,
N'osera point tenter un choc audacieux.
Pour nous, dès que la nuit obscurcira les cieux,

Par le prompt mouvement d'une manœuvre habile
Nous nous déroberons du côté d'Yenville. »
Plein d'admiration, le duc dit tout à coup :
« Que penser de l'agneau qui va s'offrir au loup?
Quel est donc ton courage, ou plutôt ton audace,
Enfant, pour t'exposer seule et suivre la trace
D'un ennemi cruel qui t'en veut à la mort?
Tu sais que les Anglais te pendraient sans remord,
Qu'ils sont vengeurs à froid, que leur haine est terrible !
As-tu donc le pouvoir de te rendre invisible,
Pour aller les braver et passer si près d'eux,
Chose que n'eût pas faite un soldat hasardeux ?
— Point n'ai souci, beau duc, du sort qu'on me réserve !
Les voix d'en haut disaient : L'ennemi vient ; observe !
Et j'aurais traversé leurs rangs au beau milieu,
Sachant que je marchais sous le regard de Dieu !
Mais, si la destinée à tous est inconnue,
Mon heure, je le sais, n'est pas encore venue.
Maintenant, dit Jehanne, apprenez-moi pourquoi
Vous m'avez demandée et ce qu'on veut de moi. »
Le duc lui répondit : « Les avis se partagent,
Les uns voudraient le choc, les autres nous engagent
A laisser prudemment s'éloigner l'ennemi ;
Redoutant un échec, je me range parmi
Ceux qui ne veulent point charger l'armée anglaise. »
Chabannes répliqua, bouillant : « A Dieu ne plaise !
Nous verrions défiler les Anglais devant nous
Sans crier halte-là ! Seigneur duc, libre à vous
De les laisser partir sans payer leur passage !

Moi, fidèle à mon nom comme à mon vieil adage,
Je ne céderai point, et, dussè-je y périr,
Ils ne s'en iront pas d'ici sans coup férir !
— Vous aurez avec vous tous ceux qui se croient braves,
Chabannes! opina Choiseul, seigneur de Traves[1] !
Je vous suivrai sans peur, et quand je serais seul !
Il ne sera pas dit que l'on v t un Choiseul
Reculer à l'aspect d'une armée étrangère !
— Jehanne, apprenez-nous ce que Dieu vous suggère,
Dit le duc indécis. — Chevaliers et barons,
Monseigneur, attachez vos meilleurs éperons ;
Vous en aurez besoin, l'action sera chaude !
Les Anglais, attaqués comme à la billebaude,
Fuiront au premier choc à pas précipités.
Ils essairont d'entrer dans les murs des cités,
Mais nous les poursuivrons sans repos, sans relâche.
Or, que chacun de nous songe à remplir sa tâche !
Les Anglais, décimés, vaincus jusqu'au dernier,
Laisseront dans nos mains leur Talbot prisonnier. »
Jehanne, s'adressant ensuite au connétable :
« Je tiens à vous prouver que ce n'est point le diable,
Dit-elle en souriant, qui me porte avec lui !
Venez, et par Jésus, nous avons aujourd'hui
A gagner pour la France une belle victoire !
Vous aurez, vous aussi, large part de la gloire,
Et certes nous serons très bons amis demain ! »
Richemont, s'approchant, vint lui baiser la main.
« Je t'accompagnerai, dit-il, belle guerrière,
Partout mon étendard soutiendra ta bannière,

Car je vois à présent que le Seigneur permet
Les succès merveilleux que ta voix nous promet !
Je n'ai plus qu'un désir, reçois-en l'assurance :
Terrasser l'Angleterre et relever la France !
— O Jehanne, à ta perte iras-tu donc toujours ?
La France t'interdit d'aventurer tes jours.
Ah ! Prends garde à ta gloire et prends garde à ta vie !
Lui murmura La Hire. Ignores-tu l'envie
Que cet homme au cœur vil fomente contre toi ?
— Qu'importe ? répondit Jehanne, il sert le Roi !
Pour moi, je ne crains rien, j'ai le Ciel qui me garde.
Allons, ajouta-t-elle, en avant ! Il me tarde
De voir fuir les Anglais devant nos étendards ! »
Cependant que La Hire assemblait ses soudards,
Il vit venir à lui Chabannes La Palice.
« Je connais, lui dit-il, l'astuce et la malice
D'Artus de Richemont, mais n'appréhendons rien :
Mon coup d'œil est au moins aussi prompt que le sien ;
Je le suivrai de près, et, s'il trahit Jehanne,
Je lui ferai rentrer son cimier dans le crâne
D'un coup de gantelet comme j'en sais donner ! »
On entend de nouveau les tambours résonner ;
Le bruit des voix se mêle au cliquetis des armes ;
Les appels du canon, la clameur des alarmes
Font tressaillir la plaine épouvantablement.
Le signal est donné, les Anglais hardiment
Se forment en carré pour soutenir l'attaque ;
Mais les canons chargés, qu'on amène et qu'on braque
Ont jeté le désordre et la peur dans leurs rangs.

« C'est là qu'ils vont payer le combat des Harengs !
Crie en piquant des deux le valeureux Chabannes.
Falstaff, il faut surseoir aux folles caravanes
Et régler notre compte à tous deux aujourd'hui ! »
Falstaff, en l'entendant, voudrait foncer sur lui ;
Il a déjà levé sa formidable lance,
Quand le prudent Talbot à ses côtés s'élance :
« Imprudent ! Quels démons acharnés à ton sort
Te poussent aveuglé sous la faulx de la mort ?
Ne connais-tu donc plus celui qui te défie ?
L'Angleterre et l'armée ont besoin de ta vie,
Réserve ton courroux pour des instants meilleurs,
L'honneur et le devoir nous appellent ailleurs.
Viens, rassurons nos gens prêts à fuir en désordre,
Et gagnons Meung ! » Il dit, et soudain, donnant l'ordre
D'opérer la retraite, il entraîne en secret
Falstaff humilié qui le suit à regret.
Mais Jehanne a compris leur stragème : « Ils rompent !
Or, s'ils croient échapper à nos coups, ils se trompent !
Attaquez-les, dit-elle, et frappez à grands coups !
Ils fuiront, mais, ce soir, leurs chefs seront à nous ! »
Jehanne en cet instant a l'accent d'un prophète ;
Elle est transfigurée, on dirait que sa tête
Porte le nimbe d'or des élus glorieux ;
Ses traits resplendissants, son regard radieux,
Sa foi dans le succès, sa parole inspirée
Enflamment les esprits, rendent l'âme assurée ;
Telle, aux temps de la Bible, apparut dans Béthel
Débora conduisant les enfants d'Israël.

Cependant, sous l'éclat des feux de la bombarde,
La Hire et Beaumanoir, dirigeant l'avant-garde
Sur le carré disjoint, s'avançant, appuyaient
Les soudards exaltés, et les Anglais fuyaient.
« Frappez, frappez toujours, poussez-les par la plaine,
Ne leur laissez le temps, ni de reprendre haleine
Ni de se retourner ! s'écriait Beaumanoir.
La Pucelle a prédit qu'on les aurait ce soir ! »
Et les Anglais fuyaient, effarés, en déroute...
Ils fuient encore, ils fuient, semant partout la route
De morts et de blessés qu'ils n'ont pu secourir.
Talbot les encourage à gagner les murailles.
Sur Meung, qu'ils croient atteindre, on les voit accourir.
« Là, dit-il, nous serons à l'abri des batailles,
Les remparts sont épais, les Français n'oseront
Assiéger la cité quand nos gens y seront. »
Il dit, et les Anglais, redoublant de vitesse,
Ont vu se profiler déjà la forteresse,
Et sur l'azur du ciel se dessiner ses tours;
On distingue à l'œil nu les créneaux, les contours
Des massifs bastions, des ponts, des plates-formes.
Mais ces tours, qui de loin semblaient des tours énormes,
Diminuent à l'approche, et la réalité
Montre à leurs yeux déçus que l'étroite cité
Ne pourrait contenir au plus que deux mille hommes.
« Amis, cria Talbot sans faiblir, nous ne sommes
Pas très loin de Patay, courons-y d'un effort !
Les bois qui sont autour vaudront mieux que ce fort
Pour nous mettre à couvert d'une attaque française.

Volons-y, nous pourrons nous reposer à l'aise,
Organiser la lutte à l'abri des forêts,
Et quand nos ennemis viendront, nous serons prêts ! »
On le suit, on arrive, on se met en défense.
Soudain le bruit du fer vient troubler le silence,
Remplissant les échos des vallons et des bois.
Bientôt paraît Jehanne, et l'on entend sa voix,
Haranguant les guerriers qu'elle entraîne à sa suite.
Les Anglais n'auront plus de recours dans la fuite ;
Il leur faut à cette heure accepter le combat.
Au son de la trompette et du tambour qui bat,
L'héroïne au cœur fort que le Seigneur protège,
Devinant la tactique et tout l'art du stratège,
Fait ranger son armée et s'écrie : En avant !
Aussi prompts que la foudre, aussi prompts que le vent,
Les Français, à ce cri, sur les Anglais se ruent ;
L'affreux bruit qui s'entend quand les hommes se tuent
Surgit de la mêlée épouvantable ; on sent
Le courant du boulet qui passe en mugissant ;
Mais Jehanne est sans peur, elle avance, elle approche
Sous la flèche et les traits que l'Anglais lui décoche,
On la voit pénétrer au plus fort du danger ;
Oubliant que sur elle on cherche à se venger,
Elle exhorte, elle ordonne, et la noble héroïne,
Que l'amour de la France en péril, seul, domine,
Suivant en chef expert de son œil attentif
Les phases du combat qui sera décisif,
Ressemble à l'ange épique animant les batailles.
Cependant qu'elle observe, elle aperçoit Xaintrailles

S'ouvrir les rangs anglais, s'avancer furieux
Sur Talbot qui l'attend, le courroux dans les yeux.
Talbot l'a défié par ces mots pleins de rage :
« Si tu veux avec moi faire assaut de courage,
Viens, et puisqu'on a dit que nous sommes rivaux,
Grand-Écuyer d'un Roi qui n'a plus de chevaux,
On saura de nous deux lequel est le plus brave ! »
Et, ce disant, Talbot clignait de son œil cave
Pour le mettre en fureur. Xaintrailles ne répond
Que deux mots: Attends-moi ! Puis, s'élançant d'un bond,
Lui met sa large épée à deux doigts du visage ;
Talbot pare en rompant ; le duel alors s'engage
Entre ces champions dont l'intrépidité
Est égale en tout point à leur agilité.
Les glaives sont croisés, et les lames grinçantes,
Tantôt fermes, tantôt rapides et glissantes,
Lancent en s'attaquant de sinistres éclairs ;
Leurs tranchants aiguisés et sinistrement clairs,
Dirigés par l'effort de mains fermes et sûres,
Cherchent à s'abreuver dans le sang des blessures.
Français, Anglais, taupins, francs-archers, coustilliers,
Pour suivre le duel de ces preux chevaliers
Font trêve à la bataille et relèvent leurs armes.
Les combats singuliers ont toujours eu des charmes
Pour les soldats, qui voient se mesurer entre eux
Les chefs qu'ils ont connus puissants et valeureux.
Talbot, calme, attentif, sait par d'habiles feintes
De son bouillant rival éviter les atteintes ;
Il rompt vivement, pare, et revient promptement

Sur Xaintrailles qui frappe avec acharnement.
On entend sous le choc ardent des deux épées
Gémir l'acier brillant des cuirasses frappées.
Pourtant Talbot, toujours prompt à se garantir
Du fer dont un seul coup pourrait l'anéantir,
Prend l'attaque à son tour, se fend, porte à Xaintrailles
Un coup droit, qui, glissant sur l'acier de ses mailles,
En remontant l'atteint entre la joue et l'œil !
Talbot, se redressant, contemple avec orgueil
La blessure et le sang, dont les filets jaillissent.
Les vivats des Anglais pour Talbot retentissent.
« Je ne suis point encore au rang des prisonniers,
Anglais ! Riront bien ceux qui riront les derniers !
Bientôt j'aurai raison du paon qui fait la roue ! »
Puis, essuyant le sang qui lui rougit la joue,
Xaintrailles se relève et revient aussitôt
Attaquer avec plus d'ardeur le froid Talbot.
Mais, dans l'emportement fougueux qui le maîtrise,
Au premier coup porté sa lame en deux se brise,
Et les Anglais de rire encore ! Incontinent,
Furieux de ce rire énorme, impertinent,
Saisissant à deux bras son rival par la taille,
Il l'enlève , il l'emporte à travers la bataille
Jusqu'aux pieds de Jehanne et du duc d'Alençon !
Ce mode d'amener un rival à rançon
Excite dans les rangs français un rire immense.
La bataille, en suspens un instant, recommence
Avec plus de fureur encor qu'auparavant.
Beaumanoir et Dunois reviennent en avant ;

Les gens du Roi, suivis de ceux du connétable,
Font bientôt un carnage atroce, épouvantable
Des francs-archers anglais, soldats infortunés
Retenus au combat par des chefs obstinés.
Vains efforts ! Retarder l'instant de la retraite
Ne fait plus qu'aggraver l'horreur de la défaite
Et prolonger sans but un combat trop sanglant.
Les lueurs de l'acier sous un soleil brûlant
Éblouissent les yeux des ennemis qui frappent,
Et les Anglais, vaincus, en désordre s'échappent,
Laissant entre les mains de leurs vainqueurs heureux
Leurs chefs les plus experts et les plus valeureux.
Seul Falstaff se dérobe et parvient à grand peine,
Grâce à son destrier, à regagner la plaine.
Tel fut de ce combat le succès glorieux
Qui, vengeant tout le sang versé par nos aïeux,
Porta le coup fatal à la puissance anglaise !
Patay, c'est dans tes champs que la valeur française,
Abattue un instant, s'affirma de nouveau,
Renversant le colosse Anglais sous son drapeau !
Oh ! ce fut une grande et fameuse journée
Que celle qui, changeant la sombre destinée,
Anéantit enfin l'espoir de l'étranger !
Bénissez Dieu, Français ! Il vous aide à venger
Le revers d'Azincourt, qui vous mit en détresse !
Célébrez ce grand jour par des champs d'allégresse,
Acclamez l'héroïne au cœur puissant et fort,
Qui met son pied sur l'hydre en défiant Bedford,
Et qui rend la victoire à la France alarmée !

En un mois, son génie a détruit cette armée
Dont vous avez subi le joug pendant huit ans ;
Elle a guidé vos pas sous les murs d'Orléans,
Délivré les cités, et toutes ces merveilles,
Ces actions d'éclat qui seront sans pareilles,
Ces glorieux exploits vengeurs des fleurs-de-lis,
Souvenez-vous, ô Rois, qu'ils se sont accomplis
Par l'inspiration d'une simple bergère,
Par le bras d'une vierge aux combats étrangère,
Et que ce vaillant bras qui guida nos drapeaux
A tenu la houlette et conduit les troupeaux !...

NOTE DU CHANT XI

[1] Pierre II de Choiseul, dit de Traves, chevalier, seigneur de la Porcheresse, Dracy-le-Fort, etc., époux de Catherine de Ragny, fils de Jehan de Choiseul-Traves, chevalier, et d'Agnès de Pontaillier, — descendait au huitième degré de Raynald III, sire de Choiseul, époux d'Alix de France, dite de Dreux, dame de Salins et de Traves, arrière-petite-fille de Louis VI, roi de France, et d'Alix de Savoie.

XII

Comment Jehanne d'Arc, que le Roi était venu rejoindre à Troyes en Champagne, s'empara de cette cité, et comment elle assura le Roi qu'elle le mènerait bientôt sacrer à Reims.

Dieu dirigeant son bras, son génie, et sa gloire,
Jehanne avait marché de victoire en victoire.
Elle est joyeuse et fière, elle touche à son but :
Les Bourguignons d'Auxerre ont payé le tribut ;
Son nom déjà suffit pour gagner des batailles :
En voyant sa bannière approcher des murailles,
Saint-Florentin aussi s'est soumis à son tour.
Son cœur bat : elle a vu se lever l'heureux jour
Où le Roi, qu'elle attend et qu'elle veut faire oindre,
Avec ses chevaliers est venu la rejoindre.
Tous ses vœux sont bénis, ils s'accompliront tous,

Maugré les courtisans, maugré les cœurs jaloux.
Cependant deux cités barraient toutes les voies
De Reims, où l'on marchait. La première était Troyes,
La seconde Châlons, et la première avait
Dix mille archers anglais dans ses murs ; on savait
Toutefois que le peuple et que l'échevinage
Abhorraient l'étranger dont le dur patronage
Était plus onéreux que le joug d'un vainqueur.
Or donc, les citadins étant gagnés de cœur
Au parti de la France, il devenait facile
D'expulser les Anglais oppresseurs de la ville.
Et Jehanne avait dit : « L'armée est prête : allons ! »
Autour de la cité, les côteaux, les vallons
Regorgeaient de soldats. On voyait sur les tentes
Flotter les gonfanons aux couleurs éclatantes
Et l'auguste oriflamme étaler ses longs plis,
Dont les feux du soleil doraient les fleurs-de-lis.
Taupins et soldoyers murmuraient, las d'attendre.
Jehanne avait fait dire aux Anglais de se rendre,
Mais leurs chefs empêchaient, en répandant l'effroi,
Les citadins d'aller offrir leurs clés au Roi.
« Tous ces goddams d'Anglais ont la tête très dure,
Dit en riant La Hire, et si ce jeu-là dure
Encore un jour, je vois que, foi de chevalier !
Il va falloir, par Dieu ! leur donner du bélier
A rempart que veux-tu ! » Ces propos faisaient rire
Les soldoyers. D'ailleurs, tous approuvaient La Hire
Pour ce qu'il était brave et rude escarmoucheur.
On savait qu'il cachait sous sa peau d'écorcheur

Un cœur tout paternel pour l'ost et les gens d'armes.
Les vieux routiers, rompus à toutes les alarmes,
L'œil au guet, attendant, semblables aux vautours,
Le signal d'appliquer l'échelle aux flancs des tours,
Aiguisaient les corbins et les fers de leurs flèches.
Les briseurs de créneaux et les batteurs de brèches,
Jaloux de prendre part au hardi coup de main,
S'entretenaient, joyeux, des faits du lendemain.
Pendant ce temps, les chefs assemblés sous la tente,
Discutaient sans pouvoir arriver à l'entente.
Les uns voulaient l'assaut ; d'autres répondaient : non !
On prendrait la cité sans tirer le canon,
Puisqu'enfin les Anglais étaient prêts à la rendre.
Et Jehanne disait : « Pourquoi toujours attendre
Et différer encor, quand un peuple soumis
Au joug humiliant et dur des ennemis
Nous appelle et nous tend les mains ? Pourquoi sans cesse
Repousser sa prière ? En avant ! Le temps presse !
Le succès, messeigneurs, est un maître inconstant !
Ne laissons point passer l'occasion ! — D'autant,
Observa rudement l'impatient La Hire,
Que l'armée est déjà moins facile à conduire,
Et je l'ai constaté depuis longtemps, hélas !
Les chefs sont harassés et les taupins sont las.
On s'ennuie à la fin de courir l'aventure,
De frôler les buissons, de coucher sur la dure,
D'avoir le casque en tête et la cuirasse au dos ;
Chacun rêve un bon lit pour reposer ses os ;
Chacun regrette un peu son manoir, sa cabane,

Ses fiefs, ses champs; — aussi, j'en conclus que Jehanne
Nous donne un bon conseil ! Donc, messeigneurs, il faut
Préparer le canon et monter à l'assaut !
— Va pour l'assaut ! Je suis pour l'assaut ! dit Saintrailles.
Qu'on nous dispute ou non ces tours et ces murailles,
Jehanne a bien pensé de nous dire : En avant !
— A se hâter d'agir on s'est trompé souvent !
Le mieux serait d'attendre un temps plus favorable ;
C'est l'avis que m'écrit monsieur le connétable,
Dit Laval. — Celui-là, lui répliqua Gaucour,
Est-il franchement contre nous ou bien pour ?
C'est un homme, à mon sens, que l'on voit sans vergogne
Tantôt aller à France et tantôt à Bourgogne.
Dans tout projet, il voit son intérêt d'abord !
Son avis ne m'est rien, et j'agirai d'accord
Avec Jehanne et ceux qui voudront la bataille.
Laissons le connétable à ses lauriers, qu'il taille
Croupières à l'Anglais dans les pays Normands,
Qu'il soit vainqueur partout, d'Yvetot jusqu'au Mans,
Qu'il reste à sa besogne, et nous, faisons la nôtre !
-- Mon avis n'est pas loin de ressembler au vôtre,
Lui répondit Villiers, mais on doit, cependant,
Au cas dont il s'agit être habile et prudent.
Si nous sommes si prompts à donner de la tête
Contre ces murs épais d'où l'ennemi nous guette
Et peut nous repousser, qu'adviendra-t-il demain,
Quand nous aurons perdu l'honneur du coup de main?
— Villiers s'est exprimé comme le sage Ulysse !
Il faut tout bien peser avant d'entrer en lice,

Ou plus tard, dit Girème, il nous vient des remords !
— Toi, tu parles toujours par les gens qui sont morts !
Malgré tous tes héros et tes rois de la Grèce,
Je dis qu'il faut donner l'assaut, que le temps presse !
Trop de prudence ici serait hors de saison,
Lui répliqua La Hire, et Jehanne a raison :
L'armée est lasse enfin de dormir sur les fanes !
— Et de manger son pain dur ! ajouta Chabannes.
Moi, je suis partisan de l'assaut, car voilà
Déjà plus de trois ans qu'on est sur ce pied-là !
J'aime la guerre aussi, mais je n'ai point envie
De moisir dans les camps et de passer ma vie
Sans quitter un instant la lance et le cimier.
Jehanne, à vos côtés je serai le premier.
Je ne suis pas de ceux qu'offusque votre gloire,
Et tous les cœurs ingrats, jaloux de la victoire,
N'influenceront point mon plan déterminé.
Ayant tout bien pesé, tout bien examiné,
Je soutiens fermement que vous avez, Jehanne,
Ici comme partout, maugré que l'on chicane,
Le plus sain jugement que l'on pourrait avoir,
Et j'affirme avec vous que le moyen de voir
Refleurir le pays, trop longtemps en souffrance,
C'est de rendre au plus tôt Paris au roi de France ;
Car que serait le Roi sans Paris, après tout ?
Un comte, un grand vassal comme on en voit partout,
Ne sachant où placer son pouvoir et son trône.
Paris est le premier joyau de la couronne !
Il faut que Charles sept entre à Paris, sinon

Nous le verrons errer d'Orléans à Chinon,
Vivre en seigneur nomade et régner sous la tente.
Plus de prétexte vain, plus de mots, plus d'attente,
Et puisque nous voulons reconquérir Paris,
Il faut que cette ville et ses remparts soient pris,
Que les vautours anglais n'aient plus aires, ni proies !
Or, ne les laissons pas un jour de plus à Troyes ?
Marchons, suivons Jehanne, et qu'on ne dise plus
Que son conseil n'est pas le meilleur! Au surplus,
Libre à qui le voudra de rester en arrière !
Moi, quand je serais seul, je suivrai sa bannière !
— Vous ne serez pas seul, interrompit Dunois,
Car vous avez La Hire et moi qui feront trois.
— Quant à moi, s'écria Nicolas de Girème,
Vous pouvez me compter comme le quatrième.
— Te voilà décidé ! dit Raoul de Gaucour.
Tantôt, il me semblait que tu tournais autour
Du projet d'assaillir, que tu blâmais la hâte !
— Dans tout cela, je suis un peu comme Pilate :
Je m'en lave les mains si nous n'arrivons pas!
Lui repartit Girème. Et puis, dans tous les cas,
Cela me fournira l'occasion d'occire
Quelques Anglais encor ! — Vive Dieu ! dit La Hire,
Les autres nous suivront si tel est leur plaisir !
— Puisqu'il en est ainsi, nul n'a plus à choisir :
Allons, rends-toi, Laval ! » dit Poton de Xaintrailles.
Et Laval répondit : « Je vous suis ! Aux murailles !
Il ne sera pas dit que Laval ait tourné
Le dos à l'ennemi. Donc, assez ajourné !

A l'assaut ! Aux remparts ! Et vive la Pucelle ! »
Une heure après, au camp, sonnait le boute-selle ;
La rumeur était grande et les tambours battaient ;
Les chefs rangeaient leurs gens, les drapeaux s'agitaient,
Les cœurs vibraient d'espoir. Aux clartés de l'aurore,
Anglais et Bourguignons, récalcitrants encore,
Ayant vu les fortins entourés, les remparts
Cernés par les Français massés de toutes parts,
L'héroïne avancer, les artilleurs la suivre
Avec les serpenteaux et les canons de cuivre,
Sentant qu'ils n'étaient pas au bout de leurs méchefs,
Se mirent à trembler malgré la voix des chefs.
Toutefois leur honneur les appelle à la lutte,
Et, bien que tout leur fasse entrevoir une chute,
On les voit hardîment monter sur les créneaux,
Apprêter les canons, pointer les fauconneaux ;
Dejà leurs francs-archers se sont mis en défense ;
Mais Jehanne, intrépide, aux pieds des murs s'avance,
Sa bannière à la main, et, sous les yeux du Roi,
Fait combler les fossés de fascines. L'effroi
Ressaisit les Anglais. Ils voient tomber les chaînes
Du premier pont-levis ! Les plus vieux capitaines
Ne peuvent se lasser d'admirer le coup d'œil,
Le talent de Jehanne, ordonnant sans orgueil,
Dirigeant tout avec son énergie innée.
L'entreprise du siège est si bien combinée
Que tous ces chefs, pourtant réputés valeureux,
Experts et renommés, la louangent entre eux.
Ce sont le fier d'Albret, La Fayette, Vendôme,

Louis, duc de Bourbon, Valperga, gentilhomme
Qui ne tremblerait pas de défier Satan,
Chauvigny, d'Argenton, Perdriac et Dinan,
L'homme aux coups décisifs mais aux paroles brèves,
Robertus le Maçon, écuyer, sieur de Trèves.
On compte encor parmi ces vaillants chevaliers
Le seigneur du Boschet, Brussac, Florent d'Illiers,
Pierre et Samson Testu [1], co-seigneurs de la Grange,
Cités pour leur valeur et pour leur force étrange,
Séverac, Montboissier, La Trémouille et Beauvoir [2].
Tous vantent l'héroïne et courent pour la voir.
Les Anglais vont donner, quand un nouveau prodige
Vient de Jehanne encore augmenter le prestige ;
Au moment où la Vierge est au premier rempart,
Agitant dans les airs son brillant étendart,
Un flot de papillons de ses plis se dégage,
La caresse, l'entoure ainsi qu'un blanc nuage,
La suit en voltigeant. Anglais et Bourguignons,
Apercevant Jehanne et ses blancs compagnons,
Regardent stupéfaits ce merveilleux spectacle ;
Mais les gens de la ville, eux qui croient au miracle,
Acclament l'héroïne, en montant sur les tours.
Et les blancs papillons l'accompagnent toujours !
La Vierge aux citadins sourit et les exhorte
A revenir au Roi, car le Roi leur apporte
Tout ce qu'ils ont perdu, la paix, la liberté !
« Venez à lui, venez ! dit-elle avec fierté. »
Alors les citadins, dans un élan sublime,
Arborant les couleurs de leur roi légitime,

Chassent les Bourguignons, insultent les Anglais,
Et l'évêque [3], à leurs yeux, sortant de son palais,
Suivi de son chapitre et d'un notable édile,
Vient présenter au Roi les clés d'or de la ville.
Le lendemain, au clair d'un radieux soleil,
Le Roi fit son entrée en pompeux appareil.
Son cœur joyeusement battait dans sa poitrine.
On voyait près de lui la vaillante héroïne,
Chevauchant fièrement sur un blanc palefroi.
Et le peuple admirait, presqu'à l'égal du Roi,
Celle qui lui faisait retrouver son royaume.
Elle avait tant de grâce et d'attraits sous le heaume
Qu'on ne regardait plus les brillants chevaliers
Qui les suivaient, parés de leurs riches colliers,
De leurs manteaux de pourpre et de leurs dalmatiques.
Sa présence excitait des vivats frénétiques ;
Prêtres, maire, échevins, grands seigneurs, bourgeois, tous
L'acclamaient, et le Roi, loin d'en être jaloux,
A ces transports semblait prendre un plaisir extrême.
Charles reconnaissant encourageait lui-même
Le peuple à faire honneur à la sublime enfant,
Qu'il lui montrait d'un geste auguste et triomphant.
« O citadins, louez, bénissez la Pucelle !
Répétait Charles sept tout ému. Car c'est elle
Qui nous a délivrés des mains des ennemis !
Les tyrans étrangers aujourd'hui sont soumis,
Leur oppression touche à son heure dernière,
Jehanne a tout conduit ! Saluez sa bannière,
Que partout Dieu fait vaincre, et dont les nobles plis

Ont restauré le vieil honneur des fleurs-de-lis ! »
Ayant ainsi parlé, le Roi s'approcha d'elle,
Et Jehanne lui dit : « Seigneur, Reims vous appelle,
Et je dois accomplir ce que Dieu m'a prescrit.
Hâtez-vous, car le temps s'avance, il est écrit
Qu'après viendra pour moi le jour du grand voyage !
— Quoi ! tu voudrais déjà partir pour ton village ?
Interrompit le Roi, qui ne soupçonnait pas
Le vrai sens de ces mots, tristes comme un trépas.
Va, ne nous quitte point, Jehanne, attends encore !
Notre jour glorieux n'en est qu'à son aurore.
Pourquoi vouloir si tôt t'éloigner de la cour ?
Reste, le peuple t'aime, et je veux à mon tour
Largement te prouver toute ma gratitude !
Ne te dérobe pas à ma sollicitude ! »
Jehanne, en souriant au Roi, lui répondit :
« On ne peut éviter ce que le Ciel prédit !
Or mes voix, cher Seigneur, depuis peu sont venues
De nouveau m'annoncer des choses inconnues,
Me pressant d'activer le glorieux moment
Marqué pour votre sacre et le couronnement.
Hâtons-nous de sortir des murs de cette ville
Pour chasser l'ennemi, dont la rage inutile
Met Châlons entre nous et Reims ! Cher Sire, allons !
Bientôt Reims vous verra, car nous prendrons Châlons ! »

NOTES DU CHANT XII

[1] Pierre Testu, écuyer, seigneur de la Grange en Saint-Georges-sur-Cher, fit foi et hommage à Charles VII pour ce fief en 1442. Samson, dit Samsonnet Testu, son frère, renommé pour sa force prodigieuse, servit au moins jusqu'en 1451 ; à cette date, il figure en qualité d'homme d'armes dans la montre de la compagnie des Ordonnances du Roi commandée par Renaud du Dresnay, bailli de Sens. Gérard Testu, frère des précédents, abbé de Sainte-Marie de la Valette (diocèse de Tulle), mourut le 26 avril 1433. Gilles Testu était en 1453 homme d'armes des Ordonnances dans la compagnie du comte de Dammartin. La terre et seigneurie de Balincourt fut érigée en titre de marquisat, en faveur de cette noble famille, par Louis XV au mois de juillet 1719. Elle est très anciennement originaire du Maine, où vivaient en 1098 Geoffroy Testu, et en 1247 Guillaume Testu et sa femme, bienfaiteurs du monastère de Vivoin.

[2] J'aurais voulu pouvoir inscrire dans ma *Chronique* les noms de toutes les familles encore représentées de nos jours, dont un ou plusieurs membres prirent part à la grande guerre nationale, de 1415 à 1449 ; c'eût été, en quelque sorte, moderniser mon récit, en reliant directement le passé au présent, en montrant dans de chevaleresques familles l'admirable perpétuité des traditions d'honneur et de patriotisme. Je veux, du moins, rappeler un ancêtre de mon ami le vicomte de Poli ; ce me sera faire acte de justice et de gratitude. « Pierre Pauli », écuyer, était au service de Charles VI, en 1421, dans la compagnie de Pierre Houël, chevalier. Avant lui, en 1379, « Nicolas

Pauli » avait été au service de Charles V en qualité de connétable d'une compagnie de vingt arbalétriers. A ce vieux lignage militaire, originaire du comté de Nice au onzième siècle et constamment fidèle à la France, appartenaient aussi Jérôme de Poli, chef d'escadre au service de Henri II ; François de Poli, capitaine d'une compagnie de carabins au service de Henri IV, et tué à l'assaut de Paris ; Pierre de Poli, colonel du régiment de Saint-Cassin ; François-Gabriel de Poli, comte de Saint-Tronquet, maréchal des camps et armées du roi Louis XIV ; Philippe, comte de Poli, chef de bataillon au 21e de ligne, chevalier de la Légion d'honneur, tué en 1848 à Orléans en réprimant l'insurrection, et à qui cette ville a érigé dans le cimetière Saint-Vincent un monument de sa reconnaissance. Ce vaillant officier supérieur était le père de mon cher et vieil ami.

[3] Jehan l'Esguisé, maître-ès-arts, bachelier en droit civil, licencié en droit canon, chanoine de Troyes, fut élu évêque, le 12 juin 1426, par le chapitre de Troyes, qui avait encore ce privilège. Ce fut à ses exhortations que les Troyens ouvrirent leurs portes au Roi. Son père, Huet l'Esguisé, était teinturier et possédait la belle maison appelée « l'hostel de Clervaux », qui, plus tard, appartint aux Camusat de Riancey (Bibliothèque du Roi, *Collection de Champagne,* CVIII, 103). En reconnaissance du patriotique service que lui avait rendu l'évêque de Troyes, Charles VII l'anoblit, ainsi que son père, ses frères, ses sœurs, et toute leur postérité, « quoy qu'ilz feussent desjà nobles d'origine ». La famille l'Esguisé était en effet un rameau appauvri de l'ancienne maison de Dormans, ce qui est relaté dans les lettres d'anoblissement. Le glorieux évêque mourut à Paris le 3 août 1450 et fut inhumé dans la cathédrale de Troyes.

XIII

Comment, à Reims, Jehanne d'Arc assista au sacre du Roi Charles VII, et comment Jacques d'Arc, son père, la bénit.

Noël ! Un peuple immense emplit la cathédrale ;
Le chant majestueux qui des orgues s'exhale
Fait tressaillir la voûte aux gothiques arceaux ;
Aux parois, les drapeaux appendus par faisceaux
Reflètent les couleurs sombres, tendres ou vives
Que le soleil allume au vitrail des ogives ;
L'airain des hauts clochers vibre en fendant les airs ;
Et voici que le Roi, précédé par ses pairs,
Entre aux cris d'allégresse, aux vivats de la foule !
Les quatre chevaliers gardant la Sainte Ampoule
Se sont, en attendant le moment solennel,
Groupés, l'épée en main, au-devant de l'autel.
Les pairs, les maréchaux, les ducs, les hérauts d'armes,

Les cent gardes-du-corps, soutenant leur guisarmes,
Tous richement parés, présentent un coup d'œil

Que contemple le peuple avec un noble orgueil.
Le front nu, rayonnant, selon l'usage antique
Charles a revêtu la blanche dalmatique.
S'il a connu trop tôt les chagrins, les revers,
Ce jour vient effacer l'horreur des maux soufferts.
A l'amour des Français son grand cœur s'abandonne
Plutôt qu'à tout l'éclat que la Royauté donne ;
Il n'a qu'un but, qu'un vœu, qu'un dessein généreux,
Celui du Souverain qui rend son peuple heureux.
Mais il pénètre au chœur du temple, il s'agenouille.
On voit à ses cotés Jehanne et la Trémouille.
Ce dernier tient le lieu du connétable absent ;
Il a peine à celer tout l'orgueil qu'il ressent
D'avoir, par le secret d'une adroite cabale,
Remplacé Richemont dans la faveur royale,
Et, remplissant sa charge, il semble auprès du Roi
Dire : « Le Roi chrétien n'est que mon ombre, à moi ! »
Pour Jehanne, elle est là toujours simple et modeste ;
Quoique le sacre soit son œuvre, et tout l'atteste,
Debout auprès du Roi, priant, l'épée au flanc,
Elle exulte, ombrageant de son étendart blanc
Ce front qui va porter le poids d'une couronne.
Mais la Vierge qui vient de relever le trône,
Rapportant son triomphe à Dieu, maître éternel,
Garde une humble attitude en ce jour solennel.
Cependant, vers le Roi prosterné dans l'enceinte,

L'archevêque et ses clercs, apportant l'huile sainte,
S'avancent en chantant les versets glorieux.
Quand ils sont près du Roi, d'un mouvement pieux
Le prélat sur son front répand le Chrême insigne :
« Sois consacré, cher fils, lui dit-il, par le signe
Dont saint Remy scella le pouvoir de Clovis !
Sois juste et droit de cœur, sois fidèle, ô mon fils !
Que l'Esprit du Seigneur guide à jamais ta marche!
Règne avec l'équité de l'ancien patriarche,
En n'oubliant jamais que le Roi très chrétien
De l'Église et du pauvre est né le vrai soutien ! »
L'archevêque, à ces mots, lui ceignant la couronne :
« Souviens-toi, reprend-il, que c'est Dieu qui la donne,
Et deviens le gardien du peuple et son amour ! »

Or, voici que du sein du céleste séjour,
Pour honorer ce fait inoubliable, auguste,
Des vingt aïeux du Roi le plus saint, le plus juste,
Le grand héros chrétien, orgueil de nos autels,
Voilé par un nuage aux regards des mortels,
Saint Louis s'associe au bonheur de la France !
Il verse dans les cœurs ouverts à l'espérance
Tout l'amour que son peuple éprouvait autrefois
Pour lui, le plus humain, le plus divin des Rois !
Personne, si ce n'est l'héroïne inspirée,
N'aperçoit le saint Roi traversant l'empyrée ;
Elle seule entre tous a reçu le pouvoir
D'entendre sa parole et celui de le voir.
Or le saint Roi lui dit ! « Jehanne, une autre gloire

T'est réservée au Ciel ! Tous ces jours de victoire
Pour toi ne vaudront pas un instant du bonheur
Qui t'attend dans le règne éternel du Seigneur !
Avertis-en le Roi, dis-lui que Dieu t'appelle ! »
Cédant à ce conseil sacré, la jouvencelle
Devant le Roi surpris a fléchi les genoux :
« Sire, Orléans est libre et la France est à vous !
Dit-elle. Or le désir de la grâce infinie
Est satisfait, cher Sire, et ma tâche est finie !
— O Jehanne, héroïque enfant, lui dit le Roi,
Pourquoi te prosterner humblement devant moi ?
De mon bonheur présent n'es-tu pas l'ouvrière ?
Viens partager ma joie, et que la France entière
Te voie à mes côtés, toi qui fus mon appui,
Et non à mes genoux ! Lève-toi, qu'aujourd'hui
L'on sache que l'éclat du trône et la puissance
Ne m'ont point détourné de la reconnaissance,
Et je veux que tu sois désormais à toujours
Mon meilleur conseiller, le flambeau de mes jours ! »

Comme il parlait encor, traversant la verrière,
Un rayon de soleil inonda de lumière
Les traits de l'héroïne et son armure. Alors
Le peuple, émerveillé, par de nouveaux transports
Et par de nouveaux cris la salue et l'acclame.
Dunois, dans cet instant, sent revivre en son âme
L'indicible penchant qu'il n'a pu dominer ;
Devant le front si pur qu'il voit s'illuminer,
Devant la majesté dont luit ce doux visage.

Son amour se réveille, étouffant son courage.
Il revient, frissonnant, à ses vœux superflus
Et voudrait espérer quand il n'espère plus.
Oubliant sa promesse et le saint toit du temple,
Dunois, d'un œil épris, longuement, la contemple,
Et si l'ange, qui veille attentif nuit et jour
Sur Jehanne, montait à l'immortel séjour,
Il irait, malgré tout, lui déclarer encore
Cet amour qui l'étreint, l'enivre et le dévore.

Mais sur Jehanne alors tombe un autre regard.
Non loin d'elle, à genoux, se tient un beau vieillard,
Robuste encore et, sous son humble habit de bure,
Vénérable d'aspect et de fière tournure;
Son front large est garni par d'épais cheveux blancs ;
La ceinture de cuir qui s'enroule à ses flancs
Soutient l'estramaçon pesant et l'escarcelle.
La loyauté du cœur dans son œil étincelle;
Il tient du laboureur non moins que du guerrier;
Tantôt on l'aperçoit se pencher et prier,
Egrenant fervemment un chapelet de cuivre ;
Tantôt il se redresse, et les gens le voient suivre
Dans tous ses mouvements Jehanne et l'admirer ;
Et pendant qu'il l'admire on l'entend soupirer !
Quand Charles fut sacré, quand le royal cortège,
Quittant les blancs parvis que saint Remy protège,
Franchissait les degrés du porche, on vit soudain
Le vieillard s'arrêter, faire un signe de main
A Jehanne. Elle aura vu son geste, il l'espère.

Il ne se trompait point ! Elle a crié : « Mon père ! »
Et se précipitant à ses pieds en pleurant :
« Je bénis le Seigneur ! reprend-elle. Il me rend
Le plus grand des bonheurs qui puisse être en ce monde !
Bénissez votre enfant dont la joie est profonde ! »
Le vieillard la bénit et la prend dans ses bras.
« Ma mère est-elle ici ? — Non, tu la reverras
Lorsque tu reviendras dans notre cher village !
— Bientôt donc, si Dieu veut ! — Elle trouve, à son âge,
Que le trajet est long de Reims à Domremy.
Qu'elle a prié pourtant ! Que son cœur a gémi !
Sachant que son enfant conduisait une armée,
Rien ne rassérénait sa pauvre âme alarmée,
Son esprit tenaillé d'un noir pressentiment.
Elle pensait à toi, Jehanne, à tout moment ;
Quand des soldats passaient près de notre chaumière,
On la voyait toujours accourir la première
Pour les interroger. Elle leur demandait
Si tu parlais de Dieu quand ta voix commandait,
Comment tu t'y prenais pour gagner des batailles,
Si tu ne tremblais pas à l'assaut des murailles
Ou quand tu pourchassais les Anglais devant toi,
Enfin s'ils t'avaient vue aussi parler au Roi ! »
Jehanne en soupirant répondit : « Pauvre mère !
Je comprends ses tourments et sa tristesse amère.
Je prie aussi pour elle. Oh ! dites-le lui bien,
Car mon cœur en pensée est souvent près du sien !
Parlez-moi maintenant de Jehannet, mon frère.
— Il désire être grand pour venir à la guerre,

Marcher la dague au poing, les pieds éperonnés,
Et combattre avec toi comme ses deux aînés.
Mais je suis déjà vieux pour mener la culture,
Je commence à trouver la besogne un peu dure,
Mes bras sont fatigués s'il ne sont point perclus;
Jehannet doit m'aider au labour, d'autant plus
Que j'ai sensiblement accru notre héritage.
Je possède un verger au nord de l'hermitage,
Un champ de quatre arpents au-dessous du grand bois,
Près du ruisseau, tu sais, où tu vins tant de fois
Avec ta jeune amie Haumette ? — Haumette est-elle,
Demanda l'héroïne, aussi sage, aussi belle,
Aussi bonne à présent qu'elle était l'an passé ?
Son tendre souvenir ne s'est point effacé
De mon cœur, dit Jehanne, — Haumette est toujours bonne;
Elle doit épouser le fils du grand Sionne,
Un beau gars de vingt ans, travailleur et rangé.
Dans notre cher pays peu de chose est changé ;
Si tu viens, tu pourras très bien tout reconnaître... »
En entendant parler du lieu qui la vit naître,
Des siens, de ses amis, Jehanne eut dans les yeux
Un regard trahissant un désir anxieux ;
Sa pensée était loin du bruit et de la gloire ;
Ses souvenirs d'enfance assiègeaient sa mémoire.
Elle reprit alors d'un accent ferme et doux :
« Père, je voudrais bien m'en aller avec vous !
— Revenir avec moi ! Tu le voudrais, ma fille ?
Oh ! ce serait un grand bonheur pour la famille,
Ta mère en pleurerait de joie ! » — Et le vieillard

Dans son esprit déjà combinait le départ ;
Tous deux ils s'en iraient à petites journées,
Prenant, pour abréger, les routes détournées ;
Ils suivraient le parcours plus direct des sentiers
Et les chemins ombreux, tapissés d'églantiers
Où le soleil d'été met des étoiles blanches,
En entendant chanter les oiseaux sur les branches.
Puis, tout en cheminant, Jehanne conterait
Ses prouesses de guerre ; et puis elle dirait
Ce qu'elle a vu de rare en traversant les villes.
Le soir, on frapperait à des maisons civiles
Pour demander l'abri jusqu'au lever du jour.
Enfin, quand au village on serait de retour,
On reprendrait la vie et les soins de famille.
Le vieillard est souvent comme la jeune fille,
Il a ses rêves d'or qui le rendent heureux.
L'héroïne et son père arrêtèrent tous deux
De partir aussitôt. Déjà le toit champêtre,
L'église au clocher gris, le troupeau, le vieux hêtre,
La fontaine aux rameaux, le mai de Vaucouleurs,
Et les chansons d'Haumette et les chapeaux de fleurs,
Tout faisait oublier maintenant à Jehanne
L'ardent boulet d'airain brisant la barbacane,
Les drapeaux triomphants, les clameurs des guerriers
Et les Anglais fuyant, pressant leurs destriers.
Le souvenir des champs absorbait son idée,
Et Jehanne, au retour se sentant décidée,
Prit la main de son père et vint trouver le Roi :

« O sire, ô mon seigneur, dit-elle, écoutez-moi !
C'est le vœu de mon cœur qui s'ouvre et vous supplie!
Ma mission étant dès ce jour accomplie,
Souffrez que je revienne au foyer paternel.
Par la voir des élus qu'inspire l'Éternel
J'ai su qu'il me fallait regagner ma demeure.
Sire, ma mère est vieille et ma mère me pleure !
Quand je puis assurer, sur la foi des élus,
Que si je tarde un peu, je ne la verrai plus,
O sire, accordez-moi d'accompagner mon père ! »
Charles sept répondit à l'héroïne : « Espère !
Tu reverras ta mère avant longtemps. C'est moi
Qui t'en donne aujourd'hui ma parole de Roi,
Comme de m'acquitter de la dette infinie
De mon royaume envers l'héroïne bénie !
Ton œuvre a complété l'œuvre du grand Clovis,
Car, après Dieu, toi seule as relevé les lis !
Les lis t'en garderont l'éternelle mémoire
En venant s'ajouter en trophée à ta gloire,
Et moi, joyeux d'user du droit qui m'appartient,
Je vous ferai si grands, toi, ton père et les tiens,
Que vous serez au rang des premiers du royaume !
Garde-toi de quitter ta bannière et ton heaume
Autant que nous aurons encore à guerroyer ;
Après, tu reprendras le chemin du foyer !

— Mon seigneur, ô mon Roi, répondit la Pucelle,
Votre munificence envers les miens est telle
Que je ne puis lutter contre votre désir !

Puisque tel est votre ordre, il sera mon plaisir.
Si mon âme est à Dieu, mon bras est à la France !
Sire, quelle que puisse être, un jour, ma souffrance,
Jehanne est près de vous, Jehanne y restera,
Puis advienne de moi ce que le Ciel voudra ! »

XIV

Comment Jehanne d'Arc battit à Lagny l'aventurier Franquet d'Arras, et comment elle fit un miracle en rappelant à la vie un enfant mort afin qu'il pût recevoir le baptême.

« Pour l'amour de la France, avait dit l'héroïne,
Je viens d'outrepasser ma mission divine :
Le Ciel m'en punira, j'en suis certaine, un jour !
Déjà, je n'entends plus mes voix qui tour à tour
M'avisaient, me guidaient, m'exhortaient dans mes transes
Mon cœur est angoissé, j'ai des désespérances,
Il m'a semblé que Dieu se retirait de moi !
Ce n'était, cependant, que pour servir le Roi
Si j'ai repris le casque et la cotte de maille ! »
Elle avait dit cela, le soir de la bataille
Qui délivra Lagny des Anglo-Bourguignons ;
Pourtant aucun des chefs, ses vaillants compagnons,
N'avait agi mieux qu'elle en ce jour mémorable ;
Jehanne avait montré son courage admirable

Pour vaincre et disperser les huit cents scélérats
Dont le très digne chef était Franquet d'Arras.

. . . .

. . . .

Tout cruel qu'il était, Franquet n'était point lâche;
Soldé par la Bourgogne et les Anglais, sa tâche
Consistait à se battre en bandit, à piller,
Et Philippe le bon l'avait fait chevalier,
Parce que ce transfuge avait, selon ses vues,
Dans ses chocs clandestins, ses luttes imprévues,
Tué plus de Français, surtout de paysans,
Que tous les chefs anglais en bataillant six ans.
Franquet, fort comme Hercule et de haute stature,
Inspirait la terreur, étant de sa nature
Le héros de l'embûche et du vil guet-apens;
Ajoutant l'avarice à ses moyens rampants,
Ne vivant que de vol, de rapt et d'arbitraire,
Il eût pour un denier mis au gibet son frère,
S'il eût saisi son frère au milieu des combats !
Quand on l'interrogeait, il disait : « Je me bats
Pour l'argent et je suis à celui qui me paie;
Je mettrais le dernier des Français sur la claie ;
Gagé par les Anglais, je hais les fleurs-de-lis,
Et je ne connais plus ni parent, ni pays ! »
Un jour qu'il en parlait, Nicolas de Girème,
Toujours prêt à pousser son savoir à l'extrême,
Dit que Franquet avait dans le corps, réunis,
Le funèbre Procuste et le hideux Sinnis,
Y compris l'odieux Sciron, géant immonde,

Trois monstres dont Thésée avait purgé le monde ;
Et le peuple ajoutait que, quand il était né,
Franquet montrait déjà le rictus d'un damné !
Or donc, Franquet, ayant rêvé la folle emprise
De vouloir s'emparer de Lagny par surprise,
Comptant que les bourgeois de ce lieu donneraient
Des boisseaux d'or à ceux qui les rançonneraient,
Les espions par lui mandés lui rapportèrent
Qu'il prendrait aisément la ville ; ils ajoutèrent
Qu'on n'y trouverait pas pour défendre les murs
Plus de trois cents archers mal armés et peu sûrs.
Donc on pouvait marcher, tout irait à merveille !
Mais les vils espions ignoraient que, la veille,
Jehanne était venue à Lagny, conduisant
Deux cents archers. Le coup paraissant séduisant,
Le lendemain Franquet partit avec ses hommes ;
Il escomptait déjà le butin et les sommes
Qu'il saurait arracher aux gens de la cité.
L'aventurier, sans frein dans son avidité,
Pensait aussi qu'après sa terrible besogne
Il aurait deux profits, car le duc de Bourgogne
Lui paîrait largement le plaisir de revoir
La cité de Lagny rentrer en son pouvoir.
Il approchait des murs, rêvant sa bonne aubaine,
Quand un de ses ribauds lui cria : « Capitaine,
Mieux vaudrait pour l'instant de marcher à rebours ;
Les bourgeois nous ont vus, on entend leurs tambours.
— Bon ! répondit Franquet, les bourgeois se réveillent !
J'entends aussi les cris des francs-archers qui veillent ;

Ce n'est pas le moment de tourner les talons.
S'ils tapagent ainsi, c'est qu'ils ont peur ! Allons !
Je leur ferai payer cette fanfaronnade !
Croient-ils nous arrêter avec la canonnade
Des quatre ou cinq pierriers qu'on aperçoit d'ici ?
Ce moyen n'aura pas grand effet, Dieu merci ! »
Et le bandit riait et débitait ses gloses
Sur les gens de Lagny tenant leurs portes closes.
Mais il se tait soudain ! Que s'est-il donc passé ?
Il voit venir de loin un bataillon massé,
Étendart déployé, courant à sa rencontre !
Franquet, malgré le calme et le sang-froid qu'il montre,
Commence à se trouver un peu moins rassuré.
Abandonnant l'audace, il devient mesuré,
Fait ranger en carré ses soudards, et s'apprête
A recevoir le choc auquel il tiendra tête
Avec ses gens rompus à la guerre et n'ayant
Nul scrupule, et qu'il fait tuer en les payant.
Anxieux, il attend, et les Français s'avancent ;
Leurs chefs, brûlants d'espoir et d'ardeur, les devancent;
Geoffroy de Saint-Aubin et Foucault le hardi,
Suivis du vaillant laird écossais Kennedy,
Sur les gens de Franquet tombent comme la foudre.
Le boulet a semblé, sous l'effort de la poudre,
Trop lent au gré de tous ; c'est l'épée à la main
Qu'ils se sont élancés dans un choc surhumain.
Les Anglo-Bourguignons, plus nombreux, se défendent,
Et, ripostant au choc avec vigueur, ils tendent
Leurs arcs et font pleuvoir sur nos trop prompts guerriers

Une grêle de fer et de traits meurtriers.
Harcelés et surpris, les assaillants reculent ;
Les Anglo-Bourguignons les pressent, les bousculent ;
Ils vont céder le pas, accablés sous les coups
Des soudards de Franquet rugissant de courroux !...
Seront-ils donc vaincus ? Non, sur cette entrefaite
Une voix ferme et claire a crié : « La défaite
Ne sera point le lot de la France aujourd'hui !
Son glorieux drapeau verra fuir devant lui
Cet amas de ribauds que le vol arme et pousse !
En avant ! Suivez-moi, Français, à la rescousse ! »
A ce discours, Franquet s'est dressé furieux ;
Il s'arrête et blémit, la terreur dans les yeux :
C'est Jehanne qui parle et qui vient d'apparaître !
L'aspect de l'héroïne a fait trembler le traître ;
Il lui semble avoir vu passer l'ange Azraël
Qui pour l'exterminer descend armé du Ciel !
Les Français rassurés s'élancent sur la trace
De Jehanne ; à sa voix, aux feux de sa cuirasse,
Leurs bras électrisés frappent avec fureur,
Harcellent les bandits affolés de terreur.
Quelques-uns cependant voudraient s'enfuir, ils courent,
Mais ils sont prévenus, les Français les entourent,
Ils n'échapperont pas à leur fatal destin !
Les brigands qui rêvaient de rançon, le matin,
Vont payer maintenant leur tribut à la hache.
Aucun n'échappera, qu'il soit vaillant ou lâche ;
Et cependant Franquet par un dernier effort
Veut tâcher, s'il le peut, de déjouer le sort ;

Il attaque en lion, se défend avec rage,
Il s'en prend à Jebanne, il l'insulte, il l'outrage ;
Mais l'héroïne est sourde à son langage impur;
Un froid dédain se lit dans son regard d'azur ;
Calme sur son coursier, elle excite, elle exhorte
Et dirige au combat sa vaillante cohorte.
Elle est, en attaquant l'aventureux routier,
Comme à Senlis, comme à Saint-Pierre-le-Moutier,
Superbe de valeur et d'attraits sous les armes,
Et telle que le jour où, surpris de ses charmes,
Le Roi René, dévot à sa célébrité,
Peignit ses traits transmis à la postérité !
Mais le combat s'avance, on s'égorge, on s'acharne ;
L'aventurier, en qui l'esprit du mal s'incarne,
Lutte en désespéré sans pouvoir une fois
Relever la vigueur de sa troupe aux abois.
Au courroux des Français ces vils routiers en butte
N'ont plus même l'ardeur de prolonger leur chute ;
L'un sur l'autre tombés, l'un sur l'autre expirant,
Ils ont fléchi ! La mort qui s'abat sur leurs rangs,
L'impitoyable mort vole et se multiplie.
Franquet cède, on le prend, on l'enchaîne, on le lie,
Et le champ du combat n'offre plus aux regards
Qu'un triste amas de corps et de débris épars,
De casques fracassés par la masse et le glaive,
Réalité terrible, atroce, du beau rêve
Des Anglo-Bourguignons et de Franquet d'Arras !
Cependant à Lagny les glorieux soldats
Sont entrés triomphants ; on les choie, on les fête,

Ils sont heureux et fiers, mais Jehanne à leur tête
S'avance avec tristesse et le front soucieux.
On lit sur son visage, on lit dans ses beaux yeux
Que la peine et l'angoisse ont envahi son âme ;
Indifférente aux cris du peuple qui l'acclame,
On dirait qu'elle attend l'ange apportant du Ciel
Le noir calice empli d'amertume et de fiel.
D'affreux pressentiments sa pensée est frappée
Depuis le jour fatal où sa célèbre épée [1]
Près de Château-Thierry se brisa dans sa main ;
Elle a vu dans ce fait un pronostic certain,
Un signe impérieux marquant sa fin prochaine ;
Désormais à ce monde aucun bien ne l'enchaîne ;
Les honneurs qu'on lui rend dans les solennités
Sont relégués par elle au rang des vanités ;
De sa vie elle a fait le sacrifice immense :
L'héroïne est finie et la sainte commence !
Mais bien que son grand cœur soit pur et sans remord,
Émue, elle frissonne, en pensant à la mort.
Jehanne a ressenti la défaillance extrême,
Les terreurs qu'éprouva le Rédempteur lui-même
Quand ses gémissements troublaient Gethsémani ;
Elle aussi doit crier : Lama Sabactani !
Car la Vierge héroïque est promise au martyre !
Or, rentrant à Lagny, Jehanne se retire ;
Se dérobant aux los du peuple et des bourgeois,
Elle vient à l'église et prie. Un bruit de voix,
Où son nom se distingue, interrompt sa prière ;
Se retournant soudain, la pieuse guerrière

Entend crier les gonds, voit le portail s'ouvrir
Et des femmes en deuil dans l'église accourir,
Et ces femmes pleuraient. L'une, s'approchant d'elle,
Baisa son gantelet et lui dit : « Damoiselle,
Vous qui parlez aux Saints, implorez-les pour nous ! »
Et la femme reprit, tombant à ses genoux :
« Hier, l'enfant de ma fille, ô désespoir extrême,
En recevant le jour expirait sans baptême !
La mère est consternée et son chagrin est tel,
A penser que son fils ne verra point le ciel,
Qu'on tremble à chaque instant qu'elle-même ne meure !
Rien ne peut la calmer, elle prie, elle pleure ;
Son mari qui l'adore en perdra la raison.
Oh ! je vous en supplie, entrez dans ma maison !
Au nom du Tout-Puissant, au nom de votre mère,
Venez pour mettre un terme à notre peine amère !
Le Seigneur, qui conduit votre bras triomphant,
Vous permettra de rendre à la vie un enfant,
Afin qu'on ait le temps de lui verser l'eau sainte ! »
Et le cœur de Jehanne était saisi de crainte
Et de compassion devant tant de douleurs ;
Cet enfant sans baptême et ces femmes en pleurs,
Tout la persuadait, et pourtant, pensait-elle,
Peut-il m'être permis, à moi, simple mortelle,
D'exercer le vouloir et le pouvoir de Dieu ?
Elle va s'excuser de répondre à ce vœu,
A donner ce refus sa bouche est déja prête,
Quand soudain la parole à ses lèvres s'arrête :
Ses voix l'ont appelée, elle a vu de nouveau

De l'inspiration s'allumer le flambeau :
« Va, lui disaient les voix, va, chaste et sainte fille,
Va chasser la douleur de cette humble famille,
Et, puisque la bonté du Seigneur y consent,
Va consoler la mère et sauver l'innocent ! »
Comme un beau lis flétri que ranime la sève,
L'âme pleine de foi, Jehanne alors se lève,
Saisit en souriant la femme par la main,
Puis du toit où l'on pleure elle prend le chemin.
On arrive, elle voit, blême et froid dans ses langes,
L'enfant mort dont l'esprit manque au séjour des anges,
Et le père étreignant, les yeux noyés de pleurs,
La jeune mère en proie à toutes les douleurs ;
Puis c'est l'aïeul courbé sous le poids des années,
Priant, joignant ses mains débiles et fanées ;
Il implore à son tour de la voix et des yeux
La Vierge à qui sa foi montre un élu des cieux.
Jehanne à ce moment s'agenouille et s'écrie :
« O Jésus, doux Sauveur, divin fils de Marie,
Toi qui, tenant la vie et la mort sous ta loi,
Ressuscitas Lazare en disant : Lève-toi !
Fais, Seigneur Tout-Puissant, que cet enfant renaisse,
Qu'il soit régéneré par l'eau sainte et connaisse
Par la rédemption le bonheur d'être tien,
Puis reprends-le Seigneur, mais reprends-le chrétien !
Que ta miséricorde entende ma prière ! »
Elle a dit, l'enfant mort a rouvert la paupière,
Ses deux petites mains se meuvent, on l'entend
Vagir, comme appelant le prêtre qu'il attend,

Il respire, il s'agite, il revient à la vie !
Ce prodige a frappé l'assistance ravie.
Un prêtre qui passait apprend la vérité;
Il entre, il reconnaît l'enfant ressuscité ;
Ses lèvres ont repris le teint des fleurs écloses.
Il sourit, remuant ses pieds mignons et roses,
Et Jehanne est heureuse et le tient dans ses bras.
Le prêtre en s'approchant dit : « Enfant, tu seras
Au rang de ceux qui sont rachetés par l'Église !
Ephpheta pour le ciel ! Enfant, je te baptise,
Sois lavé de la tache et delivré du mal ! »
A peine est-il marqué par le sceau baptismal
Que l'enfant agonise ; on le porte à sa mère
Qui voudrait retenir cette vie éphémère
Par les tendres baisers qu'elle donne à ce front,
A ces deux beaux yeux bleus qui se refermeront,
A tout ce cher trésor que Dieu vient de lui rendre,
Et que le Ciel jaloux va bientôt lui reprendre !
Mais, malgré son émoi profond et douloureux,
Sentant que son enfant au banquet des heureux
A sa place marquée, elle entre en accalmie ;
On dirait qu'elle entend comme une voix amie
Qui descend dans son âme et qui lui dit : « Espoir !
L'enfant que ton cœur pleure aura vu Dieu ce soir ! »
La résignation qui combat la souffrance
La soutient, la relève et lui rend l'espérance.
Et cependant l'enfant, que Dieu veut tout pour lui,
Semblable à la lueur qui meurt quand elle a lui,
S'éteint comme appelé par Celui qui l'attire ;

À sa mère éplorée il fait un doux sourire,
Clot la paupière et puis s'endort dans l'Éternel
Sous le dernier baiser de l'amour maternel.
Jehanne alors le prend dans ses bras, le dépose
Sur son berceau tendu d'un tissu blanc et rose,
Et mettant un baiser sur son front tiède encor :
« Ange attendu par Dieu, vers lui prends ton essor !
Quand tu seras entré dans la splendeur céleste,
Tu veilleras sur nous, sur ta mère qui reste
Dans cet exil où Dieu ne t'a laissé qu'un jour!
Et pour moi, quand la mort m'aura prise à mon tour,
Ce qui sera bientôt, déjà j'ai cru l'entendre,
C'est toi, blond chérubin, toi qui viendras m'attendre !
Adieu, toi qui t'en vas par le chemin de fleurs!
Moi, je suivrai celui de toutes les douleurs !
Heureux l'enfant qui meurt le jour qu'on le baptise ! »
Et Jehanne reprit le chemin de l'église.
Le prêtre, lui, resta pour bénir le berceau
De l'enfant qui venait de mourir de nouveau,
Tandis que les témoins de ce touchant spectacle
Disaient[1] : « Jehanne est sainte, elle a fait un miracle ! »

NOTES DU CHANT XIV

[1] Tandis que j'étais à Chinon, j'envoyai, dit Jehanne, chercher une épée qui se trouvait dans l'église de Sainte-Catherine-de-Fierbois, derrière l'autel. On l'y trouva aussitôt. C'est cette épée qui, à Château-Thierry, en août 1429, se brisa entre ses mains, un jour qu'elle poursuivait une femme de mauvaise vie.

(Marius Sepet, *Jehanne d'Arc*, page 125.)

[2] Vallet de Viriville, Wallon, Marius Sepet et généralement tous es historiens de Jehanne d'Arc ont rapporté ce fait, encore latteste par le procès de l'héroïne (Tome VI, page 32).

Cependant il y a différentes versions, touchant le lieu où le miracle s'accomplit; les uns veulent que ce soit à l'église, devant l'image de Notre-Dame, les autres assurent que ce fut dans la maison où mourut l'enfant. Nous avons préféré traduire la dernière version qui nous a paru plus vraisemblable.

XV

Comment Jehanne d'Arc, prise à Compiègne, fut amenée à Rouen, et comment lord Warwick et l'évêque de Beauvais se préparèrent à la juger.

Deux mille archers anglais veillent, rangés autour
Du vieux château de Rouen, gardant la grosse tour,
Dont les sombres abords sont cernés par la foule
Mugissante, semblable à l'océan qui houle
En sapant la falaise ou les flancs du rocher.
Des soldoyers anglais l'empêchent d'approcher.
La multitude veut, ardente, curieuse,
Pénétrer dans la tour, et déjà furieuse
On l'entend, agitant mille bras à la fois,
Dans ce seul mot « Passons ! » unir toutes ses voix.
Quel est donc le spectacle inouï qui l'appelle ?
Au milieu de la tour, non loin de la chapelle,
Dans la grand'salle on voit une cage de fer [1],

Et dans l'horrible cage, ô supplice d'enfer!
Est une jeune fille, au centre agenouillée.
On la tient enchaînée aux barreaux, verrouillée
Comme un lion captif dont on craint la fureur ;
On la veille, on l'épie, on dirait qu'on a peur
Qu'elle échappe, et les gens préposés à sa garde,
Armés du coutelas et de la hallebarde,
Par la haine excités, moins soldats que bourreaux,
Lui crachent au visage à travers les barreaux
Sans qu'elle fasse entendre un reproche, un murmure.
La captive, qui porte une brillante armure,
Ciel ! C'est Jehanne d'Arc prise par trahison
Et livrée aux Anglais ! Souillant son vieux blason,
Un lâche, soudoyé par le duc de Bourgogne,
A perpétré le crime, et le duc, sans vergogne,
Sans souci d'entacher son honneur souverain,
A souscrit au marché digne d'un malandrin :
Bedford a fait échec à sa chevalerie,
En promettant au duc la Champagne et la Brie,
En laissant espérer qu'il aura plus encor,
Et le duc a cédé. Quatre cents écus d'or,
Comptés à Luxembourg par cette autre main lâche,
Ont soldé du félon l'abominable tâche,
Et Jehanne, à Compiègne, est tombée au pouvoir
De ses vils ennemis, ses vaincus ! Il faut voir
La joie et les transports des Anglais qui la tiennent !
Lords, prélats, chevaliers et trafiquants, tous viennent
Voir de grossiers soudards l'outrager à plaisir.
Ils pourront désormais l'insulter à loisir :

Jehanne est dans les fers, Jehanne est désarmée !
Celle qui tant de fois fit trembler leur armée,
Au mépris de l'honneur et des plus saintes lois
Par l'opprobre et la mort va payer ses exploits.
Le supplice infernal de la Vierge commence.
Ses gardiens, sans pitié dans leur rancune immense,
L'accablent de leur rage au gré de Lucifer ;
A travers les barreaux de sa prison de fer,
On les voit la heurter du bâton de leurs piques.
Jehanne à cet affront sent des frissons épiques ;
Aux mots qui font trembler et rougir sa pudeur,
Se réveille sa noble et valeureuse ardeur.
Ah ! si Dieu maintenant lui rendait son épée,
Ceux qui l'ont insultée et ceux qui l'ont frappée
Fuiraient, comme on les vit s'enfuir à Beaugency !
Mais plus d'espoir, Jehanne étant à leur merci !
Sa mort sur l'échafaud leur semblerait trop douce,
Et ces vils scélérats que l'esprit du mal pousse
Redoublent de fureur pour lui lancer au front
De ces mots dont un seul est le dernier affront.
Quoi ! nul ne viendra dire à ces brutes féroces,
A ces démons, qu'ils sont aussi lâches qu'atroces !
Albion n'a donc plus l'ombre d'un chevalier,
Ni l'ombre d'un chrétien ? Non ! Pour l'humilier,
Soldats Anglo-Saxons, insolents, durs et rogues,
Archers Anglo-Normands aux courts profils de dogues,
Grands et petits, tous sont prêts à la torturer ;
Tout ce que ces bourreaux lui feront endurer
Semble incroyable, encor qu'attesté par l'histoire !

Survient un homme, un prêtre, humble en sa robe noire,
Un saint et vaillant prêtre ayant l'esprit de Dieu ;
Avec un calme austère il s'avance au milieu
Du ramas d'insulteurs qui conspuent l'héroïne ;
Le crucifix d'argent qui brille à sa poitrine
Les a fait reculer ; lui, toujours calme et doux,
S'approche de Jehanne et lui dit : « Le courroux
Ne doit point maîtriser l'âme d'une chrétienne.
Le Ciel qui pour sa gloire a réservé la tienne
T'a soumise à l'épreuve, et cette épreuve, enfant,
Est le gage divin d'un repos triomphant !
Prie et résigne-toi, le Ciel te tiendra compte
De tout ce que te font souffrir ces gens sans honte,
Et souviens-toi du Christ qui lui même s'offrit
A la mort infamante, aux tourments qu'il souffrit !
Sois courageuse encore, ô sublime guerrière !
Au temps où sous le feu tu portais ta bannière,
Tu n'as jamais tremblé, que je sache, et pourtant
La mort te menaçait, partout, à chaque instant !
Tu ne la craignais pas, tu la défiais même,
Tu bravais les dangers et le péril extrême
Pour restaurer l'honneur de la France et du Roi ;
Deviens plus que jamais courageuse et dis-toi
Que tu sers à présent le plus grand roi du monde,
Celui sur qui tout bien et tout espoir se fonde ;
L'Éternel qui te voit, qui connaît ton amour,
T'en récompensera dans le ciel, à son tour,
Mieux que les Souverains passagers de la terre.
Sa justice infaillible a jugé l'Angleterre ;

Il connaît tes douleurs et peut les conjurer ;
Tous ces tourments affreux qu'on te fait endurer,
Offre-les au Seigneur en holocauste, et pense
Que tout martyre un jour aura sa récompense !
Prie, et de mon côté je prîrai Dieu pour toi ;
Je viendrai soutenir ton courage et ta foi,
Et dans ton désespoir te dire encore : Espère !
— C'est Dieu qui vous envoie à ma douleur, mon père !
Dit Jehanne, les yeux irisés. D'aujourd'hui
Vous serez mon conseil, mon guide et mon appui ;
Je ne me plaindrai plus ; constante et resignée,
J'imposerai silence à mon âme indignée,
Et vous m'assisterez pour m'aider à souffrir
Et pour m'absoudre quand il me faudra mourir ! »
Le prêtre se sentit les yeux remplis de larmes,
Et devant tous, devant les chefs et les gens d'armes,
Entre les noirs barreaux passant sa noble main,
Il bénit l'héroïne en disant : à demain !
Ce prêtre était messire Ysambart de la Pierre,
Fier gentilhomme ayant délaissé la rapière
Pour se faire d'église; il portait haut le cœur
Et ne s'abaissait pas devant l'Anglais vainqueur.
En quittant l'héroïne il vint, plein de courage,
Au palais où Warwick et son triste entourage
Allaient inaugurer leur hideux tribunal.
Il voit avec Warwick, Winchester, cardinal
Ambitieux, prélat orgueilleux, âme vile,
Assidu courtisan, plus imposteur qu'habile,
Prêtre hypocrite et faux, homme au regard mauvais ;

Cauchon, l'inique évêque expulsé de Beauvais,
Ses greffiers, ses docteurs, d'Estivet, son chanoine,
Nicolas Loiseleur, qui sous l'habit du moine
Tient du renard subtil et du loup dévorant;
Adulateur zélé des Anglais, adorant
Le veau d'or comme un juif que l'avidité ronge,
Ses dogmes, à lui, sont l'astuce et le mensonge;
Il sait commettre un crime avec l'air ingénu.
Qu'il doit souffrir ici, Dom Martin l'Advenu!
Car il a conservé l'amour de la justice,
Comme aussi Jean Massieu, prêtre sans artifice.
Lorsque frère Ysambart entra, l'on discourait
Sur les pénalités que Jehanne encourait :
« Je veux, disait Warwick, qu'on la trouve coupable,
Qu'on prouve qu'elle a fait un pacte avec le diable,
Pour que nul ne la puisse arracher de nos mains!
Faites, pour la charger, des efforts surhumains.
Nous entendons, Bedford et moi, qu'elle périsse.
Avec de l'or payez la voix accusatrice
De témoins bien choisis, disant ce qu'on voudra ;
Promettez d'enrichir celui qui la perdra,
Et vous en trouverez plus de cent, je vous jure.
Quant à vous tous ici, c'est moi qui vous l'assure,
Bedford vous comblera de faveurs et d'argent ;
Bedford est généreux, mais il est exigeant;
Vengez la cause Anglaise, enfin soyez nos hommes! »
L'évêque de Beauvais lui répondit : « Nous sommes
Prêts à vous obéir, seigneur lord, nous ferons
Brûler cette sorcière et nous vous vengerons.

Je la hais tout autant que vous, et je me charge
De ne lui point laisser de chemin assez large
Pour retourner en France. Assurez lord Bedford
Qu'il sera satisfait et qu'il n'a pas eu tort
De placer en nos mains toute sa confiance.
Nous y mettrons le temps, l'argent, la patience,
Et Jehanne à loisir pourra voir les élus
Dans le monde éthéré d'où l'on ne revient plus ! »
Et l'évêque riait, et son regard perfide
Disait à lord Warwick que sa trame homicide
Aurait des serviteurs empressés et soumis,
Non-seulement en lui mais en tous ses amis.
Warwick l'encouragea, puis s'adressant aux autres :
« Peut-on compter sur vous ? — Par les benoîts apôtres !
Répondit d'Estivet, l'homme au cœur vil et bas,
J'ai promis mon concours et n'y faillirai pas !
Je jugerai plutôt Jehanne sans l'entendre,
Tant j'ai hâte de voir son corps réduit en cendre !
Je suis à vous ! — Pour moi, répondit Loiseleur,
J'ai reçu mon salaire, et n'étant point voleur
Je mettrai tous mes soins à savoir de Jehanne
Ce qu'il faut pour la perdre afin qu'on la condamne ! »
L'affreux Warwick exulte, et pas un des docteurs,
Des clercs et des greffiers ou des appariteurs
N'ose même opposer une simple parole ;
C'est le droit, c'est l'honneur pourtant que l'on immole !
Seul, Martin L'Advenu dit à Jehan Massieu :
« Le devoir est d'agir selon l'avis de Dieu.
Ne prêtons pas la main aux artisans du crime,

Mais tâchons, s'il se peut, de sauver la victime. »
Or, comme il parlait bas, on crut qu'il consentait.
Cependant, entre tous, frère Ysambart restait
Morne et silencieux ; Warwick, à son silence,
Crut que son jugement se tenait en balance,
Et le lord anxieux, l'interpellant, lui dit :
« Quel sera votre avis ? » — Ysambart répondit :
« Si vous voulez savoir mon opinion, comte,
Je dirai franchement que je rougis de honte
De voir ici juger, sans qu'il soit entendu,
Un être infortuné que nul n'a défendu.
Si Jehanne est vraiment coupable, et je l'ignore,
Du fait dont on l'inculpe, et le fût-elle encore,
Vous n'avez pas le droit, ni ceux qui sont ici,
De la juger à mort ou la prendre à merci ;
Ce droit-là, monseigneur, est du ressort de Rome,
Et vous avez beau dire à vos agents : Wellcome !
Le Pape a seul pouvoir pour décider du cas !
— Pas tant d'objections et pas tant de fracas!
Interrompit Warwick. « Prètre, dis-nous la somme
Que tu prétends avoir, sans nous parler de Rome ;
Tu seras largement payé, j'en fais serment ;
Cessons d'épiloguer et parlons franchement ;
Le procès intenté n'est fait que pour la forme,
Jehanne ayant commis pour nous la faute énorme
D'exciter les Français à la rébellion
Et d'avoir fait échec aux drapeaux d'Albion ;
Mais pour la condamner il nous faut un prétexte ;
Cherche dans l'Écriture en torturant le texte,

Et si même, en rusant, par bonheur tu pouvais
Aider le vénérable évêque de Beauvais,
Tu serais élevé plus haut que tu ne penses ;
Tu pourras, si tu veux, choisir tes récompenses ;
Je te promets, le texte une fois exhibé,
Qu'à ton gré tu seras chanoine ou damp abbé,
Ou tout au moins nommé prieur commendataire ! »
Ysambart répliqua : « Je ne saurais me taire,
Comte, et dans ces débats je n'aurai d'autre but
Qu'être juste et ne point perdre ainsi mon salut.
Je lis dans un saint livre, *in Summa*, cette glose :
Quand le doute et la foi se trouveront en cause,
Le Pape et son concile, en tel cas, seuls auront
Le pouvoir d'aviser, et seuls ils jugeront.
Le texte me paraît précis, indéniable...
— Tais-toi, moine impudent ! Tais-toi, de par le diable !
Vociféra Cauchon. Je suis sûr du succès !
Garde tes beaux avis pour un autre procès,
Et prends l'argent qu'on t'offre ! » Ysambart, sans répondre
A l'insolent prélat qu'il aurait pu confondre,
Regarda lord Warwick et reprit son discours :
« Mon cœur est sans remords et veut l'être toujours.
Or, si j'allais céder, comte, à votre promesse,
J'aurais peur de la foudre en célébrant la messe,
Les doigts souillés du prix du sang de l'innocent.
Le meurtre aussi s'impute à celui qui consent,
Tout comme au meurtrier qui s'embusque et qui frappe !
— Assez ! dit en fureur l'évêque. Après le Pape,
Je suis ton maître aussi ! Sais-tu bien, Ysambart,

Que tes discours pourraient te mériter la hart ?
D'un mot je puis réduire ou briser qui s'oppose
Au plan que ma sagesse en ce moment propose.
Je peux, s'il me convient, sans être embarrassé,
T'envoyer réfléchir au fond d'un *in-pace* !
Si tu viens me braver jusque dans mon prétoire,
Ma dignité saura te remettre en mémoire
Que je suis ton seigneur, que mon autorité
A droit de te punir avec sévérité.
— Toi, mon chef et mon maître, un prélat sacrilège
Qui pour porter la mître a trompé le Saint Siège
Et qui vend aujourd'hui sa justice et sa foi !
Qui donc me forcerait à relever de toi ?
Mon droiturier seigneur est l'abbé de mon ordre ! »
L'Évêque était livide, on le voyait se tordre
De colère, il avait des grincements de dents.
Alors Warwick cria : « Tes discours impudents,
Moine, auront une fin, c'est moi qui te le jure !
Tu veux défendre en vain l'abjecte créature
Acquise à chers deniers par nous, et qui mourra !
Fais donc à ton loisir ! En payant, on pourra
Avoir mieux, mais aussi tu peux trouver, mon maître,
Le supplice infamant que l'on réserve aux traîtres,
Et, comme a dit l'évêque, on peut avec raison
T'envoyer réfléchir au fond d'une prison
Ou dans la basse fosse où le bourreau se cache.
J'ai d'excellents moyens, l'eau, le poison, la hache,
Quand on ne répond pas à mes bons procédés.
Songes-y ! Mes projets sont vite décidés ! »

Ysambart, à ces mots, sans sortir de sa place,
Se leva, regarda lord Warwick bien en face,
Et, croisant fièrement les bras, lui répondit :
« J'ai très bien entendu ce que l'évèque a dit
Et ne suis point non plus ému de vos menaces ;
Ceux qui sont dans le vrai, seigneur lord, sont tenaces
Et ne fléchissent point, même au bord du trépas.
Je ne suis point à vous et je ne vous crains pas,
N'obéissant qu'au Ciel et qu'à saint Dominique.
Quoi ! parce que je vois une sentence inique
Se tramer sous mes yeux par des juges vendus
Tenant sur l'innocent leurs glaives suspendus,
Des prélats, un évêque, un cardinal, des prêtres
Pour un peu d'or promis se comporter en reîtres
Et livrer au bourreau, sans respect de la loi,
Celle qui défendit la Patrie et le Roi,
Il me faudrait trembler pour avoir le courage
De parler en faveur de sa foi qu'on outrage !
Et parce que je viens plaider pour son honneur,
Vous appelez cela trahir, vous, monseigneur !
Je ne suis point Anglais, seigneur lord, que je sache,
Je suis Français, très fier de l'être, et ne le cache
A personne, et personne ici ne me fera
Incliner vers le faux quand le vrai parlera.
Tous les torts de Jehanne et sa sorcellerie,
A vos yeux, sont d'avoir su venger sa patrie,
Et c'est pour ces motifs qu'on va la condamner.
Tremblez, vous qui n'avez jamais su pardonner !
Au-dessus de vous tous est le divin arbitre

Qui suit le fourbe sous la simarre et la mître,
Et vous verrez bientôt arriver le moment
Où son Église aura cassé ce jugement !
Quant à moi, devant Dieu, je le dis à voix haute,
O prévaricateurs, vous paîrez votre faute
Par d'éternels remords ! J'ai dit, et ne veux point
Étayer vos arrêts d'un criminel appoint.
Je proteste ! » — Et le frère à pas lents se retire,
Priant pour ces bourreaux qui trament un martyre :
Dieu les ramènera s'ils ne sont qu'égarés !
Mais l'esprit du démon s'impose aux cœurs tarés.
Va, prêtre au saint vouloir, âme énergique et bonne,
Tu sauras que jamais Albion ne pardonne
A ceux dont la valeur a souffleté son front.
Les temps ne lui font point oublier un affront;
Son peuple est implacable et sa rancune est grande;
Il emploîra mille ans à subjuguer l'Irlande,
Toujours persécuteur et toujours inclément,
Calculant les effets du dol et du tourment,
N'ayant pour le vaincu que l'opprobre et la haine !
Le meurtre de Ringois, [2] l'écueil de Sainte-Hélène,
Le bûcher de Rouen attestent à jamais
Comment de leurs vainqueurs se vengent les Anglais!

NOTES DU CHANT XV

[1] Un bourgeois de Rouen, témoignant au procès de réhabilitation de l'héroïne, déclara qu'il avait vu dans sa prison une cage de fer.

VALLET DE VIRIVILLE.

[2] Frère Ysambart n'en fut pas quitte pour la colère de l'évêque. Le comte de Warwick l'accabla ensuite d'injures et de menaces. « Pourquoi as-tu, ce matin, soufflé cette méchante? lui dit-il. Par la morbleu ! vilain, si je m'aperçois que tu veuilles encore la sauver, je te ferai jeter à la Seine ! »

(E. ROY, *Histoire de Jehanne d'Arc.*)

Frère Ysambart était de l'ordre des prêcheurs.

[3] Enguerrand, dit Ringois d'Abbeville, refusa de se soumettre au traité de Bretigny, qui enlevait à la France le comté de Ponthieu, sa terre natale (1360). Les Anglais s'emparèrent proditoirement de Ringois, l'emmenèrent à Douvres et le sommèrent, sous peine d'être jeté dans la mer du haut des dunes de cette ville, de renier le roi de France et de prêter serment de

fidélité au roi d'Angleterre, comme à son prince légitime. L'héroïque français préféra la mort, et fut précipité dans les flots.

(Voyez *Un martyr de la patrie, Recherches sur Ringois d'Abbeville*, par le vicomte Oscar de Poli, 1879, in-18.)

XVI

Comment l'ange Gabriel apparut a Jehanne d'Arc dans sa prison, et comment elle vit, dans l'enfer dévoilé, le supplice des âmes de ses juges.

Les juges ou plutôt les bourreaux de Jehanne,
Sur ce mot de Warwick, « Il faut qu'on la condamne! »
Irrités de la voir toujours ferme en sa foi,
Faussant les textes saints, l'Écriture et la loi,
S'appliquaient à chaque heure à torturer son âme.
L'abominable évêque, aussi vénal qu'infâme,
Tout en l'interrogeant la trompe ; il a l'espoir
D'abuser des aveux de son naïf savoir ;
Tantôt, pour l'égarer et pour mieux la surprendre,
Le loup se fait agneau, prend la voix douce et tendre,
Tantôt l'air d'un tyran qui pense intimider ;
Mais ses moyens sont vains, rien ne peut décider

Jehanne à se laisser induire en hérésie :
Elle a compris où tend la noire hypocrisie
Du réprouvé qui veut lui faire abjurer Dieu,
Et calme elle résiste et répond, au milieu
De ses juges vendus et faux, que rien ne change.
La foi soutient son cœur ; elle est comme l'archange
Devant l'aréopage infernal de Satan
Ou comme un saint bravant l'impur Léviathan !
Mais que ce soit avis, questions ou semonces,
L'abject évêque a soin d'altérer ses réponses,
Et craignant qu'un seul mot pût la justifier,
Quand elle parle, il fait un signe à son greffier.
Quand elle a dit : Je crois ! on écrit : Je renie !
Où donc s'arrêtera, Seigneur, la tyrannie
De ce fourbe en rochet, de ce Judas mitré ?
L'esprit du tentateur dans son âme est entré ;
Il en a pris l'orgueil, la malice et la ruse.
Winchester et Warwick, du moins, ont pour excuse
D'être Anglais ; mais ce monstre a trahi son pays !
Français, il voudrait voir rayer les fleurs-de-lis ;
Prêtre, il a transgressé les lois de Dieu sans crainte ;
Il s'est fait pour de l'or le bourreau d'une sainte !
Cet homme est sans pitié, sans pudeur, sans remord ;
Il n'a pas calculé que surviendrait la mort,
La mort au bras vengeur, rapide, inexorable,
Qui vient comme un voleur pour saisir le coupable
Et le précipiter dans la nuit sans pardon,
Quand d'un vrai repentir il n'a pas eu le don !
Mais croit-il aux tourments de l'enfer ? On en doute

En le voyant agir, car ce maudit n'écoute
Que sa rancune ignoble et son ambition,
Ou le dol qui fera sa condamnation.
Sais-tu, prélat sans foi, quel sera ton partage ?
Tu mourras dans ton crime et ton nom, d'âge en âge,
Ne sera prononcé jamais qu'avec horreur !...
Mais qu'importe à ce tigre enivré de fureur
Qu'on lui reproche ou non sa noirceur et son crime ?
Pour l'instant, il lui faut torturer sa victime ;
Il n'épargnera rien, ni lui ni ses suppôts ;
Ils ne lui laisseront ni soulas ni repos ;
Ils accusaient Jehanne hier de sortilège ;
Demain, ils la diront relapse et sacrilège.
D'avance ils ont reçu leurs gages des Anglais
Et, fidèles au pacte, ils ont dit : Gagnons les !
Ils ont tenu parole, et Jehanne est promise
Au bucher ; mais, avant, il faut qu'ils l'aient soumise
A tout ce que le sort a de plus rigoureux.
Ils se sont concertés à cet effet, entre eux.
Les tourments sont choisis d'une voix unanime ;
Ces gens, que le démon de la vengeance anime,
Sauront lui prodiguer, heureux de son malheur,
Tous les raffinements de la pire douleur.
Seul le Christ a souffert, sous Hérode et Pilate,
Plus que souffre Jehanne en leurs mains ! Elle a hâte
Que le Ciel la rappelle à lui. Certes la mort
Mettrait au moins un terme à son horrible sort.
Depuis trois mois qu'elle est dans cette prison sombre,
De ses maux qui pourrait imaginer le nombre,

Si ce n'est le tyran qui les lui fait souffrir ?
Prête pour l'holocauste elle aspire à mourir.
Malgré la volonté des bourreaux et des traîtres,
Jehanne a reçu Dieu ! Les trois vénérés prêtres
Ne l'ont point délaissée ; on les a vus toujours
Des divins réconforts lui porter le secours;
Ysambart de la Pierre a bravé les menaces;
L'Advenu, du prélat ayant toutes les grâces,
Au frénétique évêque a résisté, disant
Qu'il n'obéit qu'à Dieu, pour lui toujours présent,
Que la captive est chaste et pure, et qu'elle est digne
De partager le pain du salut ! Qu'on s'indigne
Ou non, Jehanne est sainte, il le dira tout haut,
Dût-on le faire aussi mourir sur l'échafaud !
Si Warwick et l'évêque ont fait trembler des lâches,
Soudoyé des cœurs vils, ces prêtres ont leurs tâches :
Ils n'y failliront pas, et, sans peur, ils viendront
Honorer la martyre et la consoleront !
La captive est en proie aux angoisses, aux larmes :
Les clameurs de victoire et le fracas des armes
Désormais ont fait place aux bruits sourds des verroux ;
L'infernal guichetier qui parle avec courroux
Lui conteste à la fois sa candeur et sa gloire.
Oh ! quand son fier passé lui revient en mémoire,
Quand elle songe au temps où, sur son destrier,
Sa bannière à la main, les pieds à l'étrier,
Elle entraînait au choc les soldats de la France !...
Au beau rêve apportant un semblant d'espérance
Succède, au même instant, un retour trop cruel

Qui la replonge, hélas ! dans l'horreur du réel.
Ce n'est plus son armure, ô Ciel ! qui l'emprisonne,
A son pied ce n'est plus l'éperon qui résonne,
Plus de heaume et d'épée ! Au cachot assombri
Un lourd chaînon de fer retient son bras meurtri ;
Son col, que défendaient la maille et la cuirasse,
Du carcan des captifs porte aujourd'hui la trace,
Et l'acier des anneaux s'est empreint dans sa chair !
L'Anglais est implacable ! Il lui fait payer cher
Sa gloire, et l'accablant de lâches impostures,
Il voudrait, s'il pouvait, inventer des tortures
Pour révolter son âme et déchirer son cœur !
Mais le calme inspiré de Jehanne est vainqueur,
L'esprit de Dieu la garde et maintient son courage,
Elle prie et pardonne au bourreau qui l'outrage.
Ainsi faisait Jésus quand les Pharisiens
Lui crachaient à la face et chargeaient de liens
Ses mains qui rachetaient et bénissaient le monde !
Elle endure à son tour la calomnie immonde,
Et plus on la tourmente et plus sa fermeté
Confond la haine infâme armant la lâcheté.
Son cœur sait opposer au témoin qui l'accuse
La candeur qui détruit le mensonge et la ruse.
Or, une nuit, Jehanne, étant en oraison,
Offrait à Dieu ses maux. Tout-à-coup sa prison
S'illumine, le ciel semble en être la voûte ;
Elle entend une voix qui l'appelle, elle écoute.
A son nom qui résonne une seconde fois,
La Vierge avec bonheur reconnaît cette voix.

Elle aperçoit un ange éclatant de lumière,
Mais ce n'est plus celui qui, près de sa chaumière,
Vint jadis lui porter l'ordre émané de Dieu ;
Non, ce n'est point l'archange au bouclier de feu,
Au glaive étincelant, à l'ardente cuirasse,
C'est l'ange au front placide et rayonnant de grâce.
Gabriel, que Dieu mande auprès des affligés :
« Tous les esprits méchants par Satan dirigés
S'élèvent contre toi, mais leur rage a son terme.
Sois toujours, ô Jehanne, inébranlable et ferme :
Ton suprême triomphe est marqué pour le Ciel ! »
O prodige, au moment ou parlait Gabriel,
La Vierge avait senti, comme autrefois saint Pierre,
Des fers qui l'enserraient la lourdeur meurtrière
Disparaître ! Elle eût dit qu'elle était libre, enfin !
Aux sublimes accents de l'envoyé divin,
Son âme épanouie éprouve un charme étrange.
Se levant radieuse, elle répond à l'ange :
« O toi qui viens à moi de la part du Seigneur,
Dis-moi, dis-moi pourquoi, lui qui connaît mon cœur,
M'a-t-il abandonnée ainsi, moi qui l'implore ?
Mon supplice ici-bas doit-il durer encore ?
Je suis, s'il plaît à Dieu, toujours prête à souffrir
Comme il souffrit pour nous, et j'aspire à mourir
Pour jouir de la part du Ciel qui m'est promise !
J'ai supporté les maux auxquels Dieu m'a soumise
Et n'ai point comme Job murmuré contre lui.
Demain, me faudra-t-il subir comme aujourd'hui
D'un tribunal inique et les lois et l'injure ?

L'humanité n'a pas toujours l'âme assez pure
Ni le cœur assez fort pour ne pas s'indigner
Devant des maux auxquels on doit se résigner,
Mais dont le paroxysme ou l'injustice extrême
Pousse le patient jusqu'au bord du blasphème ! »
Et l'ange en souriant lui répondit : « Crois-tu
Que Dieu, qui sait juger la force et la vertu,
N'ait pas de la pitié pour l'humaine faiblesse ?
Quand l'homme accablé croit que le Ciel le délaisse,
Dieu s'apprête, au contraire, à le récompenser
Grandement, au-delà de ce qu'il peut penser.
Vois ! » dit l'Ange. A ces mots, les parois se distendent,
La prison disparaît, des horizons s'étendent,
Et Jehanne aperçoit la claire immensité
Qui se fond dans l'azur et dans l'illimité ;
Et, ravie en esprit, la Vierge voit son âme
Planer en suivant l'Ange aux deux ailes de flamme.
Au dessus, le Ciel s'ouvre étalant ses splendeurs ;
Au bas, son regard plonge au sein des profondeurs
De l'enfer, exhibant l'horreur de ses tortures,
Un effroyable amas d'abjectes créatures
Rampant ou se tordant sous des torrents de feu,
Esprits déchus, lançant de vains défis à Dieu,
Réprouvés proférant d'inutiles prières,
Monstres hideux, dressant leurs griffes meurtrières,
Se pressant, s'attaquant, se repoussant entre eux
Dans les contorsions de châtiments affreux.
Là, parmi les damnés sans recours, foule immonde,
Elle voit Brunehaut poursuivant Frédégonde.

Dans un lac enflammé qui s'étend sous leurs pas,
Elle entend Chilpéric reprochant son trépas
A Landéric, l'amant de la reine adultère.
Tous les grands qui jadis ont souillé notre terre
Sont punis ; on y voit les enfants de Clovis,
Assassins de leur sang, dont l'un brula son fils
Après avoir tué les enfants de son frère.
A côté des ces rois de race meurtrière,
Dans les feux éternels on distingue à leur tour
Les mayeurs du palais si fatals à leur cour.
De leurs sanglants forfaits ces trop cruels complices
Partagent à jamais les tourments, les supplices,
Les tardifs repentirs, les regrets superflus
De la reine impudique et des rois chevelus.
Les démons acharnès les poussent dans les flammes.
A leurs traits convulsés on reconnait leurs âmes.
C'est Bérulfe, expiant sa lâche trahison
Près du leude Archimbald et de Gontran-Boson.
Non loin d'eux est l'infame Ébroïn, que dévore
Son remords éternel ; il veut prier encore,
Comme si de sa peine on pouvait alléger
Le réprouvé qui fit mettre à mort saint Léger !
Jehanne, frissonnante, entend les cris terribles,
Les soupirs, les sanglots et les plaintes horribles
De tous ces torturés, dans le gouffre entassés.
« Ici sont les maudits punis aux temps passés,
Mais ceux des temps présents sont plus loin ! » lui dit l'Ange.
Jehanne alors perçoit une rumeur étrange
D'appels désespérés, de grincements de dents,

De blasphèmes, monter des abîmes ardents.
Et sondant du regard les profondeurs du gouffre,
Dans les flots bouillonnants de bitume et de soufre,
Elle voit un damné crispé par la douleur
Et dont l'œil desséché ne peut répandre un pleur.
C'est Glacidas ! Jehanne, à sa voix lamentable,
Aux jurements lancés par sa bouche exécrable,
Devine quels tourments il endure ; elle entend
Râler sa gorge impie ; il se redresse, il tend
Vers le ciel radieux dont il entrevoit l'aube
Son poing fermé !... Jehanne aussitôt se dérobe,
Mais il l'a reconnue, et son regard de feu
La poursuit ; il lui crie : « O vil fléau de Dieu,
Puisse, un jour, Belzébuth t'emporter dans son antre ! »
Il veut continuer, un flot de bitume entre
Dans sa bouche entrouverte, éteignant à la fois
Son imprécation frénétique et sa voix.
La Vierge avec horreur a détourné la tête.
L'Ange, avec l'assurance et l'accent du Prophète,
Lui dit : « Veux-tu savoir comment doivent finir
Tes juges ? Vois d'ici leur terrible avenir ! »
Il dit ! Son doigt montrait, sous les arcades sombres,
Les démons en courroux s'acharnant sur trois ombres
Qu'on entendait râler d'une atroce douleur.
« L'évêque de Beauvais, d'Estivet, Loiseleur ! »
Dit Jehanne effrayée en voyant leurs tortures.
De monstrueux serpents leurs servaient de ceintures ;
De hideux poulpiquets, accroupis sur leurs dos,
De leurs ongles aigus leur perforaient les os

Et pour sucer leur sang tendaient des becs avides.
De féroces vautours et des griffons livides,
Déchiquetant leur chair, âpres, s'en repaissaient,
Plus acharnés encor quand ils les repoussaient.
On eût dit que l'enfer à ces damnés infâmes
Ménageait des tourments inouïs pour leurs âmes,
Et celle de l'évêque entre toutes semblait
L'âme que tout le poids de ces maux accablait.
Les deux qui la suivaient l'accusaient sans relâche
D'avoir par son conseil, aussi pervers que lâche,
Causé leur infortune et leurs affreux tourments.
« Tu nous as fait souscrire à tes faux jugements!
Rugissait d'Estivet. C'est ton or, misérable,
Qui nous a fait changer l'innocente en coupable!
— C'est toi, fourbe prélat, lui criait Loiseleur,
Toi qui m'as entraîné, toi qui fis mon malheur
En me faisant mentir effrontément aux hommes!
Ta noirceur nous a mis dans l'enfer où nous sommes.
Que ton nom éxécré soit maudit dans les tiens,
Toi qui fis parjurer et damner des chrétiens! »
Outré de ce reproche et croyant se défendre,
Le prélat veut parler, mais il ne fait entendre
Qu'un râlement strident, auquel répond soudain
Le serpent qui l'enserre et qu'il repousse en vain.
Son impuissant effort l'enrage et l'exaspère;
Sa langue en s'allongeant se transforme en vipère,
Sort de sa bouche impure, anathème, se tord
En fureur sur son front, sur sa joue, et le mord.
Ensuite Lucifer à sa tête rasée

Impose, en l'insultant, une mitre embrasée.
Le scélérat, en proie à d'horribles douleurs,
N'a pour se soulager ni paroles, ni pleurs ;
Seul, son regard exprime une rage impuissante ;
Quand il veut écarter cette mitre écrasante,
Les démons attentifs d'un coup terrible et prompt
Font retomber la main qui se porte à son front.
Ah ! s'il pouvait prévoir les éternels supplices
Que l'enfer lui réserve ainsi qu'à ses complices,
A défaut de remords l'infâme évêque aurait
La peur, et cette peur au moins le retiendrait !
Jehanne, frémissante, entend la voix de l'Ange :
« Comprends-tu, lui dit-il, comment le Ciel te venge ?
— Seigneur, répond la Vierge en s'adressant à Dieu,
Me venger des méchants, ne fut jamais mon vœu ;
J'aimerais mieux les voir se repentir ; leurs âmes
Ne viendraient pas, un jour, s'abîmer dans ces flammes.
J'ai pitié de leurs maux et de leur châtiment !
Suspendez les arrêts de votre jugement,
Ouvrez leurs yeux, touchez leurs esprits qui s'égarent !
Les péchés sont remis, les crimes se réparent.
Inspirez à leurs cœurs le repentir profond,
Car, eux aussi, Seigneur, ne savent ce qu'ils font ! »
Et l'Ange interrompit : « La prière, ô Jehanne,
Ne peut plus délivrer ceux que le Ciel condamne ;
Il est des réprouvés, au feu prédestinés,
Qui ne peuvent jamais être au bien ramenés ! »
Aux regards de la Vierge alors le ciel s'entr'ouvre ;
Le séjour infernal se referme et se couvre,

Aux éclats lumineux du céleste séjour ;
Et Jehanne est ravie, elle entend tour à tour
L'"hymne des séraphins, les harpes d'or des anges.
« Quels enivrants concerts et quels accords étranges ! »
S'écria l'héroïne en regardant les cieux,
Dont la splendeur divine éblouissait ses yeux.
Elle voyait déja les élus lui sourire,
Elle entendait « ses voix » miraculeuses dire :
« Courage, enfant ! Bientôt tu seras parmi nous ! »
Jehanne frissonnante écoutait à genoux...
Ineffable dictame ! « O Vierge de la France,
O martyre, demain finira ta souffrance,
Les célestes parvis devant toi s'ouvriront
Et le bandeau des saints couronnera ton front ! »

XVII

Comment les compagnons d'armes de Jehanne d'Arc, assemblés à Chinon, délibéraient pour la tirer des mains des Anglais, et comment parla le jeune Dauphin qui devait être le Roi Louis XI.

Or, pendant que Jehanne est mise à la torture,
Pendant que l'infamie unie à l'imposture
Écrasent de leur poids ses esprits accablés,
Ses vaillants compagnons, à Chinon assemblés,
Convoqués par le Roi, sous ses yeux délibèrent.
Les uns sont attérés, mais les autres espérent
La sauver, la soustraire au pouvoir des Anglais.
Charles, dans ce manoir qui lui sert de palais,
Jusqu'à ce que Paris, chassant les tyrans, ouvre
Devant lui, le vrai Roi, les portes d'or du Louvre.
Charles est sur son trône au dais fleurdelisé;
Le monarque est pensif, anxieux et brisé.
La Reine est près de lui ; les seigneurs les entourent,
Et tandis que les grands avec chaleur discourent,

Exposant leurs projets, leurs craintes, leurs conseils,
Deux jolis enfants jouent sur les tapis vermeils,
Une blonde fillette aux yeux bleux, au teint rose, [2]
Un petit prince au front étrangement morose ;
Son fin regard déjà fait prévoir ses destins.
La sœur, étant l'aînée, avec des airs mutins
Pose pour la raison, affecte un ton de mère,
Et d'une grondeuse voix morigène son frère
Qui taquine un faucon campé sur un perchoir,
Pour le mettre en furie ou pour le faire choir.
« Fi ! que c'est vilain, dit la petite princesse,
C'est mal, dauphin Loïs, de tourmenter sans cesse
Ce faucon que le Roi notre père aime tant !
Pour un oiseau de proie, il est doux, mais pourtant
Prends garde qu'à la fin sa bonté ne se lasse,
Qu'il ne se venge aussi, j'en ferais à sa place
Tout de même, et l'oiseau taquiné, quelque jour,
Pourrait sans t'avertir te faire un mauvais tour
Et te donner du bec bel et bien sur la joue !
L'enfant clignait de l'œil, boudait, faisait la moue,
Mais, tenace, agaçait toujours l'oiseau chasseur,
Sans se rendre aux leçons de sa prudente sœur.
« Pourquoi, dit-elle encor, l'exciter à l'outrance ?
Monsieur de Bruillebault, Grand-Fauconnier de France,
T'a pourtant prévenu d'être moins malfaisant.
Que t'a fait cet oiseau ? D'ailleurs, c'est un présent
Qu'au Roi fit, l'an dernier, dame Agnès. Notre père
L'a nommé Favori : ce seul motif, j'espère,
Devrait te conseiller d'être plus calme enfin !

— Tant pis ! lui répondit sèchement le Dauphin.
Favori n'est pour moi qu'un objet détestable.
Je le hais, cet oiseau, je le trouve exécrable
Parce qu'il vient d'Agnès que je hais, corps et biens,
De cette Agnès, ma sœur, qui, si tu t'en souviens,
Tant de fois devant nous fit pleurer notre mère ! »
Il se tut, mais son œil eut une larme amère.
A ce moment, La Hire interpellait Poton :
« Saintrailles, les Anglais ne sont pas, nous dit-on,
Pour défendre Rouen plus de quatre mille hommes ;
Donc, en laissant Jehanne en leur pouvoir, nous sommes
Des gens déshonorés et des guerriers sans foi !
Or, je vous le déclare, ici, devant le Roi,
Si nous abandonnons l'héroïque Pucelle,
Quand nos petits-neveux parleront un jour d'elle,
Que diront-ils de ceux qui l'auront lâchement
Laissée entre les mains des Anglais ? Le moment
Est propice, agissons, levons nos hommes d'armes,
Tous nos gens de canons, tous nos gens de guisarmes,
Et surprenant Warwick avant qu'il ait connu
Le chemin par lequel notre ost sera venu,
Arrivant nuitamment nous cernerons la ville ;
Le peuple de Rouen ne nous est point hostile,
Il nous secondera ; nous saisirons alors
Au fond de leurs taudis les juges et les lords,
Qui verront si l'on sait s'entendre en représailles !
— Ton plan me paraît bon ! lui répondit Saintrailles.
Tu peux compter sur moi, j'ai quatre cents routiers
Ayant six ans battu l'estrade et les sentiers ;

Ces hardis laboureurs du champ de l'aventure,
Arbalète à l'épaule et dague à la ceinture,
Sans broncher marcheront même à deux contre dix !
— Par mon Patron que Dieu garde en son paradis,
Je veux être avec vous, messeigneurs ! dit Chabannes.
J'ai six cents retondeurs armés de pertuisanes,
Tout récemment levés, et qui seront heureux
De montrer leur valeur. Il serait désastreux
Pour la France et pour nous, comme l'a dit La Hire,
Que Jehanne eût subi l'opprobre et le martyre
Sans qu'on eût essayé de déchirer la peau
De l'impudent Warwick, pasteur du vil troupeau
Dont monsieur de Beauvais est la brebis galeuse !
— Certes, c'est du courage, et l'idée est heureuse,
Soupira Charles sept ; mais, hélas ! mes amis,
Ce rôle de sauveurs nous sera-t-il permis ?
Les Anglais ont encore un bon tiers de la France !
Dans mon cœur, cependant, je garde une espérance,
Et pour sauver Jehanne et punir les Anglais
Je vendrai ce manoir, aujourd'hui mon palais,
Et, s'il en est besoin, tout ce que je possède ;
Il faudra bien alors que Warwick nous la cède,
Et si nous ne pouvons la prendre en guerroyant,
Nous saurons l'arracher de ses mains en payant ! »
La Trémouille, songeur, répondit au Roi : « Sire,
L'or est rare à trouver maintenant, et le pire.
C'est que tous les impôts sont déjà prélevés ;
La guerre a mis à sec tous les trésors privés
Et l'on ne peut penser à de nouveaux subsides :

La pénurie est grande et les bahuts sont vides,
Si bien chez les seigneurs que chez les paysans ! »
Un homme interrompit le chef des courtisans,
Jacques Cœur, l'argentier, qui, s'avançant, modeste,
Et s'approchant du Roi, lui dit : « Sire, il me reste
Dix-sept mille écus d'or, et j'irai les donner
Pour Jehanne à Warwick, s'il la veut rançonner.
S'il en exige encore, eh bien ! j'ai ma vaisselle,
Je puis la fondre. Il faut arracher La Pucelle
Des fers d'un ennemi qui la ferait mourir !
Qui donc refuserait ici de secourir
Celle à qui nous devons le salut de la France ?
Luttons, Sire, agissons avec persévérance :
Nous l'aurons par le fer ou bien par la rançon !
— Ce sont deux bons moyens, dit le duc d'Alençon ;
L'or appuyant le fer nous ouvrira la route.
— Oui ! reprit Cœur, j'irai, si quelqu'un le redoute,
Seul trouver lord Warwick au milieu des Anglais,
Et, dût-il m'en coûter mes derniers agnelets
Et mon dernier florin, grâce à mon escarcelle
Je vous ramènerai dans dix jours la Pucelle ! »
Le Roi lui dit merci, les grands l'applaudissaient,
Et la joie et l'espoir dans les cœurs renaissaient,
Lorsque l'on entendit la Trémouille au Roi dire :
« Cœur agit noblement, je le reconnais, Sire,
Mais son projet, qui plaît à vous comme à nous tous,
Peut-il s'exécuter ? J'en doute. Pensez-vous
Que l'Anglais bonnement nous rendra la Pucelle,
Parce qu'il offrira le prix de sa vaisselle

Et le dernier écu de son épargne? Hélas!
Point d'illusion vaine, on ne la rendra pas!
Sa capture a coûté trop cher; Warwick lui-même
L'a dit cent fois pour une, et lorsque mylord sème
L'argent à pleines mains pour corrompre la foi
Du juge et des témoins, ce n'est pas, croyez-moi,
Pour nous la vendre après! Par le saint temps des Pâques!
Vous vous êtes trompé grandement, maître Jacques,
Quand vous avez formé ce superbe projet!
L'Anglais n'y répondra que par un dur rejet.
Gardez pour autre emploi les trésors de vos coffres,
Car l'odieux Warwick repoussera vos offres.
Et, par Dieu! messeigneurs, ce n'est pas tout encor:
Un de vous a parlé du fer aidé de l'or,
De lever des soldats, de se mettre en campagne;
C'est la souris sortant des flancs de la montagne.
Qu'on me permette ici de le dire en passant,
On va tenter un coup aussi vain qu'impuissant;
Les Anglais sont nombreux, leurs soldoyers se montent
A dix-huit mille archers bien équipés et comptent
Sur l'estoc bourguignon, Philippe ayant promis,
S'ils marchaient contre nous qu'il tient pour ennemis,
De joindre à leur armée un corps de dix mille hommes.
Hélas! nous n'avons, nous, ni les gens, ni les sommes,
Pour oser seulement tenir tête à l'un deux!
Il est fol de poursuivre un dessein hasardeux.
Il serait plus prudent, pour sauver la Pucelle,
Je crois, d'aller trouver le duc, qui n'a contre elle
Aucun méchant projet, car Philippe a bon cœur. »

Nicolas de Girème eut un regard moqueur
Alors que la Trémouille insinuait l'éloge
De Philippe. Il bondit sous sa rouge épitoge,
Et se plaçant de front devant le courtisan :
« Depuis quand, lui dit-il, es-tu le partisan
Du rusé Bourguignon ? T'a-t-il fait connétable ?
T'a-t-il fait chevalier de la Toison ? Du diable
Si j'ai compris le but où tend ton long discours !
En parlant de ce duc, tu t'exprimes toujours
Comme feu Démosthène, à tous les plaids idoine
Quand il eut les présents du roi de Macédoine.
Pourquoi nous abaisser à traiter avec lui ?
Chacun de nous connaît ce qu'il vaut aujourd'hui,
Ton Philippe le bon ! Ce félon émérite,
Que j'appellerai, moi, Philippe l'hypocrite,
C'est par lui que Jehanne est aux mains des Anglais !
J'en sais long sur ce traître et, si je le voulais,
Je pourrais lui trouver ici même un complice !
Va, j'ai jugé le duc, j'ai sondé sa malice,
Et comme il faut sur lui m'expliquer sans détour,
Je vais le démasquer devant toute la cour.
Or, retenez ceci, seigneurs et nobles dames :
Philippe est un infâme entre tous les infâmes,
Car il n'a pas rougi d'ourdir avec Bedford
Le lâche guet-apens de Compiègne ! On a tort
De soupçonner Flavy, ce loyal gentilhomme ;
C'est le duc qui paya le bâtard de Wendômme
Qui paya Luxembourg, doublant le poids de l'or
Afin qu'il la livrât plus promptement encor

Au prélat de Beauvais réclamant la victime.
Le duc est à coup sûr le grand fauteur du crime ;
Sans ses agissements aussi lâches qu'affreux,
Sans lui, sans son concours actif et ténébreux,
Jehanne, en dirigeant l'essor de notre armée,
Eût chassé les Anglais de la France alarmée ;
Elle eût depuis longtemps fait rendre à lord Bedford
Son dernier boulevard, son dernier château-fort ;
Mais Philippe était là, qui veillait, et l'infâme,
Qui pour l'honneur Anglais aurait vendu son âme,
A si bien manœuvré, tant payé, tant promis
Que Jehanne est captive et l'Anglais insoumis.
Oh ! ce duc conspirant sans trêve et sans relâche
Contre nous, sera-t-il enfin puni ? La hache,
Dont se servit un jour Tannegui du Chastel,
Frappera-t-elle encore ? Oh ! mon courroux est tel
Contre ce prince indigne et sa race maudite
Que je les voudrais voir tous au fond du Cocyte ! »
A ces mots, le Dauphin, qu'on ne supposait pas
Comprendre un tel sujet, s'avance à petits pas,
(Un enfant peut dicter la justice suprême,
Quand c'est Dieu qui l'inspire !) et, regardant Girème,
Dit ces mots sur un ton impérieux, tranchant :
« Mon cousin de Bourgogne est grandement méchant
S'il a fait tant de mal à la pauvre Jehanne !
Il n'a donc pas eu peur du bon Dieu, qui condamne
Les traîtres, les félons rebelles à sa loi ?
Sachez bien, Grand-Prieur, que quand je serai Roi,
Quand j'aurai des chevaux, des archers et des gardes,

Avec mes chevaliers, mes canons, mes bombardes
Je prendrai la Bourgogne, et le duc, à son tour,
Sera traîné captif dans une grosse tour.
Nous lui ferons alors payer ses félonies.
Je ne lui laisserai ni bans, ni baronnies,
Et n'épargnerai rien pour briser son orgueil ! »
Pour si jeune qu'il fût, l'enfant-prince eut dans l'œil
Un éclair décelant déjà son cœur de bronze,
Ce regard qui faisait présager Louis onze,
Et plus d'un courtisan, attentif, anxieux,
Commenta cet éclair qui partait de ses yeux.
Le Roi voulut gronder, mais la Reine Marie,
Encourageant son fils, en souriant, s'écrie :
« Bien, Loïs ! » Elle aussi voyait dans son enfant
Le Roi dont l'avenir, terrible et triomphant,
Réduirait la Bourgogne et grandirait la France !
Cependant les seigneurs qui gardaient l'espérance
De délivrer Jehanne, au propos du Dauphin
Présumaient encor plus d'arriver à leur fin.
S'adressant à Girème : « Ami, disait La Hire,
Les enfants, tu le sais, ont le don de prédire ;
A ce gentil Dauphin Dieu donnera raison
Dans son plan d'abaisser le duc et sa maison ;
Il soutiendra son bras et lui sera propice,
Car cet enfant sera son fléau de justice.
Mais nous, en attendant, nous devons sans retard
Préparer au Dauphin les succès de plus tard :
Courons sus aux Anglais et poursuivons notre œuvre,
Armons les paysans, mettons tout en manœuvre

Et reprenons Jehanne aux mains de ses geôliers ;
Écrivons à Dunois, mandons les chevaliers
Et marchons, il est temps ! » Nicolas de Girème
Lui répondit : « Ami, c'est la vaillance même
Qui t'inspire un projet si beau, si généreux ;
L'audace est fortunée et ses coups sont heureux !
Partout je te suivrai, secondant ton courage,
Et si d'un insuccès nous subissons l'outrage,
Nous aurons le mérite au moins d'avoir tenté
Un fait qui peut conduire à l'immortalité.
— Dans ce cas, en poussant les choses à l'extrême,
Si nous étions déçus, dit La Hire à Girème,
Si nous étions battus, si nous ne pouvions pas
Arracher l'héroïne à cet affreux trépas,
Les Anglais n'auront rien gagné, je te l'assure ;
Je leur ferai payer d'une façon si dure
Leur monstrueux forfait qu'on dira, quelque jour,
Ce dont je fais ici serment devant la Cour :
Chaque Anglais qui sera pris de quelque manière
Que ce soit par mes gens, si bien en paix qu'en guerre,
Sera mis au gibet sans forme de procès.
Ni raison ni pitié ne trouveront l'accès
De mon âme, à jamais fermée à cette engeance.
Nul pouvoir ne saura détourner ma vengeance !
— Mieux te vaudrait pourtant, dit le duc d'Alençon,
Au lieu de les brancher les mettre à la rançon !
— A rançon, des bandits ? Ils n'ont droit qu'à la corde,
Au supplice infamant, et la miséricorde,
Duc, avec les Anglais n'est pas un bon moyen !

J'en refais le serment sur mon nom de chrétien :
Tous ceux que je prendrai désormais, fût-ce même
Bedford aux cheveux roux ou Warwick au teint blême,
Lord, marquis de haut lieu, baronnet, chevalier,
Incontinent auront la corde pour collier.
Va, je te vengerai, Jehanne, ô noble fille !
Chaque Anglais connaîtra le deuil dans sa famille,
Et je justifierai, sans l'avoir pardonné,
Ce surnom d'écorcheur qu'un jour ils m'ont donné ! »

NOTES DU CHANT XVII

[1] On ne trouve dans aucune chronique de l'époque la preuve d'une tentative que Charles VII aurait faite pour sauver Jehanne d'Arc ; nous savons seulement qu'en 1455 il fit réviser son procès et réhabiliter sa mémoire. On a peine toutefois à le croire capable de cette monstrueuse ingratitude, que son caractère et sa vie semblent démentir ; avant de l'accuser injustement, ne vaut-il pas mieux admettre que les documents sont perdus ?

Il y a eu tant de choses emportées au souffle du temps, avant la découverte de l'imprimerie.

[2] Radegonde de France, fille aînée de Charles VII, sœur de Louis XI, accordée à Sigismond, duc d'Autriche, en 1444.

[3] Philippe de la Chastre, seigneur de Bruillebault, puîné de la noble famille de la Chastre, était Grand-Fauconnier de France en 1429. Il occupa cette charge jusqu'en 1452. Georges de la Chastre, son fils, lui succéda dans sa charge et fut la tige des sires de Bruillebault, en Berri.

[4] Le sire de Flavy fut suspecté d'avoir vendu d'avance l'héroïne au sire de Luxembourg, et d'avoir fait fermer les portes sur elle pour qu'elle demeurât aux mains des ennemis. Mais cette accusation n'est guère probable, car Flavy défendit si vaillamment Compiègne que cette accusation tombe d'elle-même. Ce soupçon prouverait seulement toute la haine qu'on portait à ce brave capitaine, généralement détesté des courtisans.

Dans une étude historique intitulée *La prise de Jehanne d'Arc devant Compiègne*, M. Alexandre Sorel innocente Guillaume de Flavy de tout pacte, soit avec le duc de Bourgogne, soit avec les Anglais, ayant pour but de leur livrer Jehanne ; mais il incline à admettre que Flavy voulut « se débarrasser de cette gêneuse » qui accaparait toute la gloire des armes françaises ; c'est une supposition aussi outrageante que gratuite.

XVIII

Comment Jehanne d'Arc subit le martyre, et comment l'ange Ithuriel guida son âme qui montait dans les cieux.

Jehanne est condamnée et la France la pleure ;
Les juges, du supplice ayant annoncé l'heure,
L'échafaud qui l'attend sur la place est dressé,
Et le peuple à l'entour se tient déjà pressé ;
Mais ce peuple n'est pas la plèbe inexorable,
Foule aux cruels instincts, tragique et misérable,
Qu'on voit comme un torrent déborder, accourir
Au pied du noir gibet où quelqu'un va mourir.
Là, se sont assemblés tous les rangs, tous les âges,
Et dans tous les regards et sur tous les visages
Se peint le sentiment des âmes et des cœurs :
La haine et le mépris pour les tyrans vainqueurs,
La pitié, le respect et l'amour pour la sainte.
Cependant, dès la veille, un noir soupçon de crainte

Ayant saisi Warwick, il avait ordonné
Que l'abord du bûcher serait environné
Par six rangs de soldats armés jusqu'à la bouche.
De la pitié parfois naît le transport farouche
Qui peut porter le peuple à la rébellion
Et provoquer soudain le réveil du lion.
Qui sait ? Si la pitié, profonde et légitime,
Poussait les Rouennais à venger la victime !
S'il allaient s'ameuter, surmonter leur torpeur,
Attaquer les bourreaux, la sauver ! O stupeur !
Pensait Warwick, toujours soupçonneux mais tenace.
De sa voix rauque et sourde, où grondait la menace,
Il avait dit aux siens : « Veillez sévèrement !
Au moindre cri de grâce, au moindre mouvement,
Tombez, l'épée au poing, sur le flot populaire,
Écrasez ces manants comme le grain sur l'aire,
Frappez ! Oh ! je voudrais que ce peuple effronté
Essayât de vouloir fronder ma volonté ! »
Cependant, l'heure approche; un glas, triste et lent, sonne:
C'est le signal de mort ! Et la foule frissonne,
Morne, en proie à l'atroce angoisse qu'apporta
Le vent des sept douleurs venu du Golgotha.
Jehanne d'Arc paraît ! Trente archers la conduisent ;
Leurs lourds casques d'airain d'un sinistre éclat luisent ;
Ils marchent sur deux rangs en mesurant leurs pas.
L'héroïne s'avance, elle ne tremble pas.
Elle a les bras liés au-dessus de la hanche ;
Ses cheveux dénoués pendent ; sa robe blanche,
Aux plis longs et flottants, tombe sur ses pieds nus.

On dirait qu'elle entend des appels inconnus,
Les chants bénis des saints, le concert des archanges,
Qu'elle a surpris l'accent du théorbe des anges,
Que son regard, perçant le zénith étoilé,
Jouit du Saint des Saints à ses yeux dévoilé.
Deux prêtres en surplis à ses côtés se tiennent,
Ysambard, l'Advenu, qui du Ciel l'entretiennent ;
Ses deux derniers amis l'escortent en priant
Et la Vierge à leurs voix répond en souriant.
Aussi, quand les Anglais, troupe lâche et grossière,
Ont crié sur ses pas : «Au bûcher la sorcière ! »
Jehanne a le sourire inspiré qu'autrefois
Eut Jésus conspué sous le poids de sa croix.
Les yeux toujours fixés sur le Ciel qui l'appelle,
Sans voir ce qui l'insulte ou s'agite autour d'elle,
Elle arrive au bûcher, sans effroi, sans dédain,
En priant pour la France et pour son Roi. Soudain,
S'arrêtant un moment, elle dit au vieux prêtre
Qui l'assiste et qui pleure : « Au nom du divin maître,
Je veux, pensant aux maux que mon corps va souffrir,
Baiser le Crucifix pour qu'il m'aide à mourir ! »
Le prêtre, n'ayant point porté la sainte image,
La bénit. La guerrière, avec ce grand courage
Que n'a pas affaibli l'aspect de l'échafaud,
Monte au front du bûcher comme on monte à l'assaut.
L'infâme et dur Warwick sans remords la regarde ;
Tel qu'un tigre altéré de vengeance, il lui tarde
De voir Jehanne en proie aux tortures du feu.
Gardera-t-elle encor son courage au milieu

Des tourments qu'on éprouve aux ardeurs de la flamme ?
Les douleurs de la chair sauront dompter son âme ;
Il pourra voir ses pleurs, il entendra ses cris ;
Qui veut braver Warwick doit en savoir le prix !
Tous les juges vendus que sa faveur dégrade
Sont assis près de lui sur la funèbre estrade,
Faisant face au bûcher où la Martyre attend.
« Lis, évêque ! » a-t-il dit. Aussitôt on entend
Le prélat de Beauvais scander d'un ton cynique
Les termes imposteurs du jugement inique
Qu'il a rendu lui-même, au grand mépris de Dieu,
Pour condamner Jehanne à mourir par le feu.
Il lit, mais quand il a prononcé ce passage :
« Jehanne est hérétique ! » à cet injuste outrage,
La Vierge, en le fixant, cria : « Ta bouche ment,
Evêque, et j'en appelle à Dieu du jugement ! »
Le monstre a frissonné de terreur, il lui semble
Que c'est Dieu qui l'accuse, il s'interrompt, il tremble !
Mais Warwick le regarde et d'un mot le soutient
Dans le sentier du mal où l'orgueil le maintient :
« Vas-tu te déjuger devant cette menace ?
Aurais-tu des remords ? Crains-tu la populace ?
Sois en paix, si la plèbe osait intervenir
Mes archers, sois-en sûr, sauraient la contenir ! »
Frère Ysambart, priant à côté de Jehanne,
Dit qu'il voit clairement Belzébuth qui ricane
Près de Warwick, qui parle au prélat de Beauvais.
L'arrogant lord disait : « Ami, si je pouvais
Mettre avec elle au feu cette foule insoumise,

La partie à demain ne serait pas remise ;
Je vengerais ainsi l'Angleterre et le Roi
D'un seul coup, sans remords, sans pitié, sans effroi ! »
Mais le lâche appréhende en épanchant sa haine ;
Il sent autour de lui que les cœurs sont en peine,
Que le peuple est tout près de honnir les bourreaux.
Alors, plein de fureur, il commande aux héraults
De sonner le signal. Les bourreaux font leur tâche ;
L'un saisit la martyre avec rage, et l'attache
Au poteau du bûcher. Par un nouvel affront,
Un second vient clouer au-dessus de son front
Un écriteau portant cet outrage : « Apostate ! »
Pensant au Rédempteur qui souffrit sous Pilate,
Jehanne avec candeur proteste et dit : « Je crois
A l'Évangile, à Dieu qui mourut sur la Croix,
Et m'accuser ainsi n'est qu'un mensonge horrible !
— Tais-toi, lutin issu du dragon de la Bible »
Lui répond le bourreau, descendant du bûcher.
Les autres sont au bas ; on les voit s'approcher,
Allumer les brandons d'où les flammes s'élancent ;
Sur les bois entassés, en jurant, ils les lancent.
Jehanne, à cet instant, n'a pas même un frisson.
Le beau soleil de mai qui monte à l'horizon
Vient éclairer son front de la sainte auréole.
Tout à coup le feu brille, il se propage, il vole
Sur l'amas du bûcher monstrueux, il s'étend
Avec un bruit sinistre, un reflet éclatant,
De fauves tourbillons, des gerbes d'étincelles,
D'étouffantes vapeurs. O douleurs immortelles !...

La flamme, ardente et rouge, ondoyante d'éclairs,
Serpente en empourprant le bleu tissu des airs.
Warwick, à cette vue, est en joie. Il lui semble
Que la Vierge a l'effroi de la mort, qu'elle tremble ;
Mais dans son vil espoir le barbare est déçu :
Jehanne est impassible, il s'en est aperçu.
Le feu toujours s'étend et monte en pyramide.
Il brille, illuminant de sa clarté livide
La place et les maisons, les clochers et les tours.
La flamme atteint Jehanne, elle est calme, et toujours
L'affreux Warwick la suit de son regard féroce.
La douleur de Jehanne est indicible, atroce,
Et le feu, qui l'étreint dans ses ardents réseaux,
En calcinant ses chairs fait éclater ses os.
Elle prie, attendant que la mort la délivre ;
La Martyre a les yeux au Ciel où doit revivre
Son âme, et, cet espoir comprimant sa douleur,
Elle endure, en priant, sans un cri, sans un pleur,
Sans un mot de courroux pour blâmer ou maudire.
Et le peuple irrité la contemple et l'admire,
Maudissant les bourreaux, lord Warwick et Bedford.
Jehanne, à ce moment, par un dernier effort
Se raidit dans la flamme ; on l'entend qui s'écrie :
« Sur la France et le Roi veillez, Jésus, Marie ! »
Et son âme est déjà dans l'éternel séjour
De la gloire infinie et de l'immense amour !
Aussitôt du bûcher la colonne enflammée
S'éteint, en répandant un flot noir de fumée,
Et vient envelopper comme un obscur manteau

Le corps de la Martyre et le fatal poteau.
C'en est fait ! Tout s'écroule et se fond dans la braise
Du bûcher, qui n'est plus qu'une ardente fournaise.
C'est alors qu'un enfant pleure et tombe à genoux,
(Les enfants, étant purs, sont plus voyants que nous :)
« Prions, dit-il, on vient de brûler une sainte ! »
Sa voix d'un tel accent d'assurance est empreinte
Que le peuple, saisi d'un transport imprévu,
L'interroge et l'entoure, et l'enfant dit : « J'ai vu,
Quand Jehanne exhala sa dernière parole,
Sur son front qu'éclairait la divine auréole
Une blanche colombe apparaître à mes yeux,
Planer, prendre son vol, et monter dans les cieux ! »
Et le peuple attristé, qui se groupe et l'écoute,
Profère, en s'agitant, ces clameurs : « Plus de doute !
Jehanne d'Arc est sainte ! Anathème à Bedford,
A l'évêque, à Warwick, aux auteurs de sa mort,
A ceux qui l'ont jugée, à ceux qui l'ont vendue ! »
Pâle, à cette huée énorme, inattendue
Warwick s'est dérobé, tel qu'un loup ravisseur
Flairant la meute en quête et les traits du chasseur.
Sans qu'un meneur la pousse ou qu'un tribun l'irrite,
De ses propres rumeurs la foule alors s'excite ;
Son désir douloureux veut se rassasier ;
Une femme surgit en criant : « Au brasier !
De la Sainte il nous faut conserver les reliques ! »
Les soldoyers anglais soudain croisent leurs piques,
Ils font face à la foule, essayant d'empêcher
Les zélés d'envahir les abords du bûcher.

16

Vains efforts ! Car le peuple est déjà redoutable ;
Il proteste, il se rue, un tumulte effroyable
Naît des fougueux élans, du tonnerre des voix
De ces milliers de gens s'élançant à la fois.
Les Anglais, impuissants à contenir la foule
Qui se pousse en avant comme un torrent qui roule,
Cédent avec dépit, mais leur retrait trop lent
Ne fait qu'aigrir le peuple exalté, pétulant.
De hardis citadins organisent la lutte,
On se presse, on se pousse, on avance, on culbute
Les soudards, les archers, les sergents, les prévôts.
Les Anglais lâchent pied. Il est temps ! Les dévots
Fondent sur le brasier qui se transforme en âtre ;
Éclats de bois, charbons, tison noir ou rougeâtre,
En bravant le courroux de l'Anglais inhumain,
Ils s'emparent de tout ce qu'ils voient sous leur main ;
Tout, pour leurs cœurs fervents, est un objet de culte.
De ce flot débordé qui s'agite en tumulte
Sortent des bras tendus, s'apprêtant à saisir
Tout ce qui peut tenter un si pieux désir.
Des dévots de Jehanne, impatients d'attendre,
Malgré les feux ardents du brasier, de la cendre
Tirent les clous brûlants et la chaîne de fer,
Engin qu'on aurait dit forgé par Lucifer
Et qui liait la Vierge au poteau. Mais la chaîne
Est rouge, étincelante. Une vasque est prochaine,
On l'y plonge aussitôt, et les anneaux brisés
Sont recueillis soudain par les âmes pieuses.
Les cendres du bûcher sont même précieuses,

Et rien n'est dédaigné, négligé, délaissé!
Le peuple de Rouen, tel qu'un lion blessé
Qui tient à se venger du serpent qui l'enlace,
Pour narguer les Anglais détruisit sur la place
Jusqu'au dernier débris témoin de leur forfait.
Quand il ne resta rien du bûcher, satisfait,
Ce peuple, ainsi qu'on voit au travers d'une ville
Un fleuve au cours puissant couler fier et tranquille,
Forma, calme et superbe, une procession
Pour vénérer Jehanne après sa Passion.
Et les femmes chantaient : « Bienheureux ceux qui pleurent,
Ceux qui savent souffrir pour le Christ, et qui meurent
Comme Jehanne, ayant l'amour saint pour appui !
Ceux-là verront le Ciel et revivront en lui.
Heureux qui, comme Christ, a sué l'agonie,
Car il sera reçu dans la gloire infinie ! »
Et les hommes disaient, accompagnant en chœur :
« Heureux qui meurt ainsi, dans l'esprit du Seigneur ! »

Jehanne est expirée, et son âme immortelle,
Esprit qui n'a plus rien de terrestre et d'impur,
Abandonnant au feu sa dépouille mortelle,
Monte au sein éthéré de l'insondable azur..
Son regard sans vertige a percé tous les voiles,
Tous les champs ténébreux et tous les champs vermeils ;
Elle effleure en son vol des millions d'étoiles,
Elle voit resplendir des milliers de soleils.
Son âme a conservé par un divin prodige

Les formes de son corps dans sa sublimité,
Et l'Ange Ithuriel dans son vol la dirige,
En planant dans l'immense et dans l'illimité.
A ces rayonnements dont la splendeur l'inonde
La Martyre demande à l'Ange Ithuriel :
« Où suis-je? — Dans l'espace où gravite le monde,
Perdu comme un atôme en l'infini du ciel. »
Jehanne, en contemplant, suit l'Ange aux blanches ailes;
Elle monte à travers les zéniths radieux
Plus haut que l'astre Zeus, océan d'étincelles
Que les païens jadis plaçaient parmi leurs dieux.
Et l'Ange lui fait voir, rutilant sous son dôme,
Sirius, astre énorme au foyer jaune et bleu,
Près duquel le soleil semblerait un atôme,
Si Dieu lui permettait de s'approcher un peu.
Et l'Ange, en mesurant tous ces astres sans nombre,
Lui désigne, dans ceux qui gravitent en bas,
La lune, un point d'argent, et la terre, un point sombre,
Si petits que son œil ne les reconnaît pas.
« Quel est ce globe immense à la structure étrange ?
On croirait, dit Jehanne, un enfer entr'ouvert.
— C'est l'astre Aldebaran, qui soutient, répond l'Ange,
Ses trois soleils, un blanc, un jaune, et l'autre vert ! »
Plus haut, toujours plus haut, l'âme et l'Ange dépassent
Arcturus, qui flamboie entre quatre soleils ;
Ils voient à leurs côtés les comètes qui passent,
Traînant dans l'infini leurs longs manteaux vermeils ;
Ils ont franchi déjà dans leur course inouïe
Et les zones de glace et les zones de feu.

Et Jehanne tombant en extase, éblouie,
S'écrie avec transport: « Quand donc verrons-nous Dieu? »
Des soleils, des soleils, puis des astres encore
Aux cours vertigineux que Dieu seul peut dompter,
La volonté du Verbe en a tant fait éclore
Que mille ans suffiraient à peine à les compter;
Des constellations, claires ou vaporeuses,
Dont le cours n'aura pas de terrestre témoin !
Et Jehanne en voyant poindre les nébuleuses :
« Est-ce le terme, après? » L'Ange répond : « Plus loin ! »
Les nébuleuses sont à leur tour dépassées ;
Jehanne et l'Ange ont vu les mondes inconnus,
Des planètes sans noms, des sphères amassées,
Dont les feux jusqu'à nous ne sont jamais venus,
Globes indéfinis, hérissés de cratères,
Noyaux errants, portant la glace à leurs sommets,
Astérismes divins, phénoménaux mystères
Que les calculs humains ne résoudront jamais.
L'âme, à tant d'imprévu parsemé dans l'immense,
Ravie, à ce moment, consulte Ithuriel :
« N'est-ce point là, dit-elle, où le Promis commence,
Et verrons-nous enfin les portes d'or du ciel ?
— Bientôt ! » lui répond l'Ange. Et sa main diaphane
Montre les champs divins, au pécheur interdits.
« Vois-tu cet horizon ? — Je le vois ! dit Jehanne.
— C'est, dit l'Ange, au-delà que sont les Paradis ! »
Et dans l'azur sans fin, tous deux, planant encore,
Atteignent au réseau qui s'étend devant eux;
L'âme en proie au désir ardent qui la dévore

De voir le Saint des Saints, séjour des bienheureux.
L'Ange approche, et soudain le réseau se divise,
Laisse un chemin pour l'âme et pour Ithuriel ;
Ainsi s'ouvrit la mer, à la voix de Moïse,
Pour livrer le passage aux enfants d'Israël.
Plus ils vont, plus la voie inénarrable s'ouvre ;
Ses flancs coagulés se dressent en parois,
Plus blancs et plus unis que le marbre qui couvre
Les temples de la terre et les palais des rois.
De ces parois jaillit un accord qui s'élève
Comme un chant de Memnon au lever du soleil,
Air qui ressemble à ceux qu'on entend daus un rêve
Et que l'oreille oublie au moment du réveil.
« Quel est ce chant divin ? demande alors Jehanne
Que ravit en esprit l'accord mélodieux.
— C'est le chant des élus, ignoré du profane,
Dont l'écho nous redit les chants harmonieux.
— Le Ciel, reprend la Vierge, est-il bien loin encore ?
Il semble que le chant se rapproche ! » Et voici
Que la paroi s'enflamme, éclate en météore,
Et que l'Ange répond : « Jehanne, c'est ici ! »
O lueurs des soleils, éclairs, rayons, lumières,
Vous n'êtes que la nuit près des clartés du ciel !
Vous, étoiles du soir qui brillez les premières,
Vos feux s'effaceraient à l'aspect d'Ariel !
Astres, dans les levers empourprés des aurores,
Astres du firmament par Orion noyés,
Qu'êtes-vous, Allioth, qu'êtes-vous, météores,
Près des regards de Dieu qui vous a dit : Soyez !

Au-devant de Jehanne alors viennent des âmes
Qu'en ses ravissements elle vit maintes fois,
Des élus couronnés de leurs nimbes de flammes,
Les voix qui lui parlaient sous le hêtre, et des Rois.
Au premier rang des Saints protecteurs de la France,
Elle aperçoit Clovis et le grand saint Remy,
Ceux qui l'ont assistée aux jours de sa souffrance,
Ceux qui l'ont visitée aux champs de Domremy.
Elle voit s'avancer la Vierge de Nanterre
Dont la voix désarma le farouche Attila ;
Saint Aignan, saint Denis, saint Rustique, Éleuthère,
Saint Martin, saint Marcel, saint Éloi, tous sont là.
Parmi ces bienheureux, Jehanne encore admire
Saint Louis, revêtu de son long manteau bleu,
Des vierges qui comme elle ont subi le martyre,
Et des guerriers tombés pour la France et pour Dieu.
Et son œil voit surgir des célestes arcades
Tous les preux qui jadis défendaient l'orphelin,
La fleur des chevaliers qui périt aux croisades,
Le duc Robert le fort et Bertrand du Guesclin.
Et tous la saluaient, paladins, rois et reines,
Prélats et chevaliers, tous d'elle enorgueillis,
Car ils avaient compté les tourments et les peines
Qu'elle endura pour Dieu, pour la France et les lis.
Au milieu des élus, des bienheureux, des anges,
Jehanne a reconnu par les traits, par la voix
L'invincible héros des célestes phalanges,
Michel, qui lui parla pour la première fois.
L'Archange, en souriant, vole, et s'approchant d'elle

La salue à son tour par ces mots : « Gloire à toi
Qui, souffrant le martyre, as su rester fidèle
Sous l'effort des pervers qui torturaient ta foi ! »

Alors il lui remet les palmes glorieuses
Et la conduit au pied de la Sainte Cité,
La Sion du Seigneur, superbe et glorieuse,
Où règnent la lumière et la félicité.

Elle a vu resplendir le front des douze portes
Et leurs seuils défendus par des archers géants ;
Elle entend les clairons des célestes cohortes
Sonner le Sabaoth sous les porches béants.

Elle entre, et du milieu de la superbe enceinte
Le séjour du Très Haut se dévoile à ses yeux ;
Elle aperçoit la tour et la montagne Sainte
Avec ses escaliers divins, prodigieux.

Un flot de chérubins à chaque instant y monte,
Les dominations s'y groupent sur les bords,
Et le trône éternel de Dieu, qui les surmonte,
Des rayons de sa gloire en défend les abords.

Les vingt-quatre vieillards, les élus, les prophètes
Sont assis près du trône au pied des palmiers d'or,
Et les blonds chérubins qui planent sur leurs têtes
Forment les chœurs divins en prenant leur essor.

Voici Dieu dans sa gloire impérissable, immense !
A sa droite est le Christ, à sa gauche est l'Esprit :
Tous trois forment le Centre unique où tout commence,
Où tout vient aboutir, selon qu'il fut écrit.

Marie immaculée est auprès d'eux ; ses voiles
Sont constellés d'un feu mystique, éblouissant ;
Son front porte un bandeau formé de douze étoiles,
Et ses pieds sont posés sur le double croissant.

Et la Reine des Cieux sourit à la Martyre
Que l'Archange accompagne avec un saint respect,
Et tous les bienheureux que sa venue attire
Font entendre leur chant de joie à son aspect !

Jehanne est désormais dans la vie éternelle
Où le temps n'est compté ni par jour, ni par nuit,
Dans la félicité sans trouble et solennelle,
Dans le réel bonheur qui jamais ne s'enfuit !

Chaque instant qui s'écoule ajoute un nouveau charme
A ce trésor de biens dont le Ciel est rempli ;
Elle est dans le pays sans borne et sans alarme
Où tout désir de l'âme est soudain accompli.

Pendant que les élus célèbrent sa mémoire,
Jehanne est tout entière au bonheur de voir Dieu ;
Elle oublie à la fois ses malheurs et sa gloire,
S'enivrant des splendeurs du suprême milieu.

Martyre de la foi, sainte de la patrie,
Dont le Ciel inspira l'œuvre prodigieux,
Son âme plane encor sur la France meurtrie
Qui dit avec amour son nom prestigieux !

Là-haut, le souvenir de sa chère espérance
Luit éternellement dans son cœur transformé :
Elle est l'Ange qui veille à jamais sur la France
Et sur les successeurs de son Roi bien-aimé !

ERRATA

Page 9, ligne 14 : *Meaux*. Lire: Meung.

Page 22, vers 26 : *visge*. Lire : visage.

Page 69, ligne dernière : *Crevant*. Lire : Cravant-sur-Yonne.

Page 81, vers 1 :

Attendons leur attaque et soutenons leur *choc*.

Page 101, rubrique du chant VIII, au lieu de « l'écuyer Regnault du Ban », lire : « l'écuyer Regnault, du ban d'Auvergne. »

Page 113, vers 17, au lieu de « Regnault du Ban, d'Auvergne », lire : « Regnault, du ban d'Auvergne ». Guillaume Regnault ou Reynaud, à qui se rendit le comte de Suffolk, est revendiqué par la Maison de Reynaud de Montlosier. (Borel d'Hauterive, *Ann. de la Noblesse*, XXV, 254).

INDEX DES NOMS[1]

A

1. Les chiffres romains visent l'*Introduction ;* les chiffres arabes, le poème.

B

C

D

E

F

G

H

I

J

K

L

M

N

O

P

Q

R

S

T

U

V

W

X

Y

TABLE DES MATIÈRES

Imprimerie DESTENAY, Saint-Amand (Cher).

www.ingramcontent.com/pod-product-compliance
Ingram Content Group UK Ltd.
Pitfield, Milton Keynes, MK11 3LW, UK
UKHW020157250726
13967UKWH00003B/1111

9 782012 859166